罗门蓉子
研究书目提要

乔红霞 编著

國家圖書館出版社

图书在版编目（CIP）数据

罗门蓉子研究书目提要/ 乔红霞编著 .—北京：国家图书馆出版社，2015.3

ISBN 978-7-5013-5431-3

Ⅰ.①罗… Ⅱ.①乔… Ⅲ.①罗门－文学研究－图书目录②蓉子－文学研究－图书目录 Ⅳ.① Z88；I206.7

中国版本图书馆 CIP 数据核字（2014）第 183642 号

书　　名	罗门蓉子研究书目提要
著　　者	乔红霞 编著
责任编辑	南江涛　景　晶
出　　版	国家图书馆出版社（100034 北京市西城区文津街 7 号） （原书目文献出版社 北京图书馆出版社）
发　　行	010－66114536　66126153　66151313　66175620 66121706（传真），66126156（门市部）
E-mail	btsfxb@nlc.gov.cn（邮购）
Website	www.nlcpress.com →投稿中心
经　　销	新华书店
印　　装	北京华艺斋古籍印务有限公司
版　　次	2015 年 3 月第 1 版　2015 年 3 月第 1 次印刷
开　　本	710×1000 毫米　1/16
印　　张	17.75
字　　数	260 千字
书　　号	ISBN 978-7-5013-5431-3
定　　价	39.00 元

2009 年在"诗光·艺光·灯光——台湾著名诗人罗门、蓉子诗歌讲座和创作成果展"期间，著者乔红霞和罗门、蓉子夫妇共赏罗门手书《麦坚利堡》等

2010 年罗门蓉子夫妇在海口"图像灯屋"向乔红霞讲解手书"完美是最豪华的寂寞"的深刻寓意，并以此诗句相赠

完美是一種豪華的寂寞

羅門

你是廣大的天空
　就不能只讓一隻鳥
　　　　　飛進來
　　　即使是天堂鳥

你是遼闊的原野
　就不能只讓一棵樹
　　　　　長進來
　　　即使是神木

你是連綿的山
　就不能只讓一樣金屬
　　　　　藏進來
　　　即使是鑽石

你是深遠的海
　就不能只讓一條河
　　　　　流進來
　　　即使是長江

你是壯麗的大自然
　就不能只讓一種風景
　　　　美進來
　　即使是山明水秀

你是燦爛的歲月
　就不能只讓一個節日
　　　　笑進來
　　即使是狂歡節

你是無限的時空
　就不能不讓短暫
　　　　走出去
　　永恆住進來

你是完美
　就得因完美
　　永遠守住那份
　　　　豪華的寂寞

罗门真迹——诗歌《完美是一种豪华的寂寞》

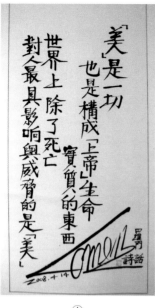

「美」是一切
也是構成「上帝」生命
實質的東西
世界上 除了死亡
對人最具影响與威脅的是「美」

① 羅門 詩話 2008.4.14

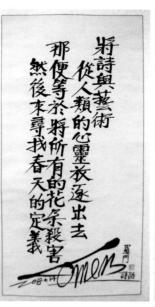

將詩與藝術
從人類的心靈放逐出去
那便等於將所有的花朵殺害
然後來尋找春天的定義

② 羅門 詩話 2008.4.14

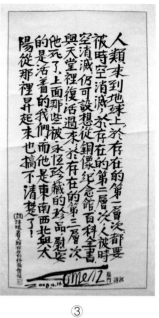

人類來到地球上於存在的第一層次都要被時空消滅 於存在的第二層次 人被時空消滅仍可設想從銅像紀念館百科全書與天堂裡復活過來於存在的第三層次他死了 上面那些被永恒珍藏的珍品 慰安的是活著的我們 而他是東南西北與太陽 從那裡昇起來也搞不清楚了！

③ 羅門 詩話 2008.4.14

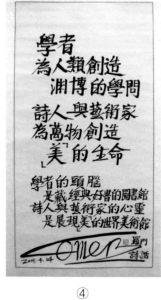

學者
為人類創造
淵博的學問
詩人與藝術家
為萬物創造
「美」的生命

學者的頭腦
是藏經典好書的圖書館
詩人與藝術家的心靈
是展現美的世界美術館

④ 羅門 詩話 2008.4.14

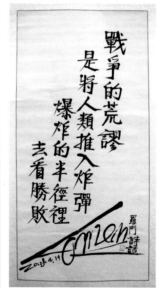

戰爭的荒謬
是將人類推入炸彈
爆炸的半徑裡
去看勝敗

⑤ 羅門 詩話 2008.4.14

罗门真迹——诗话五则

一朵青蓮

有一種很低的迴響地成過往　仰瞻
硕有況悬的星光　照亮天邊
有一朵青蓮　在水之田
在星月之下獨自思吟。

可觀賞的是本體
可傳誦的是芬芳　一朵青蓮
有一種月色的朦朧　有一種星泥荷池的古典
越過這兒那兒的潮濕和泥濘而如此馨美！

幽思遼闊　面紗而紗
陷生而不能相望
彩中有形　水中有影
一朵靜觀天宇而不事喧嚷的蓮。

色向晚　向夕陽的長窗
管箫有籟　盞上承滿了水珠　但你縱不哭泣
你舊苒婉的紅蕊
從潺潺的寒波　擊起。

蓉子真迹——诗歌《一朵青莲》

目　录

序

周伟民

前些天，海南省图书馆乔红霞下班后，送来她拟于最近出版的《罗门蓉子研究书目提要》的书稿，希望我写序。当时我未及看内容，以为是图书馆工作者所做的一册一般性书目提要，不会有太大的学术价值。于是不怎么着意，只是唯唯答应了。

将她的书稿置于案头，我做手边紧要事情去了。到真要动手写序时，不得不细看。一看之下，我被她书稿中内容，特别是"提要"的学术内容吸引住了。提要的写法，长短不一，因条目内容而定，有近1300字的，如1037条，也有精练短小的。内容多种多样。不过，共同点是每条提要都是对条目而发，是著者的个人声音，不雷同，不附和定论，文字表达也不拘一格。尤其可贵的是，每条提要都是著者读罗门、蓉子书的心得体会，都有独到见解，深具学术性（详见下文）。我思忖，如果乔红霞将这许多提要汇聚在一起，作论证性处理，岂不是一部有关罗门、蓉子的人品和文品的学术专著吗。

我第一次的印象是不对的。

由是也引起我对与罗门、蓉子伉俪交谊过程的回忆。

我认识罗门是在1988年10月，当时罗门回祖居地海南文昌县（今文昌市）铺前镇访旧，并得到时任省委书记许士杰在海口的接见。当时我主持海南大学文学院工作，邀请罗门莅校作诗的演讲。这一天，恰逢特大的台风袭击海南岛，在暴风骤雨的下午，罗门大步地来了。见面后，我说："天不作美，如此暴风骤雨！"罗门爽朗地一笑说："我生于暴风雨时代，长于暴风雨空间，我喜欢今天的天气！"

报告厅在大阶梯教室，座无虚席，连走廊和过道上都坐满了听众，大家兴致勃勃地倾听罗门畅谈诗的艺术。他精彩的演讲，把海南大学师生们带入艺术的殿堂。这以后不久，我们夫妇和蓉子也成了好朋友。

罗门是海南岛的骄傲。罗门沐浴着南国海岛的阳光，迎着胶林椰树的婀娜婆娑的风采，接受故乡亲朋好友质朴的亲情厚谊。这之后的 1991 年 2 月，我们在台湾的文史哲出版社出版了《日月的双轨——罗门蓉子创作世界评介》。这 20 年当中，我们先后策划了两次大型罗门蓉子创作专题研讨会。第一次的会后，我们主编的《诗坛双星座——罗门蓉子"文学世界"学术研讨会论文集》由四川文艺出版社出版。第二次是 1995 年 12 月 6 日，海南大学与北京大学中国语言文学研究所、中国社会科学出版社、清华大学中文系、中国艺术研究院中国文化研究所、《诗探索》编辑部、海南日报社等单位在北京大学联合举办"罗门蓉子文学创作座谈会暨《罗门、蓉子文学创作系列》推介礼"。当时，中国社会科学出版社奉献罗门、蓉子创作的八册系列书。会后由谢冕、白烨、周伟民主编，长江文艺出版社出版了《燕园诗旅——罗门蓉子诗歌艺术论》一书。

罗门、蓉子夫妇在诗歌艺术中探索了一个甲子有余，并不断有新的成果，我们对他们十分敬佩。这不仅仅在于他们是饮誉世界的著名诗人，更令人心折的是他们献身诗歌艺术的纯净的精神世界。为了写诗，他们在精力充沛的岁月提前退休，以全部的时间和生命，在诗歌王国里勤奋耕耘，追求艺术心灵的纯净。为了写诗，夫妇俩可以献出一切；他们探究现实世界的心灵病灶，倡导人们心灵世界的洁净与完美，构造诗歌艺术的理念和审美情趣，以自身对诗歌的特质的深切体认，以诗人特有的心灵感悟，以诗歌为艺术引导，使人类由外在的有限的目视世界，进入内在无限的灵视世界。[1] 罗门、蓉子对诗歌艺术执着追求的精神，创造了诗歌的真、善、美的艺术境界。他们获得"国际诗人伉俪奖"，这是实至名归，让人们深怀敬意。

罗门有一句名言："海南是我的生母，台湾是我的养母，地球是我的祖母。"他是海峡两岸哺育出的杰出诗人。后来他们在海口市买了一套住房，经常回

---

[1] 罗门：《我两项最基本的创作观》。

到海南与文学界人士密切接触；在海南大学、海南师范大学、海南省文化艺术界和海南省图书馆举办研讨会和作品艺术展之后，旧友新知，结交的朋友更加广泛。省图书馆乔红霞还为罗门、蓉子策划了"诗光·艺光·灯光——台湾著名诗人罗门、蓉子诗歌讲座和创作成果展"。她结识了罗门、蓉子，以朝圣般的敬佩心情，用四年业余时间搜集了有关罗门、蓉子作品及评论的海内外的大量资料，写成这部《罗门蓉子研究书目提要》。

乔红霞这部著作的突出特点有三：

第一，收集资料极其丰富广泛，十分全面。《提要》收集了有关罗门、蓉子的著录共计839条，著录了尽可能搜集到的文献，其中罗门文献款目411种，蓉子文献款目406种，合编款目22种，含海内外各类版本的选集、译著、研究评论集等。她在多种文献类型、版本、文种（包括中、英、法、德、瑞典、日、韩、南斯拉夫、罗马尼亚等各国文字）中，全景式涵盖海峡两岸及世界各地罗门、蓉子影响所及的出版物上的条目，根据《中国文献编目规则》（第二版）的编目方法和编目符号，对涉及罗门和蓉子的文献进行著录并撰写出大量的提要。

第二，全书的提要不仅概括了所收每个条目的特点，可贵的是对于诗人的重要作品，都有自己的学术见解和评价。在罗门卷中的1010条所辑录的罗门《麦坚利堡》特辑，她写道：该书辑录了诗歌《麦坚利堡》及其文学影响，汇集了评论家对《麦坚利堡》的批评和欣赏，罗门创作《麦坚利堡》的思考，附以《〈麦坚利堡〉诗重要记事》，对研究罗门和新诗有重要参考价值。又因为这首长诗语言突兀自由、节奏现代、意象苍茫、氛围悲凉，读者不容易领会诗的主旨，乔红霞明确揭示：《麦坚利堡》的主旨，即表达人类面对着不朽与伟大在惨重的死亡面前所受到的伤害及窒息。作者还对《麦坚利堡》的发表时间进行了考证，以翔实的资料证明了发表时间是1962年，并对其他说法进行了纠谬。又如1028《创作心灵的探索与透视》条，她在介绍该诗集的出版及收藏概况之后，提出了自己的见解："该书是罗门的第七本论文集，汇编了作者评介海内外诗人作家的文章，这些文章在谈论作家的艺术表现技巧与语言运作的特殊功能的同时，更加注重探索作品中呈现的生命结构与内涵，重视精神层面的深度、广度和作者本人特殊的创作现象，透过不同的时空环境，探索了20多位作家的内心世界，附录《罗门研究档案》。"在蓉子卷中的

2002 条，著录蓉子《横笛与竖琴的晌午》时，乔红霞评论道："该书是蓉子的第六本诗集，收录了宝岛风光、访韩诗束（作者 1965 年访问韩国后的系列诗作）以及其他咏物诗、咏史诗共 52 首。其中诗歌《一朵青莲》，是一首关于生命的中国式赞歌，从情韵、气质、语言、节奏都体现了中国风格，描绘了生命的幽静之美、温馨之美、高洁之美、坚韧之美，歌颂了成熟生命的魅力，备受读者和批评家喜爱，为蓉子赢得了盛誉。蓉子 60 年的诗歌创作中，也因此被誉为'一朵不凋的青莲'。"类此种种，《提要》一书中多处显现。对蓉子的散文，作者也有精彩、独到的学术见解。2031 条《欧游手记》指出，这本游记，记录了蓉子在欧洲诸国的游历见闻。"景是众人同，情乃一人领"。散文中蓉子以诗心行文，亦诗亦画，是风格独特的游览欧洲的读物。

《提要》中，如 1210 条、1350 条等，还订正了一些文献的错讹。也有些条目，对于论著中有几种不同的说法，著者择善而从，如 1018 条《隐形的椅子》等。这些地方都显出著者在学术上独具匠心。

此外，像罗门和蓉子的诗文集、罗门诗论集、新诗三百首选集、新诗百年经典、新诗史、新诗总系等类型文献款目中也多具有学术性的探索和考证。

第三，严格按照《中国文献编目规则》（第二版）著录，从图书馆学研究的角度看，显得非常专业。全书的条目安排，研究书目提要，题名索引，中文版、外文版的出版讯息，对罗门、蓉子的专门评价，搜集两位诗人的手稿、文献的收藏地等，著者都以学术眼光和严肃认真的写作态度，对两位诗人半个多世纪中的创作活动以及在世界各地所产生的影响，进行了广泛收集、细致统计，以数序编号形式展现两位资深诗人辉煌壮丽的文艺人生。

这是一部专人著述书目。乔红霞严格根据罗门、蓉子创作、辑录及评论文献设立专题栏目，以题名拼音为序，逐一展开，作为纲领，详细著录作品的体裁、内容，并对有些内容的考证加以说明，从不同的角度展示作品的流传情况。她还在卷首写了一篇很好的编写序言，说明罗门、蓉子的生平、著作活动、作品的价值和影响。这样一部研究性的著作，为各方研究罗门、蓉子创作的学者提供了系统的资料。

我国目录学历史悠久，是一笔宝贵的文化遗产。乔红霞这部书，可以说是当代图书馆地方文献学对专人研究的书目学的学术著作，我诚挚地希望乔红霞以此书为开端，在今后的研究实践中不断作出更大的贡献。

我愿意向广大关注诗歌艺术的读者和研究海峡两岸诗歌，特别是研究罗门、蓉子创作的同行们，推荐这部可资参考的《罗门蓉子研究书目提要》。

2013 年 12 月 19 日
写于海南大学图书馆
三楼工作室

自 序

——对罗门、蓉子研究价值的文献学体认

乔红霞

　　书目编纂在我国有悠久的历史。早在汉代，刘向、刘歆父子奉汉成帝之命，整理国家藏书，分别撰写了《别录》《七略》，对当时的图书进行了简要地分类著录，以"辨章学术，考镜源流"。《汉书·艺文志》《隋书·经籍志》《四库全书总目》以及《书目答问》《贩书偶记》等沿用和发展书目编制技术，这些书目为我国古代学术研究提供了"治学之门径"，也在查考中国古代文献流传、古籍版本鉴定方面起到了参考作用。

　　进入现代图书馆时期，书目编纂即编目，仍是图书馆的基础业务之一，分著录和目录组织两个程序。在图书馆学领域里，图书著录是按照一定的方法、规则，对图书的内容特征和形式特征进行分析、选择和记录的过程。著录的结果称为款目，根据一定的排序方法对款目进行排列，形成序列化的目录体系就是目录组织，经过著录和目录组织形成书目。书目是揭示、识别和检索文献的基础工具，是帮助读者开启知识门户的钥匙，即便是搜索引擎广泛应用的今天，书目学仍然是一门为知识引航的重要学问。

　　以《罗门蓉子研究书目提要》作为我治学之始，缘于有幸结识罗门和蓉子两位现代诗坛大师。2007年海南省新成立省级公共图书馆时，我已年过不惑，出于对海南经济特区和数字图书馆的向往，我参加并通过了海南省图书馆面向全国招聘中层干部的考试，成为唯一一个考到海南省图书馆来的图书馆学高级专业技术人员。海南是罗门的故乡，海南省图书馆的成立同样吸引

了早已享誉国际诗坛的台湾现代诗人罗门和蓉子——一对与中国现代诗同步发展 60 年，在中国现代新诗版图上有突出地位的"杰出文学伉俪"。我有幸结识他们、近距离了解他们，并为他们策划了"诗光·艺光·灯光——台湾著名诗人罗门、蓉子诗歌讲座和创作成果展"。他们在海口设有"图像灯屋"，我曾多次造访。那是一个中国新诗的世界：墙上悬挂着罗门和蓉子自 20 世纪50 年代起参加国际国内高端诗歌活动的图片，海内外华文诗人、文学家、文学评论家及其他国家（地区）的诗人、文学家、文学评论家对他们的住所——台湾"灯屋"的访问图片，罗门和蓉子亲笔手书的代表作品及诗话，书架上陈列着罗门和蓉子诗集的多种版本，还有收录其诗作的英、法、德、瑞典、南斯拉夫、罗马尼亚、日、韩等外文诗选和中外文版的中国现代文学史（含新诗史）教材……语种多、载体多、出版规格高，足以说明罗门和蓉子是当代中国诗坛的巨人，他们的新诗创作成绩被广泛认可，代表作品已经过中国新诗百年和世界新诗作品的经典积淀，载入了中国 20 世纪的文学史和新诗史。在海口罗门和蓉子居住的"图像灯屋"里，他们亲笔书写好的代表作品 100多幅，卷轴装裱，文辞隽永，震撼人心。展览期间，罗门和蓉子的诗作感动了不同年龄的不同人群，有退休老干部、务工人员、大中专学生、部队战士等，面对诗人亲笔手书的一幅幅代表作，读者吟诵抄写，流连忘返……含英咀华，心有灵犀，此之谓也。

由于罗门祖籍海南文昌，在搜集整理罗门和蓉子研究资料过程中，笔者见到四位代表人物以文字的形式说"罗门是海南人的骄傲"：一是中国当代著名文学批评家谢冕教授，在写给香港出版的中国新诗专著《罗门诗鉴赏》的序言里；二是时任海南省副省长刘名启先生，在 1993 年海南大学和海南日报社联合主办的"罗门、蓉子文学世界"学术研讨会上；三是海南文史研究专家周伟民教授，在《海南日报》上；四是一名海南的中学生，在海南省图书馆举办的"诗光·艺光·灯光——台湾著名诗人罗门、蓉子诗歌讲座和创作成果展"的留言簿上，这些使我顿悟清代诗人袁枚"江山也要伟人扶"的诗句，认识到罗门对海南文化教育的提升作用。

罗门和蓉子——这对一辈子只要诗的文学伉俪，是享誉国际诗坛的诗歌巨人，被誉为"东亚杰出的中国勃朗宁夫妇"。早在 1976 年，罗门和蓉子出席在美国举办的第三届世界诗人大会，两人同获杰出诗人奖并接受加冕为桂冠诗人，36 年后在中国海南省举办的"2012 两岸诗会"上，罗门再次以持续的、高水准的创作获得两岸诗会桂冠诗人奖。

罗门和蓉子也是诗国的苦行僧，他们对新诗的传播，有着宗教般的热情。罗门在写诗的同时，研究诗歌创作理论。蓉子写新诗，也写散文、儿童诗、翻译儿童文学作品。写作之余，培养新人，传播诗学。2010 年罗门先生的诗歌资料著作《我的诗国》出版时，他以 82 岁高龄，携带厚重的图书，从台湾来到海南向研究他诗作的人们推介，我那时正在编写此书，有幸获得一套签名本。看到罗门八十高龄还在为诗歌艺术而奔波操劳，钦敬之情油然而生。其实不论是在专家学者云集的文学殿堂、大中学生的语文课堂、企业家聚会的会所，还是茶余饭后三五人小聚的休闲聊天场所，只要有罗门在，必定是他在谈诗，谈他的诗话。

促成我把罗门和蓉子研究延伸到书目文献学领域的主要因素，是他们在中国新诗领域的贡献已经具有了现代文献学价值。从时间上，中国新诗起源于 1917 年，至今将近百年，而罗门和蓉子的诗歌创作从 1951 年至今，伴随中国新诗发展 60 余年；从地域上讲，20 世纪 50 年代起台湾新诗是中国新诗版图上的灿烂华章，可弥补祖国大陆诗歌的一段缺憾；从个人成就讲罗门和蓉子的新诗创作，自 20 世纪 50 年代起始终引领台湾诗坛风尚，两位诗人成就卓著，影响深远。60 年间罗门从"蓝星诗社最具前卫色彩的健将"成长为台湾诗坛的"三大支柱"或"五大支柱"，"现代诗的守护神""战争诗的巨擘""都市诗之父"，并构建了自己的诗歌创作理论——"第三自然螺旋型架构"理论。蓉子从台湾诗坛女诗人中最早出版诗集的"青鸟"，成长为诗龄最长、著作最丰、影响最大的"祖母辈明星诗人""永远的青鸟""开得最久的菊花""一朵永不凋谢的青莲""一座华美的永恒"，他们的诗歌创作融入了中国新诗史、现代文学史，他们的诗歌成就享誉了国际诗坛。

罗门祖籍海南文昌，蓉子祖籍江苏涟水，他们的新诗超越了地域，具有民族性、世界性。中国当代著名文学批评家、北京大学中文系教授谢冕和夫人陈素琰（中国社会科学院研究员）分别为罗门和蓉子编著了《罗门诗选》《蓉子诗选》，谢冕先生为罗门撰写了文学评论《罗门的天空》，为罗门和蓉子编写了评论集《燕园诗旅——罗门蓉子诗歌艺术论》。海南省文史学专家、海南大学文学院教授周伟民和夫人唐玲玲教授为罗门和蓉子撰写了研究专集《日月的双轨——罗门蓉子创作世界评介》，主编了《诗坛双星座：罗门蓉子"文学世界"学术研讨会论文集》，唐玲玲教授还为蓉子写了《蓉子传》；四川大学外国语学院朱徽教授为罗门和蓉子编纂了《罗门诗精选百首赏析》《青鸟的踪迹：蓉子诗歌精选赏析》等；中南财经政法大学教授、台港澳暨海外华文文学研究所所长古远清为蓉子编写了诗歌赏析《看你名字的繁卉：蓉子诗赏析》等，另有众多的 20 世纪新诗选本、百年新诗经典作品选集选录了罗门和蓉子的作品，多种版本的新诗史、新诗辞典、人物辞典以及文学史教材记录了罗门和蓉子在新诗方面的成就。

本书收录目前所见的罗门、蓉子自著图书，他人辑录罗门和蓉子作品的图书以及评论罗门和蓉子的图书等涉及罗门和蓉子的图书和少量数字化文献。对文献上有记载但没有找到馆藏的图书进行了存目。

书中文献款目，以每版为一种统计，全书共著录文献款目 839 条。书中为罗门文献、蓉子文献、重要的新诗文献撰写了提要，考订了新诗文献中关于罗门蓉子文献记载的错讹多处。

罗门文献款目 411 种，罗门自著（编）图书 37 种 42 种版本，其中自著新诗集 23 种，版本 24 种；编选诗集 1 种，版本 1 种；自著诗艺论集 11 种，版本 15 种；自著散文集 2 种，版本 2 种。选录罗门新诗的专集 5 种，选录罗门新诗图书计 188 种，选录罗门散文、诗论等作品图书计 15 种，专论罗门图书 12 种，含有评论罗门的图书计 100 种，存目 49 种。

蓉子文献款目 406 种。蓉子自著（含编译）图书 22 种 45 种版本，其中自著新诗集 15 种，版本 25 种；编选诗集 1 种，版本 1 种；散文集 4 种，版本 7 种；童话集 1 种，版本 4 种；译著 1 种，版本 8 种。选录蓉子新诗的专集 4 种，选录蓉子新诗图书计 171 种，选录蓉子散文图书计 50 种，专论蓉子图书 3 种，含有评论蓉子的图书计 80 种，存目 53 种。

罗门和蓉子譬如诗坛的日月双星，罗门蓉子合编及评论合集文献款目 22 种。他们联袂编著新诗文献 6 种，主编期刊 1 种；合编出版了丛书 2 种；诗选合集 3 种。文学评论家也将罗门和蓉子一起评论，专论 8 种，收录有论罗门和蓉子的图书 7 种。

由于所见文献以大陆出版的中文图书为主，报纸和期刊未曾收录，更多的海外版图书还未曾谋面，所以该书的出版，仅能起到抛砖引玉的作用。

我国的书目著作有专题书目、专学书目、专人书目等类型。几年来，我尝试着用图书馆传统的书目编制技术解读罗门和蓉子，以文献展示他们诗坛巨人、海南骄子的文学影响。我在以罗门、蓉子为主题的书目文献领域里跋涉，涉猎了中国新诗文献，罗门、蓉子文献，海外华文文献和海南地方文献，找到了评价罗门和蓉子的文学坐标，他们的诗文集跨越时间长、涉及文献类型多、版本繁复、影响范围广，令人折服。从文种上，涉及中、英、法、德、瑞典、日、韩、南斯拉夫、罗马尼亚等；从出版物内容形式特征上，有诗集、诗论、艺术设计、散文集、童话集、工具书、手册、年鉴、教科书、通俗读物；从出版发行形式讲，有单本刊行的单行本、连续发行的多卷书以及集中发行的系列丛书。尽管编写时我将该书的收录范围限定在普通中文图书，即以印刷方式刊行的中文简体字和繁体字出版物，但是罗门和蓉子作品涉及的新诗集、散文集、诗论集、童话集、新诗专集、新诗选集、评论集、文学史、教科书、文学辞典、百科全书、地方词典、人物传记……仍是林林总总，不可胜计，文献类型多，出版地域广，基本涵盖了祖国大陆各地及海内外华文流行的地域和人群，两位先生的诗歌文献已经具有了国际诗人的文献规模。

该书书稿的成型，还得益于我国数字图书馆的建设发展。目前我国图书馆编目已经发展到用计算机联合编目的阶段，下列数字图书馆大型书目数据库也是本书稿的数据参考来源：中国国家图书馆、上海图书馆、广东省立中山图书馆、海南省图书馆、福建图书馆、湖南图书馆、海南大学图书馆、海南师范大学图书馆，中国台湾"国家图书馆"、台湾"全国图书书目资讯网"等。另外利用海南省图书馆的电子资源——读秀学术搜索，台湾暨南国际大学的《台湾作家作品检索库》、台湾交通大学图书馆数位典藏系统查找到书目编写的重要线索。在本书的编写过程中，得到了罗门、蓉子两位诗人亲笔校订，罗门还于2012年返琼时带来书跋。书稿还得到了海南大学周伟民、唐玲玲两位教授指导，周伟民教授还撰写了序言。此外还得到国家图书馆、上海图书馆、省内图书馆界专家学者的学术帮助，全国参考咨询联盟成员馆老师们如广东省立中山图书馆的古宇军老师、陕西省图书馆的李广通老师、广州市图书馆的张伟老师等多次提供电子文献，在此一并表示感谢！

海内外研究罗门和蓉子的学者颇多，该书是首次将罗门和蓉子的研究延伸到书目文献学领域并用图书馆编目规则进行编目的专题书目学著作。该书的特点是根据《中国文献编目规则》（第二版），运用了图书馆编目方法和编目符号，对涉及罗门和蓉子的文献进行著录并撰写了大量的提要。因罗门祖籍海南文昌，该书可算是图书馆地方文献学专人研究的书目学著作，用文献形式解读罗门和蓉子从而进一步宣传海南人杰地灵的人文环境；又因罗门和蓉子的主要成就在新诗方面，中国新诗发展百年史上，罗门和蓉子的创作和诗歌文献伴随中国新诗60年，书目涵盖了中国新诗60年的历史，书中为新诗研究史上的重点图书撰写了提要，在彰显罗门和蓉子在中国新诗史上重要意义的同时，也汇集了大量的新诗文献，这些文献，是海峡两岸新诗创作的重要成果，希望该书的出版对研究新诗的学者有所帮助。

我编写此书始于2009年底，工作之余，焚膏继晷，缀连成篇，几近四年。翻检文献，闭门写作已成习惯。期间2012年初，抚育我成长的外祖母去世，令我不胜哀伤。在她年事已高时我远离家乡，未能床前尽孝，此乃人生大憾，完稿时已是深夜，遥望北方，愿以此小小成果，告慰外祖母在天之灵。

虽然本人力求著录文献全面、详尽、准确，著录方法科学规范，但由于才疏学浅，仍难免挂一漏万。不当之处，敬请方家批评指正。

2013年12月20日于海口

凡　例

一、该书收录图书范围限罗门和蓉子的新诗、散文、诗艺论集，收录罗门和蓉子诗歌、散文的选集以及评论罗门和蓉子的相关普通图书。

二、所谓普通图书，即以印刷方式刊行的出版物，主要是正式出版物。含诗集、文集、诗论集、研究专集、诗歌选集、童话集、文学史、教科书、文学辞典、百科全书、地方词典、人物传记等。包括单本书、汇编本、多卷书、丛书，以 ISBN 号作为统计指标，报纸、期刊等连续出版物不在收录范围。

三、本书收录以中文普通图书为主。由于所见图书范围局限，外文版图书和一些未见中文图书，以存目的形式著录。

四、本书目采用书本式连续著录形式著录，根据图书与罗门、蓉子的关系及图书的文献研究价值，选择重点撰写了提要。

五、编目格式：根据《中国文献编目规则》（第二版）对收录图书进行基本级次著录。即选取题名与责任者项、版本项、出版发行项、载体形态项、丛编项、标准书号与获得方式项、收藏地项、附注项八项中的主要项目，如正题名、第一责任者、版本项、出版发行项中的出版发行地、发行者、发行年，载体形态项，排检项作为必备项目；另著录并列题名、其他责任者、丛书项、附注项、标准书号及有关记载项、提要项等选择项目，用书本式目录连续格式进行基本级次著录。各项目的排列顺序和标识符号运用如下：

正题名［一般文献类型标识］= 并列题名：其他题名信息 / 第一责任说明；其他责任说明 . —— 版本说明 / 与本版有关的责任说明 . —— 文献特殊细节项 . —— 出版地：出版者，出版日期（印刷地：印刷时间，印刷日期）. —— 文献数量及特定文献类型标识：其他形态细节；尺寸 + 附件 . ——（丛编正题名 / 责任说明）.

—— 标准编号（限定词）：获得方式和（或）价格　收藏地 1　收藏地 2　收藏地 3　收藏地 4　收藏地 5

提要

附注

六、关于著录款目有关问题的说明

1. 款目以"种"编号：以 ISBN 号作为图书"种"的标识。题名相同、内容相同，因出版时间不同、装帧形式不同，而呈现出不同的 ISBN 号，就以不同"种"图书来著录。每"种"书单独编号，在主题类下按照音序，以数序制排列。

2. 同种图书重复出现问题：一种图书如果同时收录罗门和蓉子的文献，将在其对应的章节分别著录编号，提要附在首次出现的款目下，后出现的款目提要省略。索引编排时按照题名编号和页码排序。

3. 多卷书采用分散著录和综合著录两种形式著录，综合著录即分层次著录，如罗门和蓉子联合出版的多卷书，除采用综合著录法著录于第三章"罗门蓉子研究书目提要"外，还采用分散著录法著录于"罗门研究书目提要"或"蓉子研究书目提要"，采用分散著录法时丛书的正题名著录于丛编项。

4. 文献类型标识：大陆出版普通图书著录时省略了文献类型标识"专著"，港台版图书著录"［海外中文图书］"字样。

5. 著录各大项中凡自拟内容，用"［］"括起，如：责任者超过三个时，只著录第一个责任者，在其后加"［ 等 ］"。

6. 出版发行项：图书出版时间按照公元纪年著录，出版时间不著录具体月份。港台版图书原题出版日期是民国纪年的，换算成公元纪年。

7. 对于港台版图书的页码，为了保持著录用词统一，著录为"页"而不用"面"。

8. 载体形态项：关于图书的尺寸，以图书的高度著录，单位 cm，有的图书原题的是开本大小，根据图书实际情况，依据《图书和杂志开本及其幅面尺寸》（GB/T 788-1999）换算成相应的厘米（cm）数，也可根据图书原题，著录开本。高度超过 20cm，不足 21cm 的，以 21cm 计算，依此类推。

9. 标准编号与获得方式项：标准编号以 ISBN 号为依据。原书有 ISBN 号者照录，无 ISBN 号者，著录"（限定词）：获得方式和（或）价格"，精装、简精装图书在限定词中著录。例如：

（1）有 ISBN 号：. --ISBN 957-09-0826-2（精装）：TWD675.00

（2）无 ISBN 号：. --（精装）：TWD80.00

（3）同一 ISBN 号，有精装或简精装、平装多种装帧形式，价格不同，著录格式为：

. --ISBN 7-5302-0592-7（精装）：CNY 50.00，CNY42.00.

（4）获得方式：按照中华人民共和国 GB/T 12406-2008《表示货币和资金的代码》著录货币代码，人民币代码为 CNY，新台币代码 TWD，港币代码 HKD，澳门币代码 MOP，马来西亚吉特代码 MYR，美元代码 USD。

10. 提要项：提要是本书的重要组成部分，提要文字根据图书内容撰写。撰写提要的图书主要有以下四类：一是罗门和蓉子自著图书；二是在中国新诗史上有典型意义的诗选；三是选编观点独特的诗选；四是重要诗歌评论家的著作。

11. 附注项：著录于提要项后，用作揭示图书与罗门和蓉子研究内容的关系，格式如：

选取作品：流浪人，第 439 页；车祸，第 441 页

表示本书收录罗门两首诗歌，《流浪人》的起始页码是第 439 页，《车祸》的起始页码是第 441 页。

12. 收藏地：为了便于读者查看图书，选取了国家图书馆、北京大学图书馆、上海图书馆、广东省立中山图书馆、海南省图书馆、海南师范大学图书馆、海南大学图书馆、台湾"国家图书馆"、台湾交通大学图书馆等图书馆作为收藏地主要著录地点，其他公共图书馆、高校图书馆作为收藏地补充著录地点。其中海南省图书馆的馆藏图书除罗门和蓉子自著图书外，多指该馆的数字资源。而港台版罗门和蓉子文献，台湾"国家图书馆"多有收藏，是该类文献的首选之地。不再一一列举。

13. ［不详］的使用：对著录要求信息掌握得不全面，或了解得不准确者，在相应项目位置以［不详］标识。如：

1034. ……（爱书人文库；189）. --［不详］

表示该书的具体价格不清楚。

1155.……

选取作品：天空，［不详］

表示选取作品的具体页码不清楚。

1097.…….－－236 页；［不详］.－－（青草地丛书；1）.－－TWD70.00

表示该书的高度不清楚。

七、图书题名编排

1. 采用专题法和音序法结合的方法排列各著录款目。先以专题分为《罗门研究书目提要》《蓉子研究书目提要》《罗门蓉子研究书目提要》三章，三章内各以专题设类，每类下图书以音序法排列。

2. 书中各款目序号实行四位阿拉伯数字，三章分别对应序号的第一位数字，开头是"1"，代表第一章《罗门研究书目提要》，开头是"2"，代表第二章《蓉子研究书目提要》，开头是"3"，代表第三章《罗门蓉子研究书目提要》，其他三位数序号代表在各章节的顺序。如：

1002. 都市诗

表示《都市诗》文献款目排序在第一章《罗门研究书目提要》的第二位。

2015. 水流花放

表示《水流花放》文献款目排序在第二章《蓉子研究书目提要》的第十五位。

八、书目索引编排

1. 索引首先按照汉语拼音音序法，以"序号、题名、页码"等内容与正文中款目对应，以方便检索。

2. 题名相同的按照该书的出版顺序排列，出版顺序相同的，按照章节顺序排列。

3. 凡是华文图书由台湾出版的图书，在题名后加"（台）"；由香港、澳门出版的图书，在题名后加"（港）""（澳）"；由新加坡、马来西亚出版的图书，在题名后加"（新加坡）""（马来西亚）"。

4. 罗门和蓉子用英文出版的专集，用"英文版"在索引中单列。与他人合集用英文、法文、日文、韩文、罗马尼亚文、塞尔维亚文等语种出版的，在题名后加上对应语种"（英）""（法）""（日）""（韩）""（罗马尼亚）""（塞尔维亚）"等。

5. 索引中对多卷书，如"年度诗选"，以"年度诗选"为多卷书共同题名，每年度诗选按照多卷书子目著录，分别编入索引。

6. 为照顾检索习惯，年度诗选子目题名在首字相同时以年度顺序为序。

第一章 罗门研究书目提要

罗门（1928— ），男，中国台湾著名诗人兼诗歌理论家。本名韩仁存，海南文昌人。1942年考进国民党空军幼年学校，1949年赴台，曾任台湾民航局高级技术员，1976年退休，专事创作，是台湾现代诗的重要代表人物之一。

罗门1954年发表诗作《加力布露斯》，1955年4月14日与女诗人蓉子结婚。罗门和蓉子坚持诗歌创作60年，有"杰出文学伉俪""东亚杰出的诗人伉俪""东亚杰出的中国勃朗宁夫妇"之美誉。

罗门的诗对战争、死亡、生命、命运、信仰、欲望、孤独等重大主题进行了理性思考，主张"智性抒情"写作，其诗立意深刻幽远，想象大胆奇特，结构丰富多彩，显示出非凡的艺术功力。有诗集《曙光》（1958）、《第九日的底流》（1963）、《日月集》（与蓉子合著，1968）、《死亡之塔》（1969）、《罗门自选集》（1975）、《隐形的椅子》（1976）、《旷野》（1980）、《罗门诗选》（1984）、《日月的行踪》（1984）、《谁能买下这条天地线》（1993）、《全人类都在流浪》（2002）等23种24版，论文集《现代人的悲剧精神与现代诗人》（1964）、《心灵访问记》（1969）、《长期受着审判的人》（1974）、《时空的回声》（1981）、《诗眼看世界》（1989）、《存在终极价值的追索》（2000）、《创作心灵的探索与透视》（2002）、《我的诗国》（2010）等11种15版，散文集2种2版，编选诗集1

种 1 版。其中《罗门、蓉子文学创作系列》含罗门著论文集 1 种、新诗集 2 种、评罗门的 1 种、评论罗门和蓉子的 1 种。《罗门创作大系》10 卷（册），含新诗集 7 种、论文集 2 种、散文集 1 种。罗门的代表诗作有《麦坚利堡》《第九日的底流》《都市之死》《完美是一种豪华的寂寞》《观海》《窗》《流浪人》等。

罗门是台湾乃至整个华语诗坛最具前卫现代意识的诗人之一，他强调诗是美与"精神深度"的结合，作品多写战争、都市、自然、时空、永恒等题材，被评论界誉为"现代诗的守护神""战争诗的巨擘""都市诗之父"，台湾诗坛的"三大支柱"或"五大支柱"。罗门撰写了大量诗话、诗论，形成了诗歌创作的"第三自然螺旋型架构"理论，并以该理念装置了他和蓉子在台湾的诗歌艺术空间——台湾"灯屋"和海南省海口市的居所"图像灯屋"。他的诗学研究专著兼诗歌艺文活动资料集《我的诗国》，构想了在地球上设立一个以诗歌创作理论"第三自然螺旋型架构"诠释的诗与美的存在，以大量珍贵图片汇聚了他和蓉子的研究文档，被其称作"终端作品"。

罗门作品刻碑于台湾台北新生公园（1982 年）、台北动物园（1988 年）、彰化市区广场（1992 年）、彰化火车站广场（1996 年）和海南省三亚市大小洞天风景区（2008 年），目前诗作已选入英、法、德、瑞典、南斯拉夫、罗马尼亚、日、韩等外文诗选，收录其作品的诗集、诗选、评论及文学史书目已逾 400 种。

罗门曾担任台湾蓝星诗社社长，也是蓝星诗社的健将。1967 年，罗门的诗作《麦坚利堡》，被国际桂冠诗人协会誉为近代的伟大之作，荣获该协会年度诗奖及菲律宾总统颁给的金牌奖；1969 年在第一届世界诗人大会上，与夫人蓉子被誉为"大会杰出文学伉俪"，获菲总统大绶勋章；1970 年获美国奥克立荷马州荣誉公民奖，1972 年获巴西哲学院荣誉学位；1976 和蓉子参加美国第三届世界诗人大会，同获杰出诗人奖并接受加冕为桂冠诗人；海峡两岸解禁后，1988 年受大陆多所大学邀请，同诗人林耀德一起在大陆巡讲新诗一个月，分别在北京大学、复旦大学、上海戏剧学院、华东师范大学、中山大学、暨南大学、厦门大学、海南大学，以及中国社会科学院，各地的文联、作协、诗刊编辑部等学术与文艺团体机构进行二十多场演讲与座谈。曾赴美参加国际文学会议、作诗歌专题演讲。1991 年获中山文艺奖，1992 年获美国爱荷华大学国际作家工作室（IWP）颁赠荣誉研究员，1993 年海南大学举办"罗门、蓉子的文学世界"学术研讨会，1994 年四川作家协会、四川文艺出版社等单位举办《罗门诗精选百首赏析》首发式并邀请罗门和蓉子参加座谈会，1995年获得美国传记学术中心颁发的20世纪世界500位具有影响力的领导人证书。同年"罗门蓉子系列著作研讨会"在海峡两岸举行，中国社会科学出版社和台湾文史哲出版社分别出版了《罗门、蓉子文学创作系列》和"罗门蓉子系列图书"（含《罗门创作大系》及蓉子作品两种）。西北大学、四川大学、海南大学、海南省图书馆、海南省文联、海南师范大学等单位曾为罗门和蓉子举办讲座和文学创作讨论会、诗歌创作成就展。2004—2006年罗门分别在清华大学、北京大学、首都师范大学、北京师范大学举办诗歌讲座。2012年在中国海南举办的"2012'两岸诗会'"上罗门再次获得桂冠诗人奖。

罗门的作品被中国现代文学馆、香港大学图书馆、海南省图书馆、海南大学图书馆等单位重点收藏，罗门的名字被作为词条收入《中国名人录》《世界名诗人辞典》（英文）、《大美百科全书》《世界华人文化名人传略》及多种中国文学辞典，其创作入选《中国新诗总系》《中国新文学大系》《百年百首经典诗歌：1901—2000》《百年中国文学经典》《中国百年诗歌选》《中华诗歌百年精华》《中国百年文学经典文库》《新诗三百首》等，成就被写进中国现代文学史、中国新诗史、台湾新诗发展史、台湾美术史。

在没有认识罗门之前，我认识了他的《麦坚利堡》，那时可以读到的作品不多，但我被他这首诗所震撼。语言的突兀自由，现代的节奏，特别是意象的苍茫所传达的悲凉的氛围。我认定这是一位重要的诗人。

罗门的天空是浩瀚而神奇的，他的奇思和幻想，令批评家感到了追逐的困窘。

——中国著名诗歌评论家、北京大学中文系教授谢冕

罗门自著书目（1001—1042）

新诗集（1001—1024）

1001. 第九日的底流 ［海外中文图书］=Undercurrent of the Ninth Day/罗门著.
-- 台北：蓝星诗社，1963. --3，120 页；18cm. --TWD10.00　台湾"清华大学"
图书馆　海南大学图书馆　海南师范大学图书馆

　　该书是罗门的第二部诗集，书中收录罗门 1958—1961 年间创作的《第九
日的底流》《麦坚利堡》《都市之死》等共计 33 首诗歌。书中附诗论《现代人
的悲剧精神与现代诗人》和《后记》。罗门在《后记》中写道："《第九日的
底流》确已将我送到那艺术广大世界的海岸边，使我面临这神秘的创作远景，
内心感到一种从来未有过的觉醒与惊异，它像是一美好的呈现，形成为我过
去与未来艺术生命的分界线，我预料将由此进入较以往更为明朗与辽阔的创
作航程，此时诗神已向我提出她重大的告示：凡是观念、理念、意念以及智识
都均不能使艺术获致真正与充分的生命，文字必须在美的注视下替时空的表
情、人的眼神与性灵的呼吸服役，否则'现代诗'是空口喊出来的。""综观这
本诗集的全体，它像是在第一辑（诗集《曙光》）全部短诗所形成的'实感世
界'之上，架起了'三座桥'，第一座桥便是以《第九日的底流》诗所形成的，
它横跨在桑塔耶娜蓝色的视境里，而透不进酒徒们被酒精烧红的眼睛；第二座
桥便是以《麦坚利堡》诗所形成的，它将战争、死亡、伟大钉在空漠的时空
背景里，叫上帝与人站在那里注视；第三座桥便是以《都市之死》所形成的，
它刻着诗人黎普顿与桑德堡的眼睛以及沙特的独目……这三座桥架在美与神
秘中，它们的顶端仿佛都已触及我未来广远创作世界的边缘，并将另一个黎
明的晨光击亮。"罗门断言，在此诗集出版之际，"现代诗"已经在中国新诗
坛造起了光荣的凯旋门，在中国新文学史上建起了一座具有精神深度、密度、
高度、广度与硬度的现代诗的城堡，远映着国际诗坛。诗歌《第九日的底流》
创作于 1960 年，长达一百多行，记叙了作者听贝多芬第九交响曲后对生命和
时空发出的回响。

1002. 都市诗［海外中文图书］/罗门著 . -- 台北：文史哲出版社，1995. --276 页；21cm. --（罗门创作大系；2）. --ISBN 957-547-942-4：TWD240.00　国家图书馆　海南省图书馆　海南大学图书馆　海南师范大学图书馆

　　罗门的诗歌《都市的人》创作于 1957 年，以都市诗为主要题材的诗集《第九日的底流》出版于 1963 年，关于都市诗学的理论《现代人的悲剧精神与现代诗人》1963 年附于《第九日的底流》一书中，并以论文集题名出版于 1964 年，他以敏锐的审视力，思考都市问题并进行了都市诗诗歌探索，被誉为"台湾都市诗的大宗师"（张汉良），"城市诗国的发言人"（陈煌），"一个不断在文明塔尖造塔的思想家"（林耀德）。

　　罗门认为："都市"是全人类生存具有优先性与吸力的生活领域，"都市诗"是各种诗型中表现现代人生命，思想与精神活动形态较具前卫性与剧变性的特殊舞台，都市诗中的创作园区，是凸显现代诗形体的最佳场所（见《罗门论文集》中《都市诗的创作世界及其意涵之探索》）。自 1957 年以来，他始终在挖掘探索都市主题，描写人性在都市生活中的扭曲和异化，表现出对"存在的迷惘"的观照和批判。该书收录《都市之死》《都市！你要到哪里去》《都市的旋律》《摩托车》等诗作 39 首，刻画高度速度化、物质化和行动化的都市生活、饮食男女、旋律变奏、生存困境、文明梦魇、现代症候等。书前《总序：我的诗观与创作历程》阐述了罗门精心构建的诗歌世界以及诗歌创作所表现的"第三自然观"，书后附录张汉良、张健、林耀德、张默、王一桃、陈晓明等关于罗门都市诗的六篇评论。

1003. 旷野［海外中文图书］：罗门诗集 / 罗门著 . -- 台北：时报文化出版公司，1980. --[19]，155 页；21cm. --（时报书系，304）. --TWD80.00　台湾交通大学图书馆　台湾大学图书馆　台湾暨南国际大学图书馆　海南师范大学图书馆

　　该书是罗门的第五部诗集，选录 1975—1980 年的 46 首诗歌，有《窗》《目·窗·天空的演出》《树鸟二重唱》《逃》《旷野》《观海》《板门店·三八度线》《遥望故乡》等。此时诗人诗歌创作已达到辉煌阶段，诗作思想内涵深刻，艺术手法和谐完美，诗风老练而深沉。《旷野》是诗人"源自对人存在的觉醒与指控，并探索人类如何在复杂的纠纷中找到纯净与安定的自我，如何从浮动的都市文明里面，望回大自然的深处，而找到一种恒久与稳定的力量，

而将人提升到完整的生命本体"而创作的长诗（见《时空的回声》），体现了诗人的"多向性诗观"。

1004.罗门长诗选/罗门著.--北京：中国社会科学出版社，1995.--227页；20cm.--（罗门、蓉子文学创作系列）.--ISBN 7-5004-1655-5：CNY10.00
国家图书馆　北京大学图书馆　海南省图书馆　海南大学图书馆　福建省图书馆　台湾交通大学图书馆　海南师范大学图书馆

　　长诗，诗歌体式之一，指那些容量大、篇幅长、内容复杂、主题较为深广的诗歌。长诗是一个时代诗歌艺术的标志，最能体现诗歌的艺术体系和生命承载，体现诗歌写作的艺术和价值。罗门长诗代表作《第九日的底流》《麦坚利堡》《都市之死》，历经半个世纪仍被奉为经典，奠定了罗门诗坛大师的文学地位。全书分为五部分，除收录以上三首作品外，还收录了《海》《观海》《完美是一种豪华的寂寞》《给"青鸟"——蓉子》等共63首长诗，这些长诗多在30行以上。

1005.罗门短诗选/罗门著.--北京：中国社会科学出版社，1995.--249页；20cm.--（罗门、蓉子文学创作系列）.--ISBN 7-5004-1656-3：CNY11.00
国家图书馆　北京大学图书馆　海南省图书馆　海南大学图书馆　海南师范大学图书馆　台湾交通大学图书馆

　　关于长诗和短诗之说，尚无准确的定义。一说中国现代诗中诗句14行内的称为短诗，一说30行以上的称为长诗。该书分六部分，收录了罗门的短诗《诗眼七视》《窗》《伞》《花之手》《睡着的白发老者》《光住的地方》等共175首短诗。短诗《花之手》配合台湾著名雕塑家何恒雄的雕塑，刻在台湾台北市新生公园。诗歌《两种相连的心情》描写自己来自海口、台湾、地球、人类，来自诗与艺术——可领到上帝通行证和信用卡地方，五处来历的通感，正如罗门所说：海南是生母，台湾是养母，地球是祖母，而诗与艺术是罗门存在的终极价值。似乎为了说明短诗与长诗的区别，该集收录1980年版《给"青鸟"——蓉子》24行。而在同时出版的《罗门长诗选》中收录了1985年版《给"青鸟"——蓉子》47行。

1006.罗门精品/罗门著.--北京：人民文学出版社，2001.--218页：照片；20cm.--ISBN 7-02-003224-9：CNY15.00　国家图书馆　上海图书馆　福建省图书馆　海南师范大学图书馆　台湾大学图书馆该书选录罗门的《麦坚利堡》《第九日的底流》《都市之死》《海》《窗》《看世界足球赛》等80多首精品诗作。罗门在序言《我的诗观与创作历程》中谈及诗和诗在人类世界中的永恒价值、诗的创作世界，论述了要成为一个真正乃至伟大的诗人需具备的四个条件：1.他除了有不凡的才华和智慧，以及对艺术尽责外，也应该是一个具有是非感、良知、良能与人道主义精神的人。2.他最了解自由，对世界怀有全然开放的心境，拥有辽阔的视野，守望着一切进入理想世界，他除了关心人的苦难，更广泛地工作，是在解决人类精神与内心的贫穷，赋给生命与一切事物，以丰富与完美的内容。3.他不同于卖艺者与杂耍者，是因为他向诗投资的，是艺术与生命双方面的。也就是他必须写出有伟大思想的诗，也同时写出有诗的艺术思想的诗。4.他必须具有对诗始终执着与向往的宗教情怀，不能被势力的现实击败。若被击败，诗心已死，诗人都做不成，还谈什么伟大的诗人。

该书前有《罗门简介》《序——我的诗观与创作历程》，书后附《罗门简历》和《罗门著作》。该书出版时，罗门有诗集13种，论文集5种，罗门创作大系书10种，罗门、蓉子系列书8种，作品接受国内外学者学人评介文章近一百万字，已出版六本评论罗门作品的书。

1007. 罗门诗选 [海外中文图书]：1954—1983/ 罗门著. -- 台北：洪范书店，1984. --[30]，344 页；19cm. --（洪范文学丛书；112）. --ISBN 957-952-594-3：TWD 150.00　台湾交通大学图书馆　台湾暨南国际大学图书馆　海南师范大学图书馆

该书是罗门的第七部诗集，选录罗门 1954—1983 年创作的诗歌 112 首，有《加力布露斯》《蜜月旅行》《麦坚利堡》《第九日的底流》《观海》等。该诗集曾于 1988 年列入（台湾）中国青年写作协会策划的"第一届文学鉴赏研习营"研习课程用书。评论家陈煌在《城市诗国的发言人——读〈罗门诗选〉》说："在诗人中，尤其是前辈诗人中，最执着于诗国里努力播种的已寥廖可数，而罗门则是其一。因此，我每次见到罗门，或谈到罗门的诗，都宛若感觉罗门四射的光热，很炽烈、很澎湃，又有点令人目不暇给的炫亮，高高地。罗门对城市的观照，竟有发言人的气势。"诗人杨牧在出版该书时评价道："诗人罗门是诗坛重镇，诗艺精湛，一代风范。"（见蔡源煌《罗门论》）

1008. 罗门诗选 [海外中文图书]：1954—1983/ 罗门著. -- 台北：洪范

书店，1984（1996年3刷）.--[30]，344页；19cm. --（洪范文学丛书；112）.--ISBN 978-957-952-594-7：TWD 240.00　台湾屏东教育大学图书馆

1009. 罗门自选集［海外中文图书］/罗门著.--台北：黎明文化事业公司，1975.--258页：照片；19cm.--（中国新文学丛刊；41）.--（精装）：TWD70.00　国家图书馆　上海图书馆　海南大学图书馆　海南师范大学图书馆

该书是罗门的第五部诗集，收录罗门诗作53篇，分别是《窗》《孤烟》《河》《海》《山》《螺旋形之恋》《第九日的底流》《麦坚利堡》《都市之死》《死亡之塔》《灯屋》《诗的事件》《奥克立荷马》《夏威夷》《纽约》《假期》《车入自然》《车祸》《鞋》《斑马线》等等，序言《诗人与艺术家创造了〈第三自然〉》，表达了罗门在诗歌理论方面的探索，阐述了他的"第三自然"理论，说明了诗人和艺术家所应在的位置。

1010. 《麦坚利堡》特辑［海外中文图书］/罗门著.--文史哲出版社，1995.--183页：照片；21cm.--（罗门创作大系；7）.--ISBN957-547-947-5：TWD200.00　国家图书馆　海南省图书馆　海南大学图书馆　海南师范大学图书馆　台湾交通大学图书馆

该书辑录了诗歌《麦坚利堡》及其文学影响，汇集了评论家对《麦坚利堡》的批评和欣赏，罗门创作《麦坚利堡》的思考，附以《〈麦坚利堡〉诗重要记事》，对研究罗门和新诗有重要参考价值。

"超越伟大的，是人类对伟大已感觉茫然"，充满了哲思的诗句拉开了诗的序幕，道出了《麦坚利堡》的主旨，即人类面对着不朽与伟大在惨重的死亡面前所受到的伤害及窒息。该诗将"伟大感"与"悲剧性"在人类的心灵中对视，使人类清楚地看待自两者之间升起来的那种更为真实与伟大的颤动。该诗被国际桂冠诗人协会誉为近代的伟大之作，1967年获得该会荣誉奖及菲律宾总统金牌奖。1969年在第一届世界诗人大会上，《麦坚利堡》曾被大会主席在开幕典礼上向50多个国家代表宣读，该诗被评论家认为是华文诗歌无可超越的经典诗作，是诗人罗门创作历程上从浪漫情绪走向知性思索的分水岭。美国女诗人仙蒂希见（Hyacinthe Hill）说："罗门的诗有将太平洋凝聚成一滴水的力量。"

麦坚利堡（MCKINLEY FORT）本是位于菲律宾马尼拉城郊的美国军人公墓，埋葬着二战期间太平洋战争中阵亡的七万美军战士，美国人以七万座大理石十字架，分别刻着死者的出生地与名字，非常壮观也非常凄惨地展览着

太平洋战争的悲壮和人类悲惨的命运。1961 年，罗门参观此地，心灵受到极大的震撼，创作了长诗《麦坚利堡》。"我站在艺术精神活动三种层次的第三层次上，让诗的语言到人类沉痛的心灵中去工作，表现出战争、死亡与伟大所交错成的那幕上帝既无法导演也不敢正视的悲剧，悲剧的主角是具有肉体与心脏的人，这首诗显然是透过我美学的第二与第三类型'质感'与'形而上性'——而去调度与溶和心感与美感活动之间的距离，使那些无论是由浓缩的意象或转化过后的直率表现，都产生出一种难以抵抗的精神压力，而在人的内在生效了。"（见《死亡之塔》序《对诗的全面性认知及我的创作世界》）

《麦坚利堡》是罗门的代表作之一，最初发表在 1962 年 10 月 29 日的《联合报》副刊，后来收入罗门的诗集《第九日的底流》。1966 年诗人余光中将该诗翻译成英文。第三届世界诗人大会（1976）被卜纳德翻译成德文，还被其他作者译成日文、韩文等文字。关于该诗的创作时间，该书中罗门撰写的《答辩〈麦坚利堡〉诗合的廿项问题》一文，明确标注"本诗发表于五十一年（1962）十月二十九日《联合报》副刊"。罗门在他和蓉子共同主编的《蓝星60：1971》一书中撰文《从批评过程中看读者、批评者与作者》第一部分"关于我的《麦坚利堡》"标注"本诗发表于 1962 年 10 月 29 日《联合报》副刊"，新诗文献中关于此诗的发表时间，有 1960、1961、1965 年的写法，均为错误。

1990 年 8 月罗门陪同宝像文化公司公共电视拍摄小组专程飞往菲律宾马尼拉"麦坚利堡"现场，制作罗门《麦坚利堡》诗电视专辑，后在公共电视节目中播出。故地重游时，罗门创作了诗歌《一直躺在血里的"麦坚利堡"——二十九年后我与风与雨又来看你》。

1011. 全人类都在流浪［海外中文图书］/ 罗门著 . -- 台北：文史哲出版社，2002. --156 页；21cm. --（文学丛刊；137）. --ISBN 957-549-442-3：TWD180.00 国家图书馆 台湾大学图书馆

该书收录罗门诗歌 46 首，全集分三部分内容：第一部分是罗门两年来（以序言撰写日期 2001 年 12 月 20 日）为台湾巨型文化刊物《新观念》每月撰写的专栏诗作，多是对现实与文化生活层面引发的关于人性、人道、人文以及不幸新闻事件等的实际生存空间，用诗歌的形式进行审视、探索与关怀；第二部分是写给那些对诗与艺术付出智慧并做出贡献的诗人与艺术家的赠诗；第三部分是诗人对生命的追索与沉思，乃至带有审视意味批判的诗作。罗门在《序

言》中，重申了他的诗歌价值观，即"诗与艺术创作，是无法排除在语言及媒体符号背后，所要表现的意图、精神思想与生命的"。书中插有诗话三则，论及诗、诗与艺术、真正的诗人。附有《罗门研究档案》，是 2002 年以前罗门诗歌生活的写照。诗歌《全人类都在流浪》，是罗门的代表诗作之一，被多位评论家欣赏。

1012. 日月的行踪 [海外中文图书] / 罗门著 . -- 台北：蓝星诗社，抽页装订本，1984

该书是罗门的第九部诗集，选录了诗人 1979—1983 年间的作品，诗集中多是都市诗，《日月的行踪》《窗》《伞》是其都市诗的力作。都市的快节奏生活、急剧的变化，生存的追求导致都市人生存的简捷和冲刺状态，物欲的满足导致了思想和行动的弱化。《日月的行踪》一诗隐喻着都市人被禁锢"在透明里"，禁锢在对自由和自然的渴望里，罗门写道："在这座无际的透明里，你与光始终沿着直线走，日的行踪是那样，月的行踪也是那样。"

1013. 曙光 [海外中文图书] / 罗门著 . -- 台北：蓝星诗社，1958. --74 页：图；18cm. --TWD8.00

该书是作者的第一部诗集，收录罗门 1954—1958 年间创作的《加力布露斯》《曙光》《四月里的婚礼》《给爱妻》《海镇之恋》等 39 首富有爱意唯美抒情的诗歌，是诗人青春时代创作的见证。诗歌《曙光》是首浪漫的爱情诗歌，《四月里的婚礼》描写了诗人与蓉子以诗歌为主题的浪漫婚礼，《给爱妻》《蜜月旅行》抒发了新婚岁月的欢乐。《海镇之恋》《三桅船之恋》是献给家乡——海南省文昌市地泰村的深沉怀恋。诗集中还收录《城里的人》《车站、码头》等都市诗。罗门说："整本诗集，不外是我对于爱情、梦幻、理想、生命以及过去、现在与未来，于辽阔的想象世界里，发出一连串的赞美、感叹与深远的爱，所形成的一座偏于感性的诗的塑像。"（见《时空的回声》第 215 页）书中附《前言》和《后语》表达了罗门对诗歌、创作、人生的思考。1958 年，罗门获得蓝星诗奖与中国诗联会奖。

1014. 谁能买下这条天地线 [海外中文图书] / 罗门著 . -- 台北：文史哲出版社，1993. --167 页：照片；21cm. --（文学丛刊；45）. --ISBN 957-547-833-7：TWD160.00　国家图书馆　台湾交通大学图书馆　台湾大学图书馆

该书收录罗门诗歌 52 篇，有《诗眼七视》《世纪末病在都市里》《据说现

代是一只狐狸》《海誓山盟》《谁能买下这条天地线》《球赛系列》等。

1015. 死亡之塔［海外中文图书］=THE TOWER OF DEATH/ 罗门著 . --
台北：蓝星诗社，1969. --97 页：照片；19cm. --TWD20.00　海南师范大学图
书馆　海南博雅书屋

该书是作者的第三部诗集，全书收入 1962—1967 年诗作《凤凰鸟》《流
浪人》《死亡之塔》《升起的河流》《奥克立荷马》《夏威夷》《螺旋形之恋》
等 19 首诗作。自序《对诗的全面性认知及我的创作世界》，以 24 页的篇幅，
阐述了罗门对诗与艺术及生命的全面认知，并用诗歌创作的三个层次对自己
诗歌创作十余年的代表作进行了剖析。附罗门照片，题写罗门诗话一则："进
入心灵与事物的深处，将美的一切叫醒，它已成为我存在的决策。"

长诗《死亡之塔》近 300 行，为台湾著名诗人覃子豪的逝世而作，罗门
说："生命最大的回声，是碰上死亡才响起的，站在死亡之塔上，我更看清了
生命。"1970 年，该诗被当时最具前卫观念的图图画会当作主题思想，在台北
"精工社"艺廊，以诗歌、绘画、雕塑、造型、电影、音乐、现代舞剧等七种
媒体共同展出，是当时台湾诗与媒体结合最早、最多的一次综合艺术表现。

1016. 素描与抒情诗［海外中文图书］/ 罗门著 . -- 台北：文史哲出版
社，1995. --180 页；21cm. --（罗门创作大系；5）. --ISBN 957-547-945-9：
TWD180.00　国家图书馆　海南省图书馆　海南大学图书馆　海南师范大学
图书馆　台湾交通大学图书馆

该诗集选录作者 1954—1994 年创作的素描诗和抒情诗共 50 首诗歌，收
录诗作《流浪人》《女性快镜拍摄系列》《都市五角亭》等素描诗 35 首，风格
平实再现，《螺旋型之恋》《曙光》《加力布露斯》等抒情诗 15 首，风格真挚
浪漫。

1017. 题外诗［海外中文图书］/ 罗门著 . -- 台北：文史哲出版社，
1995. --166 页；21cm. --（罗门创作大系；6）. --ISBN 957-547-946-7：
TWD180.00　国家图书馆　海南省图书馆　海南大学图书馆　海南师范大学
图书馆　台湾交通大学图书馆

该书收录《罗门创作大系》1—5 卷中未收的诗作《灯屋的世界》《浪漫与
古典》《完美是最豪华的寂寞》等 32 首。书后附《诗人诗论家眼中的罗门》《罗
门年表》。

1018. 隐形的椅子［海外中文图书］/罗门著 . -- 台北：蓝星诗社，1976. --123 页；20cm. -- 抽页装订本

据海南大学周伟民、唐玲玲教授《日月的双轨——罗门、蓉子创作世界评介》一书介绍该书是罗门的第八部诗集，出版于 1976 年，而《台湾新文学辞典》中由张错撰写的"罗门"词条中写道"《隐形的椅子》(1975，蓝星诗社)"，《中国新诗鉴赏大辞典》"罗门"条"《隐形的椅子》(1975，寰宇出版社)"。本款目参考周伟民、唐玲玲《日月的双轨——罗门、蓉子创作世界评介》中"附录三"记载编写。《隐形的椅子》是书中的代表诗作，"全人类都在找那张椅子，它一直吊在空中，周围堆满了被击瞎的眼睛与停了的破钟"，以隐形的椅子喻人们对存在美的追求。全诗共十二节一百多行，这一时期诗人的作品圆润成熟，此时诗作熔铸生活与自然，凸显感性与知性浑然天成的诗歌风格。

1019. 有一条永远的路［海外中文图书］/罗门著 . -- 台北：尚书文化出版社，1990. --223 页；21cm. -- (尚书诗典；3). --ISBN 957-906-206-4：TWD200.00　台湾交通大学图书馆　台北艺术大学图书馆　台湾大学图书馆

该书是罗门的第十一部诗集，收录了罗门 1989—1990 年的创作 44 首。1991 年 11 月，该书获中山文艺创作奖。诗歌《有一条永远的路》将都市与摩天楼抽象为"抱着冷冷的方形在走"的具体意象，其间岁月、社会、议会、国会、商场、牛肉场、战场、报纸、杂志、电视、文艺、文化……充斥着杂吵，而贝多芬音乐里有一条永远的路，可以将各种声音调好，让花、鸟、人回归本真。该诗发表于 1990 年 1 月《蓝星》第 22 号。《自我·时空·死亡诗》一书题作"1979"，《存在的断层扫描——罗门都市诗论》由此引发"方形"概念演绎自"1979"始，均疏于考证。

1020. 在诗中飞行：罗门诗选半世纪［海外中文图书］/罗门著 . -- 台北：文史哲出版社，1999. --[16]，463 页：图；21cm. -- (文学丛刊；99). --ISBN 957-549-256-0：TWD440.00　国家图书馆　海南大学图书馆　台北艺术大学图书馆　台湾大学图书馆

自 1954 年发表诗歌《加力布露斯》至 1999 年该书初版，罗门已经创作诗歌近半世纪。该书收录罗门精选佳作 94 首，是罗门诗歌创作半世纪的集合和检阅。罗门在自序《诗歌与我》中阐述了他对诗歌、对艺术、对美在人生命中的重要性的认知，即"诗是内在生命的核心，是神之目，上帝的笔名"。

罗门畅谈了自己诗歌创作的体会，介绍了诗歌意象创设和语言运用技巧。90多首诗作反映了罗门诗风从浪漫到象征到超现实到三者互动整体运作的成熟过程。

罗门以此书赠给妻子同时也是著名诗人蓉子，赠给在诗中迎来的 21 世纪，表达了罗门过去一直写诗而未来也将与诗为伴，把诗歌融入人生的宗教般期望。

书中附录罗门的诗歌理论《〈第三自然螺旋型架构〉的创作理念》、当代著名诗人对其诗歌的评价、著名学者对其都市诗的评价、对诗人的评价，另附《罗门资历》等。该书是研究罗门及罗门诗歌的重要资料。

1021. 战争诗［海外中文图书］/罗门著. --台北：文史哲出版社, 1995. --183页；21cm. --（罗门创作大系；1）. --ISBN 957-547-941-6：TWD180.00　国家图书馆　海南省图书馆　海南大学图书馆　海南师范大学图书馆　台湾交通大学图书馆

战争，是罗门诗歌的重要题材。罗门的战争诗"透过战争的苦难，追踪人的生命"，该书收录罗门战争诗《麦坚利堡》等 21 首。罗门的代表作《麦坚利堡》反映了战争、血与伟大将人类陷入困境而产生的窒息，读后让人产生犹如爆发的火山遭遇冰川而冷凝的感觉。其他战争诗描写了战争给迁居台湾老兵造成的难以排遣的乡愁。

该诗集前《总序：我的诗观与创作历程》是罗门诗歌创作观及精心构建的诗歌世界的写照，阐述了他的诗学理论"第三自然观"。书后附录了林耀德、陈煌、陈宁贵、陈晓明等关于罗门"战争诗"的评论，论者称罗门为"战争诗的巨擘"。

1022. 整个世界停止呼吸在起跑线上［海外中文图书］/罗门著. --台北：光复书局，1988. --200 页：图；21cm. --（春晖丛书；21）. --TWD140.00　中国社会科学院图书馆　海南师范大学图书馆　深圳图书馆　台湾交通大学图书馆

该诗集是罗门的第十部诗集，也是 1983—1988 年的诗歌选集，有《时空奏鸣曲》《"麦当劳"的午餐时间》《都市！你要到哪里去》等。该诗集以文明、战争、都市、自然为主题，以壮阔的形式，融都市的物欲与性欲、战争造成的隔膜与乡愁、自然的美景歌颂于一书，1988 年荣获台湾时报文学奖新诗推荐奖，1989 年列入（台湾）中国青年写作协会策划的第二届文学鉴赏研习营

研习课程。代表诗作《时空奏鸣曲》，描写了海峡两岸阻隔造成的时空隔阂，抒发了诗人深切悲怆的乡愁。

1023. 自然诗［海外中文图书］/罗门著 . -- 台北：文史哲出版社，1995. --192 页；21cm. --（罗门创作大系；3）. --ISBN 957-547-943-2：TWD180.00　海南省图书馆　海南大学图书馆　海南师范大学图书馆　台湾交通大学图书馆

罗门 1974 年提出了"第三自然的理论"，他认为：所谓第一自然是客观存在的自然界，第二自然是属于人为的世界，第三自然则是诗人心灵与客观世界融化而创造的具有艺术力量的意境。"它使第一与第二自然获得超越并转化入纯然与深远的存在之境。此境，有如一面无边的明净之镜，能包容与透视一切生命与事物活动于种种美好的形态与秩序之中。"（《我的诗国》第 82 页《诗与自然》）

罗门的自然诗是第三自然观的透视和运用。该书收录罗门《观海》《旷野》《山》《野马》等自然诗 32 首，表达了诗人对大自然的景仰、崇尚和第三自然观的观赏。书前《总序：我的诗观与创作历程》描述了罗门精心构建的诗歌世界以及诗歌创作所表现的"第三自然观"。书后附录了陈宁贵、李瑞腾、林野、朱徽等对其"自然诗"代表作《观海》《旷野》《山》的赏析。《观海》是罗门最得意的自然诗，长达 100 多行，以惊天的才气和恢宏的气势展现了海的博大。2008 年 4 月 14 日，该诗被海南省三亚市甲级风景旅游区大小洞天风景区刻石在景区的小月湾，可能是截至目前古今中外诗人诗作刻在地球巨石上最长的一首。

1024. 自我·时空·死亡诗［海外中文图书］/罗门著 . -- 台北：文史哲出版社，1995. --178 页；21cm. --（罗门创作大系；4）. --ISBN 957-547-944-0：TWD 180.00　国家图书馆　海南省图书馆　海南大学图书馆　海南师范大学图书馆　台湾交通大学图书馆

该书收录《小提琴的四根弦》《第九日的底流》《窗》等 23 首诗作，表达了诗人对自我、生命和时空的思考。书前《总序：我的诗观与创作历程》反映了罗门精心构建的诗歌世界，以及诗歌创作所表现的"第三自然观"，书后附录了陈宁贵等数位评论家对其代表作《窗》《伞》的赏析，从中可以感受到诗人的哲思与禅意。

编选诗集（1025）

1025. 星空无限蓝：蓝星诗选［海外中文图书］/覃子豪［等］著；罗门，张健主编 . -- 台北：九歌出版社，1986. --490 页：照片；19cm. -- （九歌文库）. --TWD190.00　国家图书馆

1954 年覃子豪、余光中、蓉子发起成立蓝星诗社，提倡诗歌写作"智性抒情"，罗门是蓝星诗社最具前卫色彩的健将，1976 年始任蓝星诗社社长，主持了蓝星后期社务 20 年。罗门和蓉子是蓝星的主要支撑人物，他们的灯屋，一度成为蓝星诗社的办公室（见《余光中：诗书人生》）。

1987 年值蓝星诗社成立 32 周年之际，策划出版该书。罗门精选蓝星诗社成员十八家的诗作精华 200 首，题材丰富，风格多样，是蓝星诗人、诗心、诗貌的总呈现。余光中作序，序中倡导蓝星诗社"四不特色"：不划界限、不呼口号、不相标榜、不争权位，因此蓝星诗社成员中不少人有诗歌业绩。

诗艺论集（1026—1040）

1026. 长期受着审判的人［海外中文图书］/罗门著 . -- 台北：环宇出版社，1974. --186 页；21cm. -- （长春藤文学丛刊；14）. --TWD50.00　台湾大学图书馆

继 1964 年《现代人的悲剧精神与现代诗人》、1969 年《心灵访问记》后，1974 年罗门出版了第三部诗歌论文集——《长期受着审判的人》。罗门的诗论思维缜密，体系博大，充满了诗人对生命和现实的思考。《长期受着审判的人》也是罗门诗论的代表作之一。论文通过对人生成长的透视，描述了人性在适应社会，在时间、空间、天地线压迫下，始终坚持与执着的心灵，遭遇与感知到的痛苦与困难，这种困境有可能隐藏和消失自我，使人成为一具人的"浮雕"。

1027. 长期受着审判的人［海外中文图书］/罗门著 . -- 增订版 . -- 台北：环宇出版社，1998. --299 页：图；21cm. -- （心灵醇品；1）. --ISBN 957-99322-6-3：TWD280.00　海南省图书馆　海南大学图书馆

1028. 创作心灵的探索与透视［海外中文图书］/罗门著 . -- 台北：文史

哲出版社，2002. --371 页；21cm. --（文学丛刊；136）. --ISBN 957-549-439-3：TWD380.00　国家图书馆　海南省图书馆　台湾大学图书馆　台湾师范大学图书馆

该书是罗门的第七本论文集。汇编了作者评介海内外诗人作家的文章，这些文章在谈论作家的艺术表现技巧与语言运作的特殊功能的同时，更加注重探索作品中呈现的生命结构与内涵，重视精神层面的深度、广度和作者本人特殊的创作现象，透过不同的时空环境，探索了20多位作家的内心世界，附录《罗门研究档案》。

1029. 存在终极价值的追索［海外中文图书］/ 罗门著. -- 台北：文史哲出版社，2000. --205 页；照片；21cm. --（文学丛刊；100）. --ISBN 957-549-257-9：TWD200.00　国家图书馆　台湾大学图书馆

该书是罗门的第六本论文集。关于存在的终极价值，罗门认为：人活着要的不只是知识，而是思想；不只是思想，而是智慧；不只是智慧，更是"美"的生命。所以人活着，必须从堆藏资料的知识库，从机械的逻辑理念，从冷硬无机的条文辞令中，用"诗"的思维，活活地将"美"的生命救出来。"美"，就是存在终极价值的指标。

1030. 论视觉艺术［海外中文图书］/ 罗门著. -- 台北：文史哲出版社，1995. --232 页；21cm. --（罗门创作大系；9）. --ISBN 957-547-949-1：TWD240.00　国家图书馆　海南省图书馆　海南大学图书馆　海南师范大学图书馆　台湾交通大学图书馆

该书汇集了罗门撰写的《漫谈艺术家的创作精神》等艺术论述30多篇，记载了罗门在绘画、雕塑、音乐、普普艺术、雷射景观艺术等多个领域，用诗心进行的艺术探索和理论构建。

1031. 罗门论文集 / 罗门著. --北京：中国社会科学出版社，1995. --401页；20cm. --（罗门、蓉子文学创作系列）. --ISBN 7-5004-1658-X：CNY14.00
国家图书馆　北京大学图书馆　上海图书馆　海南省图书馆　台湾交通大学图书馆

1995 年中国社会科学出版社出版了《罗门、蓉子文学创作系列》，台湾文史哲出版社出版了《罗门创作大系》（10 册）、蓉子诗作精选和论蓉子图书两种。本书是中国社会科学出版社出版的《罗门、蓉子文学创作系列》丛书之

一种。其中汇集了《诗的追踪》《打开我诗创作世界的五扇门》《〈第三自然螺旋型架构〉的创作理念》《长期受着审判的人》《内在世界的灯柱》等诗论和诗话，表达了罗门对诗歌与生命、诗歌与艺术、诗歌与美、诗歌与永恒的思考。序言《我的诗观与创作历程》反映了罗门的诗歌艺术观和 40 年的诗歌创作心路，是研究罗门诗歌创作和诗歌理论的重要文献。

1032. 罗门论文集［海外中文图书］/ 罗门著 . -- 台北：文史哲出版社，1995. --295 页；21cm. --（罗门创作大系；8）. --ISBN 957-547-948-3：TWD280.00　国家图书馆　海南省图书馆　海南大学图书馆

该书是台湾文史哲出版社出版的《罗门蓉子创作大系》丛书中《罗门创作大系》之一种，是台湾版的《罗门论文集》。

1033. 诗眼看世界［海外中文图书］/ 罗门著 . -- 台北：师大书苑出版社，1989. --390 页：图；19 cm. --TWD 160.00　台湾师范大学图书馆　海南师范大学图书馆

该书是罗门的第五部诗歌论文集。罗门是较早感受到西方现代主义思潮的诗人之一，早在 60 年代，罗门的诗论就从人文和现代的视角，审视现代人面临物欲、快节奏、高速度的现代生活的困境，用诗来追求人类存在的价值"美"。80 年代后，罗门比较集中地关注诗歌本体创造理论的研究，《诗眼看世界》集中收录了这些论述。经过近 40 年的诗歌创作实践，积累了 10 余年的理论思考，罗门发现了诗人与艺术家创作生命较理想的基型——"第三自然螺旋型架构"。

1034. 时空的回声［海外中文图书］/ 罗门著 . -- 台北：德华出版社，1981.　--450 页；19 cm. --（爱书人文库；189）. --［不详］台湾大学图书馆

该书是作者的第四部诗歌论文集，附录《罗门创作年表》。海南师范大学图书馆藏 1986 年大德出版社版。

1035. 我的诗国［海外中文图书］=MY POETREPUBLIC/ 罗门著 . -- 台北：文史哲出版社，2010. --269 页；30cm. --ISBN 978-957-549-907-5：TWD500.00　国家图书馆　台湾中山大学图书馆　台湾阳明大学图书馆

1036. 我的诗国［海外中文图书］=MY POETREPUBLIC/ 罗门著 . -- 增订再版 . -- 台北：文史哲出版社，2011. --329 页：图，照片；30cm. --ISBN 978-957-549-907-5：TWD800.00　天津图书馆　台湾成功大学图书馆　海南省图

书馆

1037. 我的诗国［海外中文图书］=MY POETREPUBLIC/罗门著．－－增订版．－－ 台北：文史哲出版社，2010．－－2册（929页）；30cm．－－ISBN 978-957-549-938-9：TWD9600.00　　海南博雅书屋

该书是罗门的诗学理论兼诗歌艺文活动资料总集，基于罗门建构"我的诗国"或称"罗门诗艺术馆"的初衷，设计了在地球上设立一个以诗歌创作理论"第三自然螺旋型架构"诠释的诗与美的存在，并以罗门和蓉子大量的诗歌活动，珍贵图片，汇聚成罗门和蓉子的诗歌档案，是研究罗门和蓉子的重要文献，被罗门称作"终端作品"。

上册通过序言、访谈、回应诗文等形式，阐述了罗门对"诗国"的构想，汇集了"诗国"展示的艺文资料。罗门解释"诗国"说，它是罗门终极的诗歌艺术作品，不同于美术馆、雕塑馆、文学馆，而是除了有罗门与蓉子创作半世纪所自然形成的个人艺文资料馆部分，"但更重要的是它整个建造型构本身，是一件诗与艺术的造型作品，同时它也是我内心世界所构想的'诗国'象征形象"。上册的《"诗国"访谈录》详细设计了"诗国"的内部构成："灯屋"是虚拟的航站，航向是自由开放的无线空间，设有三条虚拟的连接轨道，分别是音乐家的听道，画家、雕塑家、舞蹈家的视道，诗人的心道。"诗国"的建筑物周边，有展列诗人诗意造型艺术品的开放空间；园区装设有120座具有艺术造型美、发出亮光的灯柱，灯柱上刻着具有哲思的诗话；"诗国"有三大展示空间，第一层是"诗国"建构基地——"第三自然螺旋型架构世界"展示空间；第二层"灯屋"与"图像灯屋"展示空间；第三层罗门蓉子艺文创作陈列馆。

下册集罗门和蓉子诗歌艺文资料之大成，除选取两人的代表作品外，还汇集了著名学者和评论家对其作品和诗风的评价，用大量的图片真实再现了罗门和蓉子的诗歌艺术活动和艺术水准，凝聚了罗门先生60年诗歌创作生涯的诗学思考与智慧，具有诗学理论建构与学术研究价值双重意义。

2010年6月，海南师范大学、海南文联、海南作家协会联合举办"罗门蓉子创作世界研讨会和《我的诗国》出版发布会"。2010年12月20日，北京师范大学中国当代新诗研究中心主办"台湾著名诗人罗门先生新著《我的诗国》发布会暨'诗国与第三自然'专题演讲"。在发布会上，与会诗人与诗评

家肯定了《我的诗国》一书中提出的关于"第三自然"和螺旋式地提升诗国高度的诗学理论建构意义；认为诗人应该有自己的诗歌理论，重视诗歌创作和重视诗歌理论二者是相得益彰的。有学者分析了罗门诗歌道路的两个走向：一是从文本的诗走向人生的诗，二是从狭义的诗走向广义的诗。还有评论家认为，《我的诗国》是罗门诗歌生活和诗歌思维的全记录，书中充满诗人对于人类生命的大思考。

北京师范大学中国当代新诗研究中心主任、诗歌评论家谭五昌教授说：罗门先生是一位在诗歌创作与诗学理论建构方面均有独特成就的重要诗人，《我的诗国》"构架宏大、内容丰富"。罗门对诗与艺术长达半个多世纪的执着、虔诚与狂热，体现了一位诗人对诗歌精神的坚守与人生信仰，给生命赋予了丰富充实的审美意义。

1038. 我的诗国［海外中文图书］=My Poetrepublic/ 罗门著 .-- 增订版再版 .-- 台北：文史哲出版社，2011. --2 册（936 页）：图，照片；30mm. --ISBN 978-957-549-938-9（精装）：TWD 9600.00　国家图书馆　海南省图书馆

1039. 现代人的悲剧精神与现代诗人［海外中文图书］=The Tragic Mind of the Modern Man and Modern Poet/ 罗门著 . -- 台北：蓝星诗社，1964. --144 页；17cm. --（蓝星论丛）. --［不详］台湾"清华大学"图书馆　东吴大学图书馆

该书是罗门第一部诗歌论文集，被认为是我国最早的有关都市诗的诗学论著。1967 年，蓝星诗社以 1964 年版为底本修订再版，144 页，18cm.

1040. 心灵访问记［海外中文图书］/ 罗门著 . -- 台北：纯文学出版社，1969. --215 页；19cm. --（蓝星丛书；6）. --TWD20.00　海南师范大学图书馆

该书是罗门的第二部诗歌论文集，收录了作者早期的诗歌理论和艺术评论。

散文集（1041—1042）

1041. 灯屋·生活影像［海外中文图书］/ 罗门编著 . -- 台北：文史哲出版社，1995. --167 页：图，像；21cm. --（罗门创作大系；10）. --ISBN 957-547-950-5：TWD360.00　国家图书馆　海南省图书馆　海南大学图书馆　海南师范大学图书馆　台湾交通大学图书馆

诗人罗门采取装置艺术观念，收集废弃物，以拼凑手法制作 20 多盏具有

艺术造型美的灯具，并熔通绘画、雕塑、建筑之美构建了具有诗质的现代装置艺术空间——诗人罗门和蓉子诗意生活的"灯屋"。该书汇集了多幅"灯"影，收录了戴维扬、张默、向阳等人造访灯屋后的诗作，海峡两岸诗人、文学家及国际著名诗人造访灯屋的照片。该书是作者的第二部散文集，也是《罗门创作大系》中的点缀景观。

1042. 罗门散文精选［海外中文图书］/ 罗门著 . -- 台北：文史哲出版社，1993. --244 页；21cm. --（ 文 学 丛 刊；44）. --ISBN 957-547-832-9：TWD220.00　国家图书馆　海南省图书馆　台湾暨南国际大学图书馆

该书收录罗门散文 27 篇，其中多是诗歌理论文章。有《长期受着审判的人》《时空的回声》等，最早是 1969 年撰写的《写作环境的边缘力》，最有排比性的是诗眼系列文章，即：诗眼看人、诗眼看自我、诗眼看死亡、诗眼看虚无、诗眼看永恒、诗眼看真理。

他人辑录书目（1043—1250）

新诗专集（1043—1047）

1043. 罗门诗鉴赏［海外中文图书］/ 王彤编 . -- 香港：中华文化出版社，1995. --232 页；19cm. --ISBN 962-568-028-4：HKD12.00　北京大学图书馆　香港中央图书馆　海南大学图书馆

该书主要收录 1995 年以前报刊刊登的有关诗人对罗门诗的鉴赏。全书由序、罗门诗论，罗门诗鉴赏，罗门诗综论，附录（罗门简介、罗门著作、诗人诗论家眼中的罗门，评论者简介，编后语）组成。由我国著名文学评论家、北京大学中文系教授谢冕作序。序中谢冕介绍了从读《麦坚利堡》到邀请罗门到北大演讲，从编选《罗门诗选》到与灯屋主人罗门和蓉子的通信来往、诗学交流的全过程。序中高度赞扬了罗门诗歌创作的成就，指出"罗门对中国现代诗的贡献堪为海南人的骄傲"，以罗门为例，说明像罗门这样的海南杰出人士对于激励海南年轻一代积极进取，发展繁荣海南文化，缩小海南与大陆的文化差距有重要意义。

1044.罗门诗精选百首赏析/罗门著；朱徽编著.--成都：四川文艺出版社，1994.--252页；19cm.--ISBN 7-5411-1149-X：CNY6.80　国家图书馆　海南大学图书馆

该书收列了罗门数十年所创作的诗歌精华，并对其诗歌艺术从宏观与微观的结合上进行了深入探索，该书同时出版台湾版。朱徽（1946—　），男，成都人，四川大学外国语学院教授，博士生导师，有专著、译著、辞书十数部。1994年7月6日，四川文艺出版社与四川省作协、《星星》诗刊编辑部、四川大学等联合在成都举行了"海峡两岸诗人交流会"暨《罗门诗精选百首赏析》首发式，罗门、蓉子夫妇联袂入川，与四川30余名老中青诗人、评论家一起切磋了诗艺。

1045.罗门诗选/罗门著；谢冕编.--北京：中国友谊出版公司，1993.--197页；20cm.--（台湾诗歌名家丛书/谢冕主编）.--ISBN 7-5057-0438-9：CNY6.60　国家图书馆　北京大学图书馆　广东省立中山图书馆　海南大学图书馆

该书由我国著名文学评论家、北京大学中文系教授谢冕编选。全书分《麦坚利堡》《第九日的底流》《都市心电图》《三桅船之恋》《灯屋》五部分，收录了罗门的战争诗、自然诗、都市诗、乡恋诗、爱情诗等约70首。谢冕以《罗门的天空》为序，说："罗门的天空浩瀚而神奇，罗门的诗丰富诡异而多变。其天空辽阔浩大是由于他的文化心理姿态，他的心装容了世界，他用中国人的心灵去感知那个世界，因此在浩大壮阔之中拥有了东方型的温情和含蓄。"罗门浩瀚的诗歌星空中点缀着诸多星辰，如现代诗、都市诗、自然诗、战争诗、爱情诗以及对包括音乐、绘画、雕塑在内艺术诸门类的诗的创造。谢冕说"中国新诗史上真正进入世界的诗人并不多见，这就是我们饶有兴趣地面对罗门所展现的这一片奇异的星空"，"他的创作以鲜明新颖和不断变化的艺术追求而引起社会的关注"。该文1995年收录在蔡源煌的《罗门论》，2000年收录在谢冕先生的《西郊夜话：谢冕学术随笔自选集》"向诗人致敬"部分。

谢冕（1932—　），男，福建福州人。中国当代著名文艺批评家、诗人。1955年考入北京大学中文系，1960年毕业留校任教，北大当代文学专业教授、博士生导师，中国语言文学研究所所长，兼任中国作家协会全国委员、北京市作家协会副主席、中国当代文学研究会副会长等，并兼任诗歌理论刊物《诗

探索》主编,《中国新文学大系》诗卷主编,《中国新诗总系》总主编,有著作22部,编著26部。

1993年谢冕教授和夫人陈素琰(中国社会科学院研究员)分别为罗门和蓉子编选出版了《罗门诗选》和《蓉子诗选》,学者夫妻为诗人夫妻编选诗集,是中国文人千里相知,以诗文交友传统的现代留影。

谢冕教授还为罗门和蓉子编写了文学评论集《燕园诗旅》等。

1046. 罗门诗一百首赏析 [海外中文图书] / 朱徽著 . —— 台北:文史哲出版社,1994. ——270页:图;21cm. —— (文学丛刊;46) . ——ISBN 957-547-834-7:TWD240.00 国家图书馆 高雄市立图书馆 海南省图书馆 海南大学图书馆

该书分乡愁篇、爱情篇、艺术篇、战争篇、都市篇、世相篇、闲情篇、哲思篇、异域篇,精选罗门100首诗歌从思想内容、艺术形式、技巧和语言等方面作以分析和评论,诗作后的"简析"从微观上探索了罗门诗歌艺术的奥秘,"前言"——《罗门诗歌艺术简论》总结了罗门的诗歌艺术成就。该书的大陆版是四川文艺出版社出版的《罗门诗精选百首赏析》。

1047. The Collected Poems of LOMEN:A Bilingual Edition/Translated by Au Chung-to, Tom Rendall. ——Taipei:Liberal Arts Press, 2006. ——430 p.:ill.(some col.);24 cm. ——ISBN 978-957-549-693-7:TWD480.00 海南省图书馆 台湾中山大学图书馆

该书是罗门诗集的英汉双语版,是《文史哲英译丛刊》之一种,由Au Chung-to, Tom Rendall 翻译编选。所选诗歌分战争、城市、自然、自我、其他五部分,收录罗门代表作《麦坚利堡》《茶意》《都市之死》《流浪人》《倾斜的21世纪》《河》《海》《诗的岁月》等,是罗门引以为自豪的"奉献给全人类"的诗歌精美版本。美籍教授卜少夫序中说:"罗门的《都市之死》,近似是中文的 T・S 艾略特的《荒原》。"

新诗选集(1048—1235)

1048. 爱的橄榄:台湾爱情诗赏读 / 李珊利编 . —— 北京:中国国际广播出版社,1992. ——217页;19cm. —— (台港暨海外华文文学名作佳构赏读丛书 / 白

少帆〔等〕主编）. --ISBN 7-5078-0479-8：CNY4.20　国家图书馆　北京大学图书馆　广东省立中山图书馆　浙江图书馆　湖北省图书馆

选取作品：海，第 37 页；山，第 44 页；蜜月旅行，第 109 页

1049. 爱情新诗鉴赏辞典 / 谷辅林主编 . -- 西安：陕西师范大学出版，1990. --971 页；20cm. --ISBN 7-5613-0296-7（精装）：CNY14.50，CNY12.00　国家图书馆　北京大学图书馆　广东省立中山图书馆　江苏大学图书馆　湖南图书馆

选取作品：蜜月旅行，第 813 页；诗的岁月，第 815 页

1050. 百年百首经典诗歌：1901—2000/ 杨晓民主编 . -- 长江文艺出版社，2003. --224 页；21cm. --ISBN 7-5354-2574-7：CNY14.00　国家图书馆　北京大学图书馆　中山大学图书馆　海南大学图书馆　海南师范大学图书馆

中国新诗出现在 20 世纪初五四运动前夕，兴盛在 20 至 30 年代前期、40 年代中后期和 80 年代后至世纪末三个阶段，作者以各阶段新诗中的优秀作品为重点，选取在专家、诗人、普通读者中有一定的认知度和影响力的诗家诗作（含台港澳及其他海外诗人在内），每家一首，共计百家百首。

选取作品：麦坚利堡，第 101 页

1051. 百年中国文学经典：1958—1978. 第六卷 / 谢冕，钱理群主编 . -- 北京：北京大学出版社，1996. --485 页；20cm. --ISBN 7-301-03066-5：CNY 218.00（全 8 册）　北京大学图书馆　四川省图书馆　广东省立中山图书馆　海南大学图书馆　海南师范大学图书馆

自 19 世纪末至 20 世纪末，中国社会的一百年发生了重大的变化，中国文学也实现了从旧文学向新文学的华丽转身，形成了审美与非审美、功利与非功利的矛盾对立以及"杂呈"的百年文学常态。编者从文学史的角度选取经典作品（包括旧文学和新文学），以使百年来的经典作品得以积累，并更广泛地传播。

《百年中国文学经典》共八卷，每卷的时间设计是：1895—1927 为第一卷，1927—1937 第二卷，1937—1949 第三、四卷，1949—1957 第五卷、1958—1978 第六卷、1978—1989 第七卷、1989—1996 为第八卷，每卷前有谢冕序、钱理群序，两篇序言概括了百年来中国文学的发展特征。

钱理群（1939—　），著名人文学者，鲁迅、周作人研究专家，北京大学

中文系教授，现代文学专业博士生导师，主要从事中国现代文学的研究与教学。著有《中国现代文学史论》《钱理群中学讲鲁迅》《中国现代文学三十年》《名作重读》《诗歌读本》等。

选取作品：麦坚利堡，第 7 页

1052. 大学生抒情诗选 / 朱雪里，杨建堂主编 . -- 西安：陕西旅游出版社，1992. --440 页：19cm. --（当代大学生文学丛书）. --ISBN 7-5418-0511-4：CNY6.50　上海师范大学图书馆　郑州大学图书馆　洛阳师范学院图书馆　海南省图书馆

该书把台湾诗人罗门误写为"香港罗门"。

选取作品：永恒在都市是什么样子，第 23 页

1053. 大学语文 / 钟露鑫主编 . -- 南京：南京师范大学出版社，2006. --307 页；23cm. --ISBN 7-81101-420-3：CNY30.00　北京理工大学图书馆　武汉大学图书馆　南京师范大学图书馆　福州大学图书馆

该书是大学语文教材，编者从人文性、大视野、亲和力的角度，选取切合大学生心理特征、理解能力、知识积累的篇章，以引导大学生思考、论辩和探索的兴趣，具有审美性、人文性、可读性、趣味性。

选取作品：麦坚利堡，第 101 页

1054. 当代爱情友情诗 300 首 / 弘征选编 . -- 长沙：湖南文艺出版社，1997. --296 页；20cm. --ISBN 7-5404-1681-5：CNY12.80　国家图书馆　湖南图书馆

选取作品：给"青鸟"——蓉子，第 69 页

1055. 当代台港文学名作赏析 / 王宗法，马德俊主编 . -- 福州：海峡文艺出版社，1989. --571 页；20cm. --（中国当代文学名作赏析丛书）. --ISBN 7-80534-140-0：CNY6.20　国家图书馆　福建省图书馆　广东省立中山图书馆　同济大学图书馆　海南省图书馆

该书从中国当代文学史的角度出发，收录自新中国成立以来包括大陆作家、港澳台作家以及海外华文作家的作品，并进行品鉴赏析，以展现当代文坛诸家风貌，提高作者文学鉴赏和写作水平。《中国当代文学名作赏析丛书》是全国二十余所高校协作为各类高等学校文科编写的当代文学课辅助教材。

选取作品：山，第 41 页，赏析：一片风景万斛情——读《山》，玄子

1056. 当代台湾诗萃 . 上册 / 蓝海文选编 . -- 长沙：湖南文艺出版社，1988. --565 页；19cm. --（台湾佳作选粹）. --ISBN 7-5404-0318-7：CNY5.20 国家图书馆　湖南图书馆　海南省图书馆　深圳图书馆

该书收录了 1949—1987 年间 284 家台湾诗人发表在上百种诗刊上的一千余首作品，有覃子豪、纪弦、钟鼎文、余光中、罗门、蓉子、周梦蝶、羊令野、痖弦、洛夫等，以生年为排序，附有诗人简介，是该阶段台湾诗歌之总览，艾青为该书题词"彼岸歌声"。《诗人小传》中写罗门"广东文昌人，一九二六年出生"，其实罗门的出生年月应写作"一九二八"。写罗门"广东文昌人"，可能因为编写该书时文昌尚隶属广东省。1988 年 4 月 13 日，海南建省后，罗门出生地应该写作"海南文昌"。

选取作品：小提琴的四根弦，第 232 页；光穿黑色的睡衣，第 232 页；麦坚利堡，第 233 页；都市之死，第 235 页；伞，第 240 页；遥指大陆，第 241 页；诗的岁月，第 242 页；"麦当劳"午餐时间，第 243 页；时空奏鸣曲，第 246 页；世界足球大赛，第 255 页

1057. 当代文学 100 篇 / 陈思和，李平主编 . -- 上海：学林出版社，1999. --3 册（1665 页）；21cm. --（二十世纪中国文学精品）. --ISBN 7-80616-721-8：CNY80.00　国家图书馆　北京大学图书馆　上海图书馆　广东省立中山图书馆

站在 21 世纪的门槛前，为了给 21 世纪的读者留下一份 20 世纪的"古文观止"，编者精选了以现代汉语创作的小说、诗歌、散文、戏剧，过长的撷取精彩片段，以求为读者提供一部艺术性强，并且凝聚现代知识分子精神境界的美文选。每篇设篇名、作家简介、作品正文、作家的话、评论家的话，编选作品一般选取好的版本，作家多次修改的选取其成熟作品，按照写作时间排序，以反映 20 世纪知识分子的创作业绩，使读者获得人格影响和美的熏陶。

陈思和（1954— ），复旦大学人文学院副院长、图书馆馆长、中文系主任、教授、博士生导师，兼任上海作协副主席、《上海文学》主编。中国文艺理论学会副会长，中国现代文学学会副会长，中国当代文学学会副会长，南京大学兼职教授，华东师范大学紫江学者，上海高校都市文化 E- 研究院特聘研究员。

选取作品：麦坚利堡（1962），第 400 页

1058. 当代文学 100 篇 / 陈思和，李平主编 . --2 版 . -- 上海：学林出版社，2006（2010 重印）. --3 册（1697 页）；21cm. --（二十世纪中国文学精品最

新版）. --ISBN 978-7-80616-721-2：CNY80.00　国家图书馆　上海图书馆

选取作品：麦坚利堡（1962），第400页

1059. 二十世纪台湾诗选［海外中文图书］/ 马悦然，奚密，向阳主编 . --台北：麦田出版，2001. --638页；22cm. --（麦田诗；1）. --ISBN 957-469-578-6（精装）：TWD480.00　国家图书馆　台湾暨南国际大学图书馆　香港公共图书馆

1060. 二十世纪台湾诗选［海外中文图书］/ 马悦然，奚密，向阳主编 . --3版 . -- 台北：麦田出版，2008. --639页；21cm. --（麦田文学；221）. --ISBN 978-986-173-445-3：TWD420.00（HKD140.00）　国家图书馆　广东省立中山图书馆　福建师范大学图书馆　香港公共图书馆

台湾现代诗是中华诗歌的里程碑。2001年马悦然、奚密、向阳主编的《二十世纪台湾诗选》英译本《Fronter Taiwan — An Anthology of Modern Chinese Poetry》由美国纽约哥伦比亚大学（Columbia University Press，Newyork）出版。该书根据"一定的深度、一定的创造力、一定的想象力、一定的真实感"，选录1920年以后的80年里台湾诗坛杨华、杨炽昌、覃子豪、罗门、蓉子、余光中等五十位诗人的诗作，向世界推介了台湾的现代诗，具体而细微地呈现了二十世纪台湾诗的风貌。2001年该书以繁体中文版在台湾出版，2005年再版，2008年三版，2003年以简体中文版在北京出版，其中收录罗门诗作12首，蓉子诗作6首。

马悦然（Goran Malmqvist，1924—　），国际知名汉学家，斯德哥尔摩大学东方语言学院中文系汉学教授、系主任，瑞典文学院院士、欧洲汉学协会会长，诺贝尔文学奖18位终身评委之一。

奚密（Michelle Yeh，），美国南加州大学比较文学硕士及博士，现任教于美国加州大学戴维斯分校，主要研究现当代汉语诗歌及东西方比较诗学。

向阳（1955年—　），本名林淇瀁，台北教育大学台湾文化研究所副教授兼所长，以诗闻名，兼写散文、儿童文学及文化评论、政治评论。

选取作品：小提琴的四根弦，第188页；弹片·TRON的断腿，第188页；窗，第189页；野马，第189页；光住的地方，第191页；出走，第191页；卖花盆的老人，第192页；都市·方形的存在，第193页；伞，第194页；诗的岁月—给蓉子，第195页；20世纪生存空间的调整，第196页；谁能买下那

条天地线，第 197 页

1061. 二十世纪台湾诗选 / 奚密编选 . -- 北京：中国社会科学出版社，2003. --18，461 页；20cm. --ISBN 7-5004-3810-9：CNY33.00　国家图书馆海南省图书馆　福建省图书馆

2001 年马悦然、奚密与向阳主编《二十世纪台湾诗选》英译本《Fronter Taiwan — An Anthology of Modern Chinese Poetry》由美国纽约哥伦比亚大学（Columbia University Press，Newyork）出版，该书是其在大陆的简体中文形式。著名诗人流沙河作序，简要回顾了 1979 年以来台湾现代诗在大陆发展传播情况，奚密撰写的《导论》，概述了台湾现代诗 20 世纪的发展。

选取作品：小提琴的四根弦，第 93 页；弹片·TRON 的断腿，第 94 页；窗，第 94 页；野马，第 95 页；光住的地方，第 96 页；出走，第 97 页；卖花盆的老人，第 97 页；都市·方形的存在，第 98 页；伞，第 99 页；诗的岁月，第 100 页；20 世纪生存空间的调整，第 101 页；谁能买下那条天地线，第 102 页

1062. 二十世纪中国诗歌经典 / 王富仁主编 . -- 北京：北京师范大学出版社，2004. --81，431 页；图，肖像；21cm. --（二十世纪全球文学经典珍藏 / 钟敬文，启功主编）. --ISBN 7-303-03007-7：CNY30.00　北京大学图书馆　北京师范大学图书馆　广东省立中山图书馆　海南大学图书馆　海南师范大学图书馆

《20 世纪全球文学经典珍藏》丛书是北京师范大学出版社为广大大专院校中文系师生、文学爱好者和文学青年编写的一套借鉴和学习文学的参考书。该书是其诗歌卷，回顾和总结了 20 世纪中国诗歌主要是中国白话诗的创作成果，选录了大陆和台湾 20 世纪白话诗发展不同时期诗人的作品，早期收录 14 家 35 首，有胡适、沈尹默、刘半农、冰心、徐志摩、闻一多等，30 年代 13 家 39 首，有卞之琳、废名、戴望舒、纪弦、臧克家、艾青、牛汉、曾卓等，50 年代 9 家 16 首，有洛夫、覃子豪、罗门、痖弦、余光中、贺敬之、商禽、郑愁予等，70 年代 9 家 36 首，有北岛、舒婷、顾城等，90 年代 14 家 48 首，每家诗人都有作家和作品介绍。

选取作品：麦坚利堡，第 180 页

1063. 二十世纪中国诗歌精选 / 沈庆利选编 . -- 修订版 . -- 北京：人民文

学出版社，2005. --10，231 页；21cm. --（语文新课标必读丛书；初中部分）. --ISBN 978-7-02-005568-0：CNY14.00　国家图书馆　天津图书馆　广东省立中山图书馆　湖北省图书馆　扬州职业大学图书馆

教育部为了全面提高中小学生的语文素质，增强语文课程的现代意识。2001 年和 2003 年颁布了作为基础教育课程改革核心内容的《全日制义务教育语文课程标准》和《普通高中语文课程标准》（简称"新课标"），对不同阶段学生的课外阅读量做了规范，该书是《全日制义务教育语文课程标准》推荐用书，2003 年 5 月编辑出版了《语文新课标必读丛书》（50 种），修订本在三年使用基础上增加了 10 种，增加了若干当代文学的佳作和中外文学的优秀选本，内容更广泛，知识更实用。该版在 2006 年、2008 年重印。沈庆利，北京师范大学文学院教授，文学博士，博士生导师，主要研究现当代文学。

选取作品：窗，第 153 页

1064. 二十世纪中国文学作品选，诗歌卷 / 高永年主编 . -- 南京：江苏教育出版社，2003. --499 页；20cm. --ISBN 7-5343-5002-6：CNY25.10　国家图书馆　南京图书馆　上海图书馆　广东省立中山图书馆

该书是南京师范大学汉语言文学品牌与特色专业建设项目成果，收有《夜起》《蝴蝶》《相隔一层纸》《教我如何不想她》等 200 多首 20 世纪中国诗歌佳作。

选取作品：麦坚利堡，第 473 页

1065. 二十世纪中国文艺图文志，新诗卷 / 刘福春主编 . -- 沈阳：沈阳出版社，2002. --187 页：照片；29cm. --（二十世纪中国文艺图文志 / 徐迺翔主编）. --ISBN 7-5441-1524-0（精装）：CNY80.00　国家图书馆　北京大学图书馆　广东省立中山图书馆　四川省图书馆　海南师范大学图书馆

本书以图文并茂的形式记述了新诗诞生至该书出版 80 多年的历程，记录了各个历史年代、各种流派风格的不同的思想倾向和代表诗人与作品。徐迺翔，中国社会科学院文学研究所研究员，中国社会科学院研究生院教授。主要从事中国现代文学、文学史料学、海外华文文学暨港澳台文学研究，享受国家社会科学系统"政府特殊津贴"，已出版各类资料专集 70 余种。刘福春，中国社会科学院文学研究所研究员，中国社会科学院研究生院教授，研究方向为中国新诗、中国现代文学、文学批评。

选取作品：麦坚利堡，第 117 页

1066. 二十世纪中国新诗选／王彬，顾志成选编. -- 北京：大众文艺出版社，1998. -- 13，811 页；20cm. -- ISBN 7-80094-495-6（精装）：CNY49.00　国家图书馆　浙江图书馆　南京大学图书馆　海南师范大学图书馆

1916 年中国新诗诞生至该书出版已有 80 年历史，在世纪之交，回顾中国新诗，选出代表作品为诗歌爱好者和研究人员提供学习和研究的依据，是本书编选的宗旨所在。该书依据诗歌流派顺序编排图书，大陆依次是：新青年、新潮、少年中国、星期评论、文学研究会、创造社、湖畔诗社、晨报副刊（诗刊）作家群及新月派、象征派、现代派、十月派、九叶集诗人群、五十至六十年代作家群、台港及海外华裔集团、朦胧派、新现实主义作家群、新生代，收录诗人 260 多个，罗门和蓉子均有诗歌入选。

选取作品：漂水花，第 521 页；麦坚利堡，第 523 页

1067. 20 世纪汉语诗选 . 第 3 卷：1950—1976／姜耕玉选编 . -- 上海：上海教育出版社，1999. -- 27，22，582 页；21cm. -- ISBN 7-5320-6359-3（精装）：CNY30.50　国家图书馆　北京大学图书馆　河南省图书馆　广东省立中山图书馆　海南师范大学图书馆

相对于 20 世纪的新诗选本，这本以"汉语诗歌"概念编选的 20 世纪诗歌选有着别样的意义，它描述 20 世纪诗歌的现象：20 世纪新诗作为人类精神和语言艺术的精粹已经诞生但尚不成熟，古典诗歌经过两千多年才完成自己的演变和发展却成为新诗的决裂对象，新诗作为一种汉语的新生诗体，复苏和健全着现代汉语诗歌的艺术活力。并从"汉语诗歌"概念切入百年新诗的发展规律，探寻着汉语诗歌艺术的本性。

该书是 20 世纪诗歌的全面扫描，是了解 20 世纪汉语诗歌的重要选本。书中收录了 20 世纪不同时期 404 家诗人的 2240 首诗歌，其中台港澳 49 家 378 首，美、英、加及其他国家和地区 14 家 108 首，还包括毛泽东等 29 家古体、近体诗词 149 首，另有长诗（含节选）18 首，按年代分卷，按作品公开发表和选集正式出版时间排序，首选作品前附有诗人小传，是了解 20 世纪汉语诗歌的重要选本。

姜耕玉（1947—　），东南大学艺术学院教授、艺术学博士生导师，现当代文学学科点带头人，世界华文诗歌研究所所长。

选取作品：麦坚利堡，第 428 页；流浪人，第 430 页；车祸，第 431 页；野马，第 431 页；窗，第 433 页

1068. 20 世纪汉语诗选. 第 5 卷：1977—1999/ 姜耕玉选编 . -- 上海：上海教育出版社，1999. --27，23，695 页；20cm. --ISBN 7-5320-6377-1（精装）：CNY34.00　国家图书馆　北京大学图书馆　河南省图书馆　广东省立中山图书馆　海南师范大学图书馆

选取作品：伞，第 53 页；咖啡厅，第 54 页；诗的岁月——给蓉子，第 55 页；女性快镜拍摄系列（选 3），第 56 页

1069. 20 世纪中国诗歌精选 / 孙基林编选 . -- 济南：山东文艺出版社，2008. --223 页；21cm. --（语文新课标必读丛书. 高中部分）. --ISBN 978-7-5329-2867-5：CNY11.00　国家图书馆

该书以 20 世纪中国诗歌历史发展为线索，从思潮流派角度选取每阶段具有审美性、可读性的代表作品，并请名家撰写导读，以使读者对 20 世纪新诗有一个宏观认知和把握。在作者简介栏，书中仍把罗门写作"广东文昌人"，实属失于考证之误。在此书出版时，海南省已经成立十年，显然应改为"海南文昌人"。

选取作品：流浪人，第 152 页

1070. 20 世纪中国文学名作典藏 / 王嘉良［等］主编；王冉冉［等］撰稿. --杭州：浙江文艺出版社，2003. --11，732 页；20cm. --ISBN 7-5339-1691-3（精装）：CNY38.00　国家图书馆　广东省立中山图书馆　福州大学图书馆　浙江图书馆　海南医学院图书馆

选取作品：麦坚利堡，第 474 页

1071. 20 世纪中国新诗辞典 / 辛笛主编 . -- 上海：汉语大词典出版社，1997. --16，1301 页；19cm. --ISBN 7-5432-0236-0（精装）：CNY48.00　国家图书馆

该书共选"五四"新文学诞生以来 331 位诗人作品 514 首，其中祖国大陆诗人 277 位，作品 443 首；台港澳地区与海外华人诗人 64 位，作品 69 首，涉及台港澳地区和法国、美国、加拿大、新加坡、泰国等地华人诗人作品。全书由凡例、目录、正文、附录、后记五部分，其中附录含 1. 诗人小传；2. 海内外中文现代诗刊一览；3. 中国现代新诗研究专著目录；4. 中国当代新诗研究

著作目录，是研究新诗的重要参考书。

选取作品：山，第 1082 页

1072. 20 世纪中国新诗分类鉴赏大系 / 毛翰主编 . -- 广州：广东教育出版社，1998. --20，1367 页；20cm. --ISBN 7-5406-3249-6：CNY61.00 国家图书馆 海南省图书馆 广东省立中山图书馆 湖南图书馆 海南大学图书馆

分类选诗，在我国有悠久的历史，如《诗经》分"风""雅""颂"，萧统的《文选》将当时的诗歌分为 22 类，北宋阮阅的《诗话总龟》、姚铉的《唐文粹》以及清代张英、王世祯的《渊鉴类函》等，《诗话总龟》将诗歌分为 43 类。中国新诗的第一部诗歌分类总集是 1920 年许德邻编选，上海崇文书局出版的《分类白话诗选》，将新诗分为写景、写实、写情、写意 4 类。

该诗选的特点在于用分类的形式编选 20 世纪初以来 70 年的中国新诗。作者参考传统诗歌的分类经验，依照诗歌的内在属性（内容、形式）、创作目的和方法（创作目的、方式、表现手法）以及外在属性（风格流派，发表的年代、作者的年龄、性别、身份，作者所属的地区和民族），将 20 世纪新诗分为爱情诗、友情诗、亲情诗、悼亡诗、爱国怀乡诗、感遇诗、怀古咏史诗、咏物诗、山水景物诗、乡土诗、都市诗、边塞诗、军旅诗、文化诗、艺术诗、军旅诗、讽刺诗、叙事诗、童话寓言诗、儿童诗、民歌、歌词、散文诗、杂体诗共 24 类，每类选取最有代表性的作家作品，供读者欣赏。

选取作品：麦坚利堡，第 230 页

1073. 2004 年全球华人文学作品精选 / 古远清选编 . -- 武汉：长江文艺出版社，2005. --593 页：图；21cm. --（2004 年选系列丛书）. --ISBN 7-5354-2978-5：CNY26.00 国家图书馆 北京大学图书馆 上海图书馆 湖北省图书馆 海南大学图书馆

1993 年，内地学术界提出了"世界华文文学"的学科观念以整合海峡两岸文学，至 20 世纪末，全球华人文学创作逐渐引起重视。本书采用开放的视野，兼顾不同的流派和风格，选取小说、散文、新诗三大文学作品，选取了美国、加拿大、澳大利亚和新加坡、马来西亚、印度尼西亚、泰国以及我国台湾、香港、澳门等地的作家作品，如严歌苓、虹影、於梨华等人的小说，白先勇、余光中、董桥、北岛等人的散文，罗门、洛夫等人的诗歌，试图完整地再现 2004 年全球华人文学创作的概貌，为年度文学作品选增加了新的品种。

古远清（1941— ），广东梅县人。中南财经政法大学教授，台港澳暨海外华文文学研究所所长。湖北省作家协会理事、中国新文学学会副会长、国际炎黄文化研究会副主席、华中师范大学博导评委、中南财经政法大学中文系世界华文文学研究所所长。

选取作品：倾斜的 21 世纪，第 562 页

1074. 风柜上的演奏会：读新诗游台湾（自然篇）［海外中文图书］/余欣娟，林菁菁，陈沛琦著 . -- 台北：幼狮出版社，2007. --173 页：图；21cm. --（智慧文库）. --ISBN 978-957-547-664-3：TWD200.00，HKD67.00 广东省立中山图书馆 台湾交通大学图书馆

通过阅读该诗选，既可饱览台湾的自然风光，也可游览台湾的历史文化遗迹，让读者体验到"游山玩水读新诗"的快乐，是该书的编选目的。

选取作品：溪头游，第 67 页

1075. 风中站立：诗歌卷/牛汉主编. --北京：大众文艺出版社，2000. --11，421 页；21cm. --（中国当代文化书系 . 诗歌卷：1949—1999/ 季羡林主编）. --ISBN 7-80094-661-4：CNY21.80 国家图书馆 北京大学图书馆 上海图书馆 海南省图书馆 海南师范大学图书馆

自 20 世纪以来，中国诗歌的语言形式发生了巨大变化，从 1919 至 1949 年 30 年的发展基本形成了新诗的基本品格。1949 年后因特殊的历史条件，中国新诗步入了一个新的阶段。1949 年至 1999 年间，中国新诗大体分为三部分：1949—1976 年诗歌受政治社会等因素影响较重的时期；1976—1999 年诗歌回归本体时期，有归来的诗人的创作，也有包括朦胧诗创作在内的新诗潮运动；台湾与海外华人诗歌。台湾的现代派诗歌创作自 20 世纪 50 年代始，比大陆80 年代的新诗潮运动早 30 年，而罗门和蓉子是台湾较早创作现代诗的重要诗人，罗门被称为"现代诗的守护神"。

本卷收录了 1949—1999 年间海峡两岸 125 家著名诗人代表作品 250 篇。牛汉（1923—2013），现当代著名诗人、文学家和作家，山西省定襄县人，《新文学史料》主编。曾任中国作家协会全国名誉委员、中国诗歌学会副会长。

选取作品：麦坚利堡，第 150 页；流浪人，第 152 页；遥望故乡，第 153 页；板门店·三八度线，第 155 页

1076. 感月吟风多少事［海外中文图书］：现代百家诗选 / 张默编 . -- 台北：

尔雅出版社，1982. --29，421 页；19cm. --（尔雅丛书；117）. --ISBN 978-957-639-019-7：TWD160.00　国家图书馆

书中收录台湾现代诗人 100 家约 150 首诗作，并进行了赏析，每家诗后条列"作品评论引得"，从一则到十数则不等，可见编选者的导读用心。附录 1. 向诗评家致敬；2. 作者简介。该书从 1982 年至 2003 年共五刷，国家图书馆藏本为 1984 年第 3 版，2003 年增订出版时，更名为《现代百家诗选》；2009 年二次增订，收录诗歌 290 余首，诗人 114 家。

选取赏析：麦坚利堡，第 18 页；流浪人，第 21 页

1077. 港澳台诗歌精品 / 郭银星选编 . -- 沈阳：春风文艺出版社，1994. --334 页；20cm. --（诗歌金库 / 刘烈恒主编）. --ISBN 7-5313-1103-8：CNY8.80　国家图书馆　南京大学图书馆　河南理工大学图书馆　湖南图书馆　吉林省图书馆

本书选录苦苓、白荻、向阳、罗志成、周梦蝶、罗门、余光中、蓉子、洛夫、张错、张香华等台湾诗人和港澳地区其他作者近 90 位诗人的诗歌精品。

选取作品：咖啡厅，第 259 页；旷野，第 260 页

1078. 古今中外朦胧诗鉴赏辞典 / 徐荣街，徐瑞岳主编 . -- 郑州：中州古籍出版社，1990. --785 页；肖像；20cm. --ISBN 7-5348-0308-X（精装）：CNY 12.80　国家图书馆　上海图书馆　广东省立中山图书馆　洛阳师范学院图书馆　海南师范大学图书馆

选取作品：伞，第 484 页；都市之死，第 485 页

1079. 广汉文史资料选辑：第 10 辑，覃子豪纪念馆落成专辑 / 广汉市文史资料研究委员会，广汉市覃子豪纪念馆筹建组编 . --1988. --168 页；20cm. --（内部资料）同济大学图书馆　广汉市图书馆

1988 年 6 月，在覃子豪逝世 25 周年之际，台湾诗人覃子豪纪念馆在家乡四川广汉落成，在建馆塑像的同时，广汉市文史资料研究委员会，广汉市覃子豪纪念馆筹建组编选了该书，书中收录了覃子豪的部分作品，主要收录海峡两岸诗人对覃子豪的哀悼和纪念文章，作者有罗门、流沙河、纪弦、林海音等，封面题字马识途，罗门诗是为台北覃子豪墓上铜像所题。覃子豪（1912—1963），四川广汉人，被誉为台湾诗坛"诗的播种者""蓝星象征"。

选取作品：回响——诗人覃子豪纪念铜像，第 100 页

1080. 过目难忘. 爱情诗 / 易征, 周文彬选析 . -- 广州: 花城出版社, 2000. --256 页: 图; 20cm. --ISBN 7-5360-3246-3: CNY11.80　国家图书馆　广东省立中山图书馆　福建师范大学图书馆　海南工商职业学院图书馆　海口经济学院图书馆

选取作品: 蜜月旅行, 第 144 页

1081. 海外琼人诗选 / 朱逸辉编 . -- 海口: 三环出版社, 1989. --310 页; 32 开 . --ISBN 7- 80564-06l-0: CNY5.90（HKD30.00）　海南大学图书馆　海南师范大学图书馆　琼州学院图书馆

海南文运初开自唐朝始, 海南籍举人和进士的出现自苏轼到海南始, 海南明代被称为"海外邹鲁"等。历史上如白玉蟾、王佐、丘濬、海瑞、唐胄、钟芳、王弘诲、张岳崧、冯骥声都是有成就的诗人, 海南传统文化影响着海南和祖居海南的海外华人, 出现了像罗门、林绿、吴练青、韩文甫、韩山元、岭南人、丘程光等诗人, 尤其是罗门, 早已蜚声海内外。该书收录台湾、香港、新加坡、马来西亚、泰国、美国、法国等琼籍诗人作家 300 首诗词, 向海外琼人传递着友情、乡情和诗情。

朱逸辉（1925—　　）, 海南万宁人, 国家高级剧作家, 海南省有突出贡献优秀专家。著有《海南名人传略》等。

选取作品: 第九日的底流, 第 1 页; 车祸, 第 10 页; 一把钥匙, 第 11 页; 山, 第 13 页; 河, 第 15 页; 逃, 第 16 页; 麦坚利堡, 第 19 页

1082. 海峡两岸朦胧诗品赏 / 古远清著 . -- 武汉: 长江文艺出版社, 1991. --325 页: 照片; 20cm. --ISBN 7-5354-0506-1: CNY4.50　国家图书馆

1083. 海峡两岸朦胧诗品赏 / 古远清著 . -- 武汉: 长江文艺出版社, 1991. --325 页: 照片; 20cm. --ISBN 7-5354-0507-X（精装）: CNY6.50　国家图书馆　海南大学图书馆　海南师范大学图书馆　山东省图书馆　斯坦福大学图书馆

朦胧诗是 20 世纪 70 年代末至 80 年代初出现的新诗革新现象。1978 年起, 食指、芒克、北岛、方含、舒婷、顾城、江河、杨炼、严力等人在《今天》杂志发表他们"文革"期间或当时创作的具有反思、批判、思考倾向, 以内在精神世界为主要表现对象, 采用形象象征、逐步意象感发的艺术策略和方式来隐示情思, 从而使诗歌文本呈现为诗境模糊朦胧、主题多义晦涩等特征

的诗歌。当时朦胧诗派的代表人物有北岛、舒婷、顾城、江河、杨炼等。

也有人认为自新诗出现起，就出现了朦胧诗作，古远清先生就持这种观点。

该书所选诗歌自徐志摩、李金发、李广田、戴望舒始，大陆部分收录诗歌以 70—80 年代为主，台湾部分收录了现代派诗人纪弦、周梦蝶、余光中、洛夫、上官予、罗门、蓉子、张默、商禽、郑愁予、林泠、非马、向阳、张健、林耀德、苏绍连、杜国清、钟玲、许悔之、方浩等，所选诗歌均为海峡两岸现代诗中有代表性的诗人诗作，具有题旨朦胧、哲思深邃、表达独步、技巧高超的特点。许世旭序《两岸诗风的交替现象》，对海峡两岸新诗的创作和交流概况作了简要勾勒。

选取作品：光，穿着黑色的睡衣，第 221 页；都市·方形的存在，第 225 页

1084. 简明中国当代文学辞典 / 申殿和［等］编 . -- 石家庄：河北人民出版社，1988. --516 页；20cm. --ISBN 7-202-00092-X（精装）：CNY4.45 国家图书馆 上海图书馆 广东省立中山图书馆 海南省图书馆

本书内容包括 1949—1985 年间比较重要的作家、作品、作品集和丛书、典型性较强的人物形象、文学刊物、重要的文艺事件、论著、组织和习惯用语等词条。

词条：罗门，第 243 页

选取作品：麦坚利堡，第 251 页

1085. 节日朗诵诗选：校园版 / 舒婷［等］著；李小雨编选 . -- 长沙：湖南文艺出版社，2004. --18，242 页：照片；23cm + 光盘 1 片 . --（庆祝活动朗诵诗歌经典选本）. --ISBN 7-5404-3356-6：CNY30.00 国家图书馆 广东省立中山图书馆 湖南图书馆 海南大学图书馆 海南医学院图书馆

本书按"五四青年节""六一儿童节""九月十日教师节""七月一日建党日""十月一日国庆节"等节日板块，选编诗作 95 首，并有诗歌特点介绍，诗歌朗诵方法讲解，以求把握基调，读出情感、形象、节奏，并有丁建华和乔榛的诗歌朗诵示例。

选取作品：蜜月旅行，第 104 页

1086. 九十年代台湾诗选 / 沈奇编 . -- 沈阳：春风文艺出版社，1998. --11，

413 页；20cm. --ISBN 7-5313-1850-4：CNY20.00　国家图书馆　同济大学图书馆　海南省图书馆　广东省立中山图书馆　湖南图书馆

20 世纪 80 年代中期开启的两岸诗歌交流是一个超越诗外、跨海跨代跨世纪的文化整合工程。80 年代，大陆对台湾现代诗的介绍，各类诗选本、赏析以及个人诗集、诗评论集持续出版，使大陆读者对台湾诗歌有了较为全面和明晰的认知，90 年代，台湾对大陆的诗歌引介一时兴盛，形成大陆诗歌的"热潮回流"。这一历史性的诗歌整合工程，经由两岸诗人十多年的交流、对接和整合，中国当代诗的版图上基本实现了文化大团圆。《九十年代台湾诗选》，收入 1990—1996 年间台湾新老诗人 84 家近二百首诗作，按照简体姓氏笔画排序，为台湾 1990—1996 年七年诗歌的精品结集，收录了罗门都市扫描及其对"世纪病"诊视的诗三首。沈奇（1951—　），陕西勉县人，中国作家协会会员，西安财经学院文艺系教授。1978 年考入大学，毕业留校任教至今。出版诗与诗学著作 6 种，编选 6 种。

选取作品："世纪末"病在都市里，第 228 页；长在"后现代"背后的一颗黑痣，第 230 页；都市·浮生录影记，第 232 页

1087. 浪漫现代 / 许道明编著 . -- 上海：复旦大学出版社，2003. --163 页；18cm. --ISBN 7-309-03441-4：CNY12.80　国家图书馆　海南省图书馆　广东省立中山图书馆　湖南图书馆　海南大学图书馆

本书收录了沈尹默、周作人、刘半农、郭沫若、冰心、朱自清、鲁迅、徐志摩、戴望舒、艾青、牛汉、流沙河、舒婷、顾城、痖弦、洛夫、罗门、余光中等人的诗歌作品，并对作品进行简短赏析。

选取作品：流浪人，第 160 页

1088. 流转 /《台港文学选刊》编辑部编 . -- 杭州：浙江文艺出版社，1996. --226 页；21cm. --（台港文学 . 诗歌卷）. --ISBN 7-5339-0639-X：CNY9.30　国家图书馆　海南省图书馆　广东省立中山图书馆　山东省图书馆　海南师范大学图书馆

《台港文学选刊》是我国大陆首家专门介绍台港澳及海外华文文学作品的期刊。该书是编辑部从该刊十年来刊登作品中精心挑选的佳作汇编而成，书中选取余光中、罗门、向明、周粲、张朗各一首同题诗作《漂水花》，供比较欣赏。

选取作品：漂水花，第 39 页；山，第 53 页；窗，第 54 页；流浪人，第 54 页；夏威夷，第 55 页；麦坚利堡，第 57 页

1089. 旅行文学读本 ［海外中文图书］/ 孟樊主编 . -- 台北：扬智文化事业股份有限公司，2005. --356 页；23cm. --（扬智读本系列；01）. --ISBN 957-818-601-0：TWD400.00　国家图书馆　广东省立中山图书馆

选取作品：纽约（NEW YORK）旅美诗抄之二，第 149 页

1090. 罗洛文集，诗论卷 / 罗洛著 . -- 上海：上海社会科学院出版社，1999. --84 页；21cm. --ISBN 7-80618-535-6：CNY39.80　国家图书馆　中国社会科学院图书馆　上海大学图书馆　四川省图书馆　海南大学图书馆

诗论卷分四编，依次是诗的随想录、诗之思、诗论译录和新诗鉴赏，第四编"新诗鉴赏"是作者应香港中华书局有限公司之邀编选的《中华新诗宝库·新诗选》一书，1993 年上海书店根据香港版出版了简编本，1994 年再版。罗洛（1927—1998），现代诗人、翻译家。原名罗泽浦，四川成都人，著有诗集多种。

选取作品：窗，第 665 页

1091. 美哉海南岛 / 海南历史文化研究会主编；王春煜，周延琬选编 . -- 增订本 . -- 北京：长征出版社，2003. --428 页：照片；20cm. --（海南风丛书）. --ISBN 7-80015-816-0：CNY21.80　海南省图书馆

该书以歌咏海南岛为主题，选录现代吟咏海南的新诗和旧体诗词 500 多首，作者既有老一辈无产阶级革命家朱德、董必武，也有国内著名诗人郭沫若、艾青等，还收录了居住台湾、美国、泰国、印尼、新加坡、马来西亚的海南岛海外诗人罗门、蓉子、非马、岭南人等歌咏海南的诗作。

选取作品：海镇之恋，第 59 页；三桅船之恋，第 60 页；遥望故乡，第 60 页

1092. 朦胧诗 300 首 / 肖野编 . -- 广州：花城出版社，1989. --442 页；19cm. --ISBN 7-5360-0453-2：CNY 5.50　国家图书馆　海南省图书馆　广东省立中山图书馆　四川省图书馆　海南大学图书馆

朦胧诗泛指 20 世纪 80 年代后期兴起于大陆诗坛的一种诗体，也有研究者认为新诗诞生时即有朦胧诗，主要指深情、隽永、多意象，令人遐想的诗作。作者编选了徐志摩、戴望舒、北岛、舒婷、罗门、席慕蓉等中国现代诗人的

诗作 380 首，展示了朦胧诗的艺术技巧及其刻画的内心世界。

选取作品：流浪人，第 342 页

1093. 迷你哲理诗 / 阿红编 . -- 合肥：安徽文艺出版社，1988.9. --160 页；13cm. --（花间诗踪丛书）. --ISBN 7-5396-0082-9：CNY0.90　国家图书馆　上海图书馆　海南省图书馆　四川省图书馆　华中师范大学图书馆

选取作品：无题，第 92 页

1094. 名人诗词选［海外中文图书］：中国·二十世纪·100 年 / 江树生编著 . -- 香港：天马出版有限公司，2004. --51，1094 页：照片；21cm. --ISBN 962-450-570-5（精装）：HKD98.00（CNY98.00）　国家图书馆　上海图书馆　广东省立中山图书馆　河南省图书馆　四川省图书馆

选取作品：伞，第 654；都市方形的存在，第 655 页

1095. 年度诗选［海外中文图书］/ 张默［等］编 . -- 台北：尔雅出版社，1982—2010. --28 册

尔雅出版社自 1982 年起，邀请张默、萧萧、向明、李瑞腾、向阳、张汉良六位诗人、评论家每年将发表在台湾报刊上的诗歌进行编选，成《年度诗选》。所选诗作，均附"编者按语"进行简短赏析，书后附诗人小传。至 1991 年，尔雅版《年度诗选》总计收录 248 位诗人 569 人次的诗作，总计 663 首（《八十年诗选》序）。

1095. 1. 七十一年诗选［海外中文图书］/ 张默编 . -- 台北：尔雅出版社，1983. --[27]，354 页；19 cm. --（年度诗选；第一集）. --TWD130.00　北京大学图书馆

即 1982 年台湾诗选。附录：1. 七十一年诗选决选会议纪录；2. 七十一年诗坛大事记。苏州大学图书馆藏该社 1985 年出版第 3 版。

选取作品：海边游，第 279 页

1095. 2. 七十二年诗选［海外中文图书］/ 萧萧编 . -- 台北：尔雅出版社，1984. --[14]，241 页；19cm. --（年度诗选；第二集）. --TWD90.00　国家图书馆　北京大学图书馆

附录：七十二年诗坛大事记。苏州大学图书馆藏该社 1985 年出版第 3 版。

选取作品：伞、诗人覃子豪纪念铜像，第 31—32 页

1095. 3. 七十三年诗选［海外中文图书］/ 向明编 . -- 台北：尔雅出版社，

1985. --[15]，245 页；19cm. --（年度诗选；第三集）．--TWD100.00　国家图书馆　苏州大学图书馆

　　附录：七十三年诗坛大事记，诗人小传。

　　选取作品：时空奏鸣曲（组诗）：只能跳两跳的三级跳、望了三十多年、穿过上帝瞳孔的一条线，第 205 页

　　1095. 4. 七十四年诗选［海外中文图书］/李瑞腾编．-- 台北：尔雅出版社，1986. --[13]，394 页；19 cm. --（年度诗选；第四集）．--TWD160.00　武汉大学图书馆　苏州大学图书馆

　　选取作品："麦当劳"午餐时间，第 168 页

　　1095. 5. 七十五年诗选［海外中文图书］/向阳编．-- 台北：尔雅出版社，1987. --288 页；19cm. --（年度诗选；第五集）．--ISBN 957-639-067-2：TWD120.00　国家图书馆　北京大学图书馆　苏州大学图书馆

　　选取作品：周末旅途事件，第 113 页

　　1095. 6. 七十六年诗选［海外中文图书］/张汉良编．-- 台北：尔雅出版社，1988. --233 页；19cm. --（年度诗选；第六集）．--TWD110.00　苏州大学图书馆

　　选取作品：玻璃大厦的异化，第 4 页

　　1095. 7. 七十七年诗选［海外中文图书］/张默编．-- 台北：尔雅出版社，1989. --256 页；19cm. --（年度诗选；第七集）．--TWD120.00　苏州大学图书馆

　　选取作品：断骨记，第 155 页

　　1095. 8. 七十八年诗选［海外中文图书］/萧萧编．-- 台北：尔雅出版社，1990. --228 页；19 cm. --（年度诗选；第八集）ISBN957-9159-71-8：TWD120.00　福建师范大学图书馆　苏州大学图书馆

　　选取作品：存在空间系列，第 84 页

　　1095. 9. 七十九年诗选［海外中文图书］/向明编．-- 台北：尔雅出版社，1991. --[20]，234 页；19cm. --（年度诗选；第 9 集）．--ISBN957-639-024-9：TWD130.00　福建师范大学图书馆　苏州大学图书馆

　　向明，台湾著名诗人，在"导言"《智慧的烁烁灵光》对本年度台湾诗坛、诗作、诗刊和诗集出版情况进行了综述，从本年度发表的四千余首诗作中选编 41 首收入该书。每首诗由著名诗评家或诗人写编者按语，书后附诗人小传。

　　选取作品：童话扶梯等（三首），第 46 页

1095.10. 八十年诗选［海外中文图书］/李瑞腾编 . -- 台北：尔雅出版社，1992. --[21]，274 页；19cm. --（年度诗选；第十集）. --ISBN 957-639-056-7：TWD160.00

《八十年诗选》书前有"导言"两篇《十年磨一剑》和《八十年的诗之主题》，概述了《年度诗选》的编选标准，台湾十年诗坛的创作、诗人、诗风和题材，是研究台湾诗歌的重要资料。罗门是每年都有诗作入选的五位诗人之一。

选取作品："世纪末"病在都市里，第 203 页；诗人小传：罗门，第 269 页

1095.11. 八十一年诗选［海外中文图书］/向明，张默主编 . -- 台北：现代诗季刊社：尔雅总经销，1993. --[14]，209 页；21cm. --（年度诗选；第十一集）. --ISBN 957-97045-4-6：TWD170.00　台湾科技大学图书馆

选取作品：长在后现代背后的黑痣，第 17 页

1095.12. 八十三年诗选［海外中文图书］/洛夫，杜十三编 . --2 版 . --台北：现代诗季刊社：尔雅总经销，1995. --[10]，253 页；21cm. --（年度诗选；第十三集）. --ISBN 957-999-414-5：TWD200.00　台湾"国家图书馆"

选取作品：社会造型艺术系列，第 142 页

1095.13. 八十四年诗选［海外中文图书］/辛郁，白灵编 . -- 台北：现代诗季刊出版：尔雅总经销，1996. --[12]251 页；21cm. --（年度诗选；第十四集）. --ISBN 957-999-415-3：TWD200.00　台湾暨南国际大学图书馆

选取作品：过三峡，第 63 页

1095.14. 八十九年诗选［海外中文图书］/萧萧主编 . -- 台北：台湾诗学季刊杂志出版：尔雅出版社总经销，2001. --268 页；21cm. --（年度诗选；第 19 集）. --ISBN 957-30462-0-2：TWD240.00　暨南国际大学图书馆　台湾交通大学图书馆

选取作品：新写实诗三首，第 112 页

1095.15. 九十年诗选［海外中文图书］=The best Taiwanese poetry, 2001/ 焦桐主编 . -- 台北：台湾诗学季刊杂志出版：尔雅发行，2002. --267 页；21cm. --（年度诗选；第二十集）. --ISBN 957-304-621-0：TWD240.00　台湾暨南国际大学图书馆

选取作品：人与大自然泪眼相望，第 209 页

1095. 16. 九十一年诗选［海外中文图书］=The best Taiwanese poetry，2002/白灵编 . -- 台北：台湾诗学季刊杂志出版：尔雅发行，2003. --287 页；21cm. --（年度诗选；第二十一集）. --ISBN 957-304-622-9：TWD250.00　台湾暨南国际大学图书馆

选取作品：人与大自然泪眼相望：桃芝台风过台，雨水泪水一起流，第246 页

1096. 千曲之岛：台湾现代诗选 =The Isle Full of Noises：Modern Chinese Poetry From Taiwan［海外中英文图书］/ 张错编 . -- 台北：尔雅出版社，1987. --52，504 页：图；19cm. --（尔雅丛书；89）. --TWD210.00　深圳图书馆

该书在海内外汉语诗歌界有很大影响。收录台湾现代诗人杨牧、余光中、洛夫、郑愁予、叶维廉、周梦蝶、痖弦、罗门、蓉子、非马、罗青、渡也等现代诗作 134 首。其英文版 1987 由美国哥伦比亚大学出版。书中评价 1954—1964 年间"蓝星诗社"的余光中、周梦蝶、杨牧和罗门的诗，说"蓝星诗社"产生了中国现代诗抒情的代表人物……罗门（诗歌）展现存在的悲剧感与戏剧性。

张错（Dominic Chueng，1943— ），本名张振翱，广东惠阳人，早期以"翱翱"为笔名。早年在香港九龙华仁英文书院读书，1962 年进入台湾政治大学西语系，毕业后在香港任职，后赴美留学，获得美国柏罕杨大学英美文学硕士，华盛顿大学比较文学博士，1974 年起任教于美国南加州大学比较文学系、东亚语言文化系迄今。著有诗集《漂泊者》等 20 余种、论评集《冯至评传》等多种。

选取作品：观海，第 151 页；树鸟二重唱，第 159 页

1097. 青青草原：现代小诗赏析［海外中文图书］/ 落蒂编著 . -- 台北：青草地杂志出版社，1980. --236 页；［不详］. --（青草地丛书；1）. --TWD70.00

该书选录余光中、洛夫、罗门、蓉子、叶珊、吴晟、罗青、林焕章以及李男、渡也、向阳等人的精品诗作百余首，每首附以简要赏析，以引导青少年走进诗歌的殿堂。落蒂，台湾诗人，本名杨显荣，在该书的自序《现代诗中常见的写作技巧》中诗人对诗歌创作方法进行了探讨。

选取作品：流浪人，第 76 页

1098. 青少年诗国之旅［海外中文图书］/ 蓉子编著 . -- 台北：业强出版社，

1990. --10，164 页：图；21cm. --（青少年图书馆；10）. --ISBN 957-683-166-0：TWD110.00　台北市立图书馆　台湾师范大学图书馆

选取作品：摩托车，第 53 页

1099. 全国中学生最喜欢的精美散文 / 张健主编 . -- 郑州：文心出版社，2007. --180 页；26cm. --ISBN 978-7-80683-550-0：CNY 19.80　首都图书馆　杭州图书馆　天津少年儿童图书馆

该书选取中学生喜欢的精彩时文，进行解析，以便提高学生的阅读和写作能力，提高高考作文写作能力。张健，超级作文教学法发明者。

选取作品：诗的岁月——给蓉子，第 104 页

1100. 如歌：瞬间的永恒 / 岳洪治主编 . -- 北京：中国华侨出版社，1996. --420 页；20cm. --（名家抒情诗精品大系）. --ISBN 7-80120-100-0：CNY21.00　国家图书馆　上海图书馆　海南省图书馆　海南师范大学图书馆

选取作品：流浪人，第 264 页；车祸，第 265 页；礼拜堂内外，第 265 页

1101. 如画：林下的轻歌 / 岳洪治主编 . -- 北京：中国华侨出版社，1996. --396 页；20cm. --（名家抒情诗精品大系）. --ISBN 7-80120-099-3：CNY19.50　国家图书馆　上海图书馆　广东省立中山图书馆　海南省图书馆　海南师范大学图书馆

选取作品：山，第 254 页；选自《海边游》（组诗《海边游》第一部分），第 255 页

1102. 诗道 / 伍学寅主编 . -- 北京：作家出版社，2007. --492 页；21cm. --ISBN 7-5063-3301-5：CNY35.60　海南大学图书馆　四川理工学院图书馆

选取作品：车祸，第 315；鞋，第 316 页

1103. 诗的播种者［海外中文图书］/ 落蒂著 . -- 台北：尔雅出版社有限公司，2003. --245 页；19cm. --（尔雅丛书；396）. --ISBN 957-639-353-1：TWD200.00　国家图书馆　台湾交通大学图书馆

赏析作品：童年跳着水花来——析罗门《漂水花》，第 45 页

1104. 诗歌经典鉴赏 / 林可行主编 . -- 呼伦贝尔：内蒙古文化出版社，2007. --533 页；21cm. --（中国经典名作鉴赏）. --ISBN 978-7-80675-522-8：CNY19.80　国家图书馆　浙江图书馆　深圳图书馆　海南经贸职业学院图书馆

本书编选了一百年来产生过重大影响、具有恒久魅力、代表着各个流派和不同创作倾向、有不同审美价值的传世作品，并在吸纳当代专家学者评析的基础上，对每篇作品进行分析鉴赏，旨在帮助青少年掌握写作技巧，提高阅读兴趣。

选取作品：麦坚利堡，第 354 页；窗，第 358 页

1105. 诗歌精萃 / 刘雨婷主编 . -- 长春：东北师范大学出版社，1996. --325 页；20cm. --（中学生经典文库）. --ISBN 7-5602-1725-7：CNY12.00 海南省图书馆 同济大学图书馆 广西幼儿师范高等专科学校图书馆

《中学生经典文库》是由东北师范大学中文系组织编写，东北师范大学出版社出版的一套供中学生阅读的参考书，全套 11 册，《诗歌精粹》是其中一册，该书收录大量的中国古代诗歌、中国现当代诗歌和外国诗歌的名篇佳作，供中学生课外阅读使用。

选取作品：流浪人，第 191 页

1106. 世界反法西斯文学书系 =World Anti-Fascist Literature Series. 50，中国卷 . 10/ 刘白羽总主编；李辉凡主编 . -- 重庆：重庆出版社，1994. --691 页；20cm. --ISBN 7-5366-2510-3（精装）：CNY29.00 国家图书馆

《世界反法西斯文学书系》是国内外第一套全面系统介绍世界反法西斯斗争的优秀作品书系，按照国别和地区共分 52 卷，侧重选编 20 世纪 30—50 年代有影响作家的代表作，体裁限于小说、戏剧、诗歌、纪实文学。中国卷另有散文和杂文，本书收录 200 多位著名诗人的反法西斯诗作 257 首，有于右任、毛泽东、田汉、冯玉祥、老舍、朱德、纪弦、罗门、洛夫、胡乔木等，并附有诗人简介。

选取作品：麦坚利堡，第 373 页

1107. 世界华人诗歌鉴赏大辞典 / 高巍主编 . -- 太原：书海出版社，1993. --1388 页；20cm. - ISBN7-80550-136-X（精装）：CNY45.00 国家图书馆 北京大学图书馆 暨南大学图书馆 浙江图书馆 海南师范大学图书馆

随着交通和传媒的发展，世界各地华人之间的文化交流日益频繁，世界华人诗歌大融合推重着世界华人诗歌的研究。本书以国际华人视野，收集中国台湾、香港、澳门及定居美国、加拿大、日本、新加坡等地诗人的代表作，并进行简短赏析，以帮助读者鉴赏不同国度里中华新诗的创作情况。

选取作品：小提琴的四根弦，第148页；麦坚利堡，第149页；伞，第152页；都市之死，第153页；蓉子回家日记，第159页

1108. 世界华文作品鉴赏 / 李保初，周靖主编 . -- 北京：中华工商联合出版社，1997. --6 册；20cm. --ISBN 7-80100 –119-2：CNY108　国家图书馆　清华大学图书馆　西安翻译学院图书馆　西藏大学图书馆　河南财经政法大学图书馆

全书分诗歌卷、杂文卷、小说卷（上下）、散文卷（上下），其中诗歌卷精选了世界各地华人的诗歌精品，收录比利时、德国、法国、菲律宾、马来西亚、美国、泰国、新加坡、牙买加、中国台湾、中国香港等地著名华文诗人的代表作品。该书将海外华人诗歌引进中华诗歌之"场"，与大陆诗歌交流互补，以推进中华诗歌的国际化，从中可以看出海外华人诗歌和大陆诗歌的异同：海外华人诗歌是中国诗歌文化的重要组成部分，和大陆有共同的文化基因、文化母体和母语，是华文诗歌的重要组成部分；同时由于生活环境和观念的不同，海外华人认识世界的方式、母语的运用，对西方诗歌技巧和神韵的借鉴上，明显与大陆不同。

选取作品：玻璃大厦的异化，第218页；生存！这两个字，第221页

1109. 世界诗库 =Bibliotheca Mvndi Poetica. 第 10 卷，中国 / 飞白主编；张德明编 . -- 广州：花城出版社，1994. --27，722 页；20cm. --ISBN 7-5360-2045-7（精装）：CNY58.00　国家图书馆　同济大学图书馆　广东省立中山图书馆　海南师范大学图书馆　海南大学图书馆

选取作品：城里的人，第647页；窗，第648页；流浪人，第648页

1110. 台岛现代乡愁诗选 / 张新泉选编 . -- 成都：四川文艺出版社，1989. --114 页；19 cm. --ISBN 7-5411-0330-6：CNY1.50　国家图书馆　首都图书馆　四川省图书馆　福建省图书馆　浙江图书馆

该书搜罗台湾现代诗中乡愁的佳作，汇集成书，有很强的趣味性。书前著名诗人流沙河作序，题为《乡愁三种》：出于恋巢本能，由空间隔离而生；萌芽于空间隔离，茁壮于时间隔离，对岁月已逝，生命难再的深层思索；第三种是文化的乡愁。罗门的《望了三十年》抒发的是第二种乡愁之意。

选取作品：望了三十年，第43页；流浪人，第50页

1111. 台港澳文学作品选 / 江少川选评 . -- 武汉：华中师范大学出版社，

2000. --468 页；20cm. --ISBN 7-5622-2183-9：CNY22.00　国家图书馆　上海图书馆　广东省立中山图书馆

本书选取了 20 世纪中期以来有影响的作家的代表性作品，共选 291 位作家的 325 篇作品（含内容梗概和简介 34 篇，节选 18 篇）。这些作品有小说、诗歌、散文、报告文学，又有戏剧文学等体裁，内容多样，作品广泛，是中国当代文学创作发展的一个缩影，描述了中国当代文学的发展轨迹，反映了当代作家文学观念和创作风格的走向和变化。这部作品选，与高等学校文科教材《中国当代文学》配套做大学语文读物。江少川，华中师范大学文学院教授。

选取作品：山，第 436 页

1112. 台港百家诗选 / 葛乃福编 . -- 南京：江苏文艺出版社，1990.6. --427 页；19cm. --ISBN 7-5399-0229-9：CNY 5.90　国家图书馆　北京大学图书馆　南京图书馆　中山大学图书馆　山东省图书馆

台湾新诗经历了一段摆脱古诗探索发展的阶段。1924 年 9 月谢春木发表四首《模仿诗作》，到 1945 年 10 月 25 日台湾光复，特别是 20 世纪五六十年代，现代诗社、蓝星诗社、创世纪诗社的成立，新诗取得了长足的发展。香港新诗自 1929 年 1 月甘心发表《寄友》起，早期诗刊有《中国诗坛》《今日诗歌》《诗页》等。至此书出版时台湾有诗社数十个，诗刊近 120 种；香港有诗人七八十位，除了大量的报纸副刊外，还有《诗风》《诗世界》等刊物。香港诗风受台湾影响，诗风相似。该书分台湾、香港新诗两部分，收录台港著名诗人 127 家，选取代表作品 300 余首，并附有诗人小传。

选取作品：加力布露斯，第 97 页；窗，第 99 页；流浪人，第 99 页；月思，第 100 页；山，第 101 页

简介：罗门，第 102 页

1113. 台港抒情短诗精品鉴赏 / 司徒杰编著 . -- 郑州：河南文艺出版社，1996. --10，296 页；20cm. --（台港文学艺术丛书）. --ISBN 7-80623-005-X：CNY14.60　国家图书馆　海南省图书馆　海南大学图书馆　海南师范大学图书馆

选取作品：车祸，第 148 页；礼拜堂内外，第 149 页；流浪人，第 150 页；蜜月旅行，第 152 页

1114. 台港文学精品赏读 / 李旭初［等］编著 . -- 武汉：长江文艺出版社，1996. --828 页；20cm. --ISBN 7-5354-1390-0（精装）：CNY40.00，CNY35.00 国家图书馆 中南民族大学图书馆 南阳师范学院图书馆 深圳职业技术学院图书馆

该书是大学生学习中国港台文学的辅助教材。全书分台港小说选读、台港散文选读和台港诗歌选读三部分，书前有黄曼君序和古继堂序。

选取作品：山，第 753 页；麦坚利堡，第 755 页

1115. 台港现代诗赏析 / 古远清编著 . -- 郑州：河南人民出版社，1991. --284 页；19 cm. --ISBN 7-215-01345-6：CNY3.75 国家图书馆 上海图书馆 广东省立中山图书馆 武汉大学图书馆

著名诗评家古远清先生从读者、学者和诗人的角度精心挑选港台诗坛不同风格、流派的 60 位诗人的 150 首现代诗作汇集成册，每位作家作品设有简介、诗作和赏析，言简意赅，富有情趣，是本立意高远，令人赏心悦目的好诗选评。

选取作品：城里的人，第 43 页；送早报者，第 44 页；窗，第 46 页；2 比 2 · 20 比 20（二 · 十五），第 47 页；咖啡厅，第 49 页

1116. 台湾爱国诗鉴 / 中国社会科学院文学研究所，中国社会科学院学术交流委员会编著 . -- 北京：北京出版社，2000. --423 页；20cm. --ISBN 7-200-04044-4：CNY20 国家图书馆 浙江图书馆 海南师范大学图书馆

选取作品：遥指大陆，第 282 页

1117. 台湾爱情诗选 / 耘之编选 . -- 北京：中国文联出版公司，1987. --198 页；19cm. --CNY1.20 国家图书馆 上海图书馆 广东省立中山图书馆

爱情是文学永恒的话题，台湾爱情诗没有火辣辣的呼喊，没有强烈的感情喷发，更崇尚温情，着重对心理的解剖，对爱情本身的审美，充满了朦胧的宁静和神秘的陶醉。该书选取台湾诗人纪弦、覃子豪、罗门、蓉子、胡品清等 71 位诗人 20 世纪 50 至 80 年代的 135 首爱情诗作，供赏析。

选取作品：蜜月旅行，第 47 页；诗的岁月——给蓉子，第 48 页

1118. 台湾《创世纪》诗萃 / 雁翼编 . -- 杭州：浙江文艺出版社，1988. --250 页；20cm. --ISBN 7-5339-0081-2：CNY2.30 国家图书馆 海南省图书馆 浙江图书馆 广东省立中山图书馆 湖北省图书馆

由洛夫、痖弦主办的《创世纪》是台湾现代派文学杂志中历时最久、影响最大的一本诗刊，本书精选《创世纪》30余年来发表的70位诗人的150余首佳作，并附有作者简介。

选取作品：板门店·三八度线，第162页

1119. 台湾当代爱情诗选 / 杨际岚，朱谷忠编 . -- 上海：上海文化出版社，1987. --120页；19cm. --（五角丛书；第四辑）. --ISBN 7-80511-010-7：CNY0.50 国家图书馆 广东省立中山图书馆 江西省图书馆 湖南图书馆 洛阳市图书馆

"五角丛书"是20世纪八九十年代由上海文艺出版社出版的面向大众的普及型图书，十几年间共出版普及本150种，总发行量逾1500万册，题材丰富，涉及人文历史、天文地理，以及许多与人们生活密切相关的内容，每本只有0.5元钱，以便宜、短小、精湛广受读者欢迎。

选取作品：蜜月旅行，第87页

1120. 台湾朦胧诗赏析 / 古远清著 . -- 广州：花城出版社，1989. --186页；19cm. --ISBN 7-5360-0413-3：CNY2.95 国家图书馆 上海图书馆 海南大学图书馆 南开大学图书馆 贵州省图书馆 海南师范大学图书馆

大陆"朦胧诗"一词始于20世纪80年代初广东诗人章明的《令人气闷的"朦胧"》一文（《诗刊》1980.8），但是中国的朦胧诗作，在20世纪20年代李金发、戴望舒、卞之琳、唐湜就写过许多，朦胧诗人的提法，出现在20世纪40年代。台湾大量的"朦胧诗"在台湾称作"现代诗"，出现在50至60年代，在大陆被视为"朦胧诗"的同义语，可见其对大陆朦胧诗的影响。该书出版后风靡诗坛，受到大陆诗迷和少男少女的喜爱，一年半之内连印四版。

选取作品：麦坚利堡，第65页；车祸，第68页；流浪人，第70页

1121. 台湾朦胧诗150首 / 沈君编 . -- 广州：花城出版社，1990. --215页；19cm. --ISBN 7-5360-0595-4：CNY3.00 国家图书馆 海南省图书馆 广东省立中山图书馆 河南大学图书馆 洛阳师范学院图书馆

选取作品：未完成的塑像，第156页；车祸，第158页；礼拜堂内外，第159页

1122. 台湾诗人十二家：附诗一百首 / 流沙河编著 . -- 重庆：重庆出版社，1983. --316页；19cm. --CNY0.82 国家图书馆 中国社会科学院图书馆 海

南省图书馆　海南大学图书馆　浙江图书馆　河南省图书馆

出于对中国诗的热忱和诗艺的追求，流沙河以台湾辛郁、菩提、张默、张汉良、管管编选的《当代十大诗人选集》为基础，在介绍纪弦、羊令野、余光中、洛夫、白荻、痖弦、罗门、商禽、杨牧、叶维廉10位诗人的同时，增加郑愁予、高准为12家，结合诗人的身世、文艺观点、作品特色，从诗作、诗情、诗思、诗风等方面对诗人进行介绍（这些文章连载发表在1982年《星星》诗刊），附有各位诗人的代表诗作3首到20首不等，供读者鉴赏。

介绍：罗门，飞逃的鹤，第222—227页

选取作品：第九日的底流，第229页；车祸，第237页；一把钥匙，第238页；山，第241页；河，第243页；逃，第245页

1123. 台湾诗人十二家：附诗一百首 / 流沙河编著. --2版. -- 重庆：重庆出版社，1985. --324页；19cm. --CNY0.93　中国社会科学院图书馆

1124. 台湾诗选（二）/ 人民文学出版社编辑部编. -- 北京：人民文学出版社，1982. --236页；19cm. --（精装）：CNY1.55，CNY0.70　国家图书馆　海南省图书馆　广东省立中山图书馆　山东省图书馆　湖南图书馆

该书出版在大陆和台湾解禁之前，当时大陆关于台湾的资料还不多。人民文学出版社1980年率先出版第一本《台湾诗选》（一），1982年出版第二集。书中艾青以《听远方有歌声》作序，从祖国统一角度，阐释了介绍台湾现代主义诗人的优秀诗作给大陆读者的政治意义，罗门和蓉子均有诗歌入选。

选取作品：流浪人，第234页；外乡人，第235页；窗，第236页

1125. 台湾诗选 / 非马编. -- 广州：花城出版社，1990. --175页；20cm. --ISBN 7-5360-0761-2：CNY3.10　国家图书馆　首都图书馆　广州大学图书馆　复旦大学图书馆　浙江图书馆

台湾现代诗有两个源头：一个是日据时期，一个是"五四"运动。本书将两个源头的诗人归入"播种季"，将其后的归入"收获季"，选取了约五十家诗人的代表作品，罗门、蓉子和余光中、洛夫、痖弦等归入第二章"收获季"。

选取作品：窗，第48页；摩托车，第49页；卖花盆的老人，第49页

1126. 台湾诗选［海外中文图书］：2006=The Best Taiwanese Poetry: 2006/ 焦桐编. -- 台北：二鱼文化，2007. --348页；22cm. --（文学花园；C051）.

--ISBN 978-986-7237-71-2：TWD280.00 台湾暨南国际大学图书馆

选取作品：二〇〇六后现代动画特辑，第70页

1127. 台湾现代百家诗 / 犁青主编 . -- 桂林：漓江出版社，1990. --334 页；19cm. --（台湾诗析丛）. --ISBN 7-5407-0550-7：CNY3.90 国家图书馆 海南省图书馆 浙江图书馆 广西壮族自治区图书馆 华东师范大学图书馆

选取作品：车祸，第242页；电视机，第243页；卖花盆的老人，第243页；都市，方形的存在，第244页；生之旅，第246页；烟的速写，第247页

1128. 台湾现代诗拔萃 / 陶梁选编 . -- 桂林：漓江出版社，1989. --466 页；19cm. --（台湾诗析丛）. --ISBN 7-5407-0392-X：CNY4.80 国家图书馆 广东省立中山图书馆 江西省图书馆 海南省图书馆 海南师范大学图书馆

该书收录纪弦、覃子豪、钟鼎文、罗门、蓉子、席慕蓉、施善继、向阳、苦苓等人的现代诗作190余首。

选取作品：咖啡厅，第113页；机场·鸟的记事，第115页；窗，第115页

1129. 台湾现代诗歌赏析 / 耿建华，章亚昕编著 . -- 济南：明天出版社，1989. --247 页；19cm. --ISBN 7-5332-0668-1：CNY2.80 国家图书馆 海南省图书馆 山东省图书馆 南京大学图书馆 宁波市图书馆

该书编写于台湾和大陆开始文化交流的背景下，台湾现代诗作由于受西方影响较早，又经历了乡土的回归，其诗歌发展和名篇佳作为大陆诗歌发展提供了借鉴，该书一诗一例地进行赏析，对阅读写作有参考意义。

选取作品：麦坚利堡，第110页；窗，第112页；流浪人，第117页

1130. 台湾现代诗四十家 / 非马编 . -- 北京：人民文学出版社，1989. --276 页；19cm. --ISBN 7-02-000343-5：CNY2.80 国家图书馆 海南省图书馆 海南大学图书馆 海南师范大学图书馆 集美大学图书馆

该书是人民文学出版社首次邀请台湾诗人编选的台湾现代诗集。选录诗人有覃子豪、陈千武、林亨泰、詹冰、洛夫、余光中、罗门、蓉子、痖弦、商禽、郑愁予、向明、杨牧、叶威廉、杨牧、管管、席慕蓉等40家诗人，从台湾诗坛的风格流派、诗人的代表佳作、艺术形式等方面对台湾诗坛加以介绍。

非马（1936— ），台湾诗人，旅美诗人，"笠"诗社成员。

选取作品：流浪人，第88页；伞，第89页；选自《海边游》[应为《海

边游》（一）］，第 90 页；山，第 91 页；遥指大陆，第 92 页；鞋，第 93 页；车祸，第 94 页；礼拜堂内外，第 94 页

1131. 台湾现代诗选 / 刘登翰选编 . -- 沈阳：春风文艺出版社，1987. --636，37 页；20cm. --CNY4.80　国家图书馆　上海图书馆　广东省立中山图书馆　海南省图书馆　海南大学图书馆　海南师范大学图书馆

台湾文学是祖国文学不可缺少的一部分，是新诗发展史上不可缺少的环节，由于历史、政治等原因，台湾新诗发展有其特殊的性质和形态，是大陆诗歌发展的借鉴。本书编选时，台湾新诗在大陆已经有几个选本。该书选录台湾 40 位现代诗人的 380 首诗歌，偏重于 20 世纪五六十年代，选录罗门诗歌 9 首。附录《论台湾的"现代诗"运动——一个粗略的考察》，系统地对台湾三十几年来的诗歌创作情况进行介绍，既是广大读者和诗歌爱好者鉴赏的诗选读物，又是研究台湾诗歌发展的脉络和状况的参考书。

选取作品：升起的河流，第 190 页；麦坚利堡，第 192 页；奥克立荷马，第 195 页；单身汉，第 197 页；都市的五角亭（组诗），第 198 页；车祸，第 202 页；都市的落幕式，第 203 页；窗，第 205 页；2：2·20：20，第 206 页

1132. 台湾现代诗选［海外中文图书］/ 非马选编 . -- 香港：文艺风出版社，1991. --240 页；21cm. --（台湾文丛 / 潘荣主编）. --ISBN 962-286-015-X：HKD42.00　国家图书馆　上海图书馆　香港大学图书馆

作者根据"诗"和感情真挚的标准，收录了台湾光复前后 114 位诗人的 240 首诗作，试图反映台湾现代诗的现状、传统与历史痕迹。光复前诗人水荫萍、王白渊、李张瑞、吴坤煌等，光复后诗人大荒、白荻、覃子豪、洛夫、余光中、蓉子、罗门、苏绍连、罗青等。

选取作品：伞，第 203 页；遥指大陆，第 204 页；卖花盆的老人，第 205 页；山，第 206 页

1133. 台湾现代抒情诗选 / 培贵编著 . -- 武汉：长江文艺出版社，1990. --236 页；20cm. --ISBN 7-5354-0344-1：CNY3.35　国家图书馆　北京大学图书馆　海南省图书馆　湖北省图书馆　山东省图书馆

该书收入台湾余光中、罗门、林亨泰、周梦蝶、万志为、古月、白灵等 85 位诗人的代表作，基本概括了台湾诗坛的面貌。流沙河、杨泉等诗人和诗论家对每首诗做的简短赏析，赏析文章具有散文诗的意境美。

选取作品：麦坚利堡，第 104 页；窗，第 106 页；山，第 107 页；遥指大陆，第 108 页

1134. 台湾现代文选，新诗卷［海外中文图书］/ 向阳编著. 台北：三民书局股份有限公司，2005. --29，37 页；23cm. --ISBN 957-14-4274-7：TWD310.00　国家图书馆

选取赏析：小提琴的四根弦，第 73 页；鞋，第 74 页

1135. 现代文学教程［海外中文图书］：当代文学读本 / 唐捐，陈大为主编. --2 版 . -- 台北：二鱼文化事业公司，2003. --323 页；21cm. --（二鱼文化人文工程；E005）. --ISBN 986-80441-5-4：TWD320.00　国家图书馆

选取赏析：麦坚利堡，第 39 页；流浪人，第 42 页

1136. 台湾现代文学教程［海外中文图书］：新诗读本 / 萧萧，白灵主编 . -- 台北：二鱼文化事业公司，2002. --491 页；21cm. --（二鱼文化人文工程；E003）. --ISBN 986-80441-9-7：TWD380.00　国家图书馆

选录了台湾从赖和至陈大为共计 65 位诗人的代表作品，该书 2012 年增订再版。

选取作品：车入自然，第 152 页；窗，第 154 页；观海：给所有人具自由与超越心境的智慧创造者，第 156 页

1137. 台湾小诗五百首 / 培贵编. --武汉：长江文艺出版社，1992. --346 页；20cm. --ISBN 7-5354-0765-X：CNY7.00　国家图书馆　北京大学图书馆　海南省图书馆　深圳图书馆　广西师范学院图书馆

选取作品：车祸，第 205 页；礼拜堂内外，第 205 页；小提琴的四根弦，第 206 页；光，穿着黑色的睡服，第 206 页；擦鞋匠，第 207 页

1138. 台湾小诗选萃 / 黄振展选编 . -- 桂林：漓江出版社，1990. --188 页；19cm. --（台湾诗析丛）. --ISBN 7-5407-0551-5：CNY2.60　国家图书馆　海南省图书馆　浙江图书馆　广西壮族自治区图书馆　华东师范大学图书馆

选取作品：烟三味，第 32 页；小提琴的四根弦，第 32 页；光，穿着黑色的睡衣，第 33 页；摩托车，第 33 页

1139. 台湾新诗 / 翁光宇选析 . -- 广州：花城出版社，1985. --282 页；13cm. --（花城袖珍诗丛）. --CNY0.99　国家图书馆　北京大学图书馆　广东省立中山图书馆　海南省图书馆　琼台师范高等专科学校图书馆

选取作品：流浪人，第 58 页

1140. 台湾新诗鉴赏辞典/陶本一、王宇鸿主编. -- 太原：北岳文艺出版社，1991. -- 1062 页；19cm. -- ISBN 7-5378-0524-5（精装）：CNY21.00　国家图书馆　北京大学图书馆　广东省立中山图书馆　海南省图书馆　山西省图书馆

海峡两岸解禁后，大陆出现了较多介绍台湾诗歌的书籍，而纯粹介绍台湾新诗的，该书是第一部。书中选录了台湾梁实秋、覃子豪、李宗伯、张秀喜、周梦蝶、余光中、洛夫、罗门、蓉子、文晓村、张默、管管、郑愁予等 86 位诗人的新诗佳作 370 多篇，作家以生年先后为序，同一诗人作品，以出版前后顺序为序，每篇附有赏析，是大陆作者隔岸品诗的记录。序言《隔岸品诗》由李元洛作，对感应着大陆"五四"以后新诗的脉动而产生的台湾新诗史作以简要叙述。

选取作品：麦坚利堡，第 288 页；流浪人，第 293 页；玻璃大厦的异化，第 299 页；生存！这两个字，第 301 页；伞，第 303 页；车祸，第 306 页；礼拜堂内外，第 308 页；遥指大陆，第 310 页；窗，第 313 页；蓉子回家日记，第 315 页

1141. 淘金者的河流/《中国诗人》编辑部编. -- 上海：百家出版社，1989. -- 180 页；20cm. --（《中国诗人》诗丛）. -- ISBN 7-80576-112-4：CNY2.60　国家图书馆　海南省图书馆　中国人民大学图书馆　福州大学图书馆　上海电力学院图书馆

选取作品：存在空间系列，第 63 页

1142. 天下诗选 [海外中文图书]. 1：1923—1999 台湾/痖弦主编. -- 台北：天下远见出版公司，1999. -- 250 页；21cm. --（文学人生；19）. -- ISBN 978-957-621-610-9：TWD250.00　台湾暨南国际大学图书馆　台湾交通大学图书馆

选取作品：山，第 203 页

1143. 温馨的玫瑰（A）：台湾爱情诗选/舒广宇编选. -- 西安：陕西旅游出版社，1999. -- 692 页，21cm. -- ISBN 7-5418-1099-3：CNY19.80　台湾"国家图书馆"

本书集台湾诗家爱情诗之大成，介绍了余光中、郑愁予、纪弦、席慕蓉、覃子豪、钟鼎文、蓉子和罗门等 90 余位诗人和他们的爱情诗。

选取作品：单身汉，第 114 页；窗，第 115 页；蜜月旅行，第 116 页；诗

的岁月，第 117 页

1144. 文学世界［海外中文图书］=Literary Word.8/ 犁青主编 . -- 香港：文学世界社，1990. --359 页；21cm. --ISBN 962-7348-03-1：HKD 20.00 河南师范大学图书馆 山东大学图书馆 香港大学图书馆

选取作品：罗门新作（三首），第 268 页

1145. 我和春天有一个约会：台湾现代、后现代诗选 / 余光中［等］著；力践选编 . -- 北京：中国友谊出版公司，1990. --220 页；19cm. --ISBN 7-5057-0272-6：CNY3.00 国家图书馆 广东省立中山图书馆 华中师范大学图书馆 琼州学院图书馆 海南经贸职业技术学院图书馆

选取作品：玻璃大厦的异化，第 5 页；断骨记，第 194 页

1146. 现代短诗一百首赏析 / 张贤明编著 . -- 北京：文化艺术出版社，2004. --339 页：图；21cm. --ISBN 7-5039-2462-4：CNY19.00 国家图书馆 天津图书馆 广东省立中山图书馆 海南大学图书馆 海南师范大学图书馆

本书精选现代诗坛上 100 位诗人的作品，介绍篇名、出处、作者，并对作品的创作背景、艺术手法、主题等进行赏析。

选取作品：流浪人，第 227 页

1147. 现代诗经 / 伊沙选编 . -- 桂林：漓江出版社，2004. --17，296 页；21cm. --ISBN 7-5407-3181-8：CNY20.00 国家图书馆

《诗经》是我国最早的诗歌总集，本书以现代"诗经"命名，从近百年的现代诗歌作品中，精选出 180 余首优秀作品，将现代汉语背景下现代汉诗中的优秀篇章精挑细选，以反映现代中国新诗创作与社会的变迁，台湾诗人作品编在第二辑。

选取作品：麦坚利堡，第 65 页

1148. 现代同题新诗荟萃 / 丘山编 . -- 长沙：湖南文艺出版社，1991. --347 页；20cm. --ISBN 7-5404-0808-1：CNY4.70 国家图书馆 海南省图书馆 山东省图书馆 武汉大学图书馆 深圳图书馆

选取作品：山，第 114 页；伞，第 184 页

1149. 现代小诗 300 首 / 沈奇编选 . -- 济南：山东文艺出版社，2006. --316 页；21cm. --ISBN 7-5329-2507-2：CNY16.00 国家图书馆 山东省图书馆 杭州市图书馆 海南省图书馆 海南师范大学图书馆

小诗的概念，有主张以行数多少确定的，有七行、九行、十行、十二行、十六行之说；有主张字数的，强调百字以内；有主张体积的。本书选择十二行百字内为参照坐标，选取自新诗起源的 1917 年至 2004 年间 201 位诗人的 314 作品，包括海内外各地，作者年龄相差百年，几乎重要诗人都有小诗佳作。

选取作品：全人类都在流浪，第 90 页；礼拜堂内外，第 91 页；窗，第 92 页

1150. 现代新诗读本［海外中文图书］/方群［等］主编 . -- 台北：扬智文化事业股份有限公司，2004. --11，328 页；23cm. --（扬智读本系列；03）--ISBN957-818-652-5：TWD400.00　国家图书馆

选取作品：加力布露斯，第 96 页；窗，第 173 页；都市此刻坐在教堂做礼拜，第 209 页

1151. 现当代诗歌名篇赏析 . 3/ 张文槐，傅之悦主编 . -- 重庆：重庆出版社，1999. --238 页；20cm. --（新世纪百科知识金典）. --ISBN 7-5366-4229-6：CNY10.70　国家图书馆　中山大学图书馆　海南省图书馆　琼台师范高等专科学校图书馆　吉林省图书馆

选取作品：麦坚利堡，第 184 页

1152. 乡愁：台湾与海外华人抒情诗选 / 柳易冰选编 . -- 石家庄：河北人民出版社，1990. --454 页；照片；19cm. --ISBN 7-202-00607-3：CNY5.10国家图书馆　海南省图书馆　山东省图书馆　四川省图书馆

选取作品：夜会，第 246 页；给爱妻，第 247 页；流浪人，第 248 页

1153. 向岁月致敬［海外中文图书］：台湾前辈诗人摄影集 =A Tribute To Time：A Photo Gallery of Taiwan's Senior Poets/ 张默执笔，陈文发摄影 . -- 台北：台北市政府文化局，2001. --214 页；26cm. --［不详］　国家图书馆

2001 年台湾国际诗歌节是台湾诗坛和国际诗坛交流对话的盛会，大会特邀请台湾诗坛 50 位 60 岁以上的诗人参会并接受陈文发先生的摄影，以为时代留下剪影，并答谢前辈诗人为台湾创造丰富的文化宝藏。

诗人的面容：罗门照片，第 58 页；简介，第 59 页；剪影，第 61 页

选取作品：全人类都在流浪，第 60 页

1154. 小诗森林［海外中文图书］/陈幸蕙编著 . -- 台北：幼狮文化事业股份有限公司，2003. --253 页；21cm. --（现代小诗选；1）. --ISBN 957-574-

466-7：TWD220.00　国家图书馆　台湾暨南国际大学图书馆

该书收录 80 位诗人的 160 首小诗，从新诗的开山祖胡适到 e 时代诗人的精品好诗进行赏析，以使读者体验"森林"的意象，引领读者细加品味。

选取赏析：卖花盆的老人，第 63 页；童年岁月的流向，第 64 页

1155. 小诗星河［海外中文图书］/ 陈幸蕙编著 . -- 台北：幼狮文化事业股份有限公司，2007. --219 页；21cm. --（现代小诗选；2）. --ISBN 978-957-574-619-3：TWD250.00（HKD83.00）　国家图书馆　台湾暨南国际大学图书馆

选取赏析：抢劫与强暴，第 67 页；战争缩影，第 68 页

1156. 写给青少年的新诗评析一百首［海外中文图书］/ 文晓村编著 . -- 增订再版 . -- 台北市：布谷出版；［台北县］板桥市：葡萄园诗社发行，1980. --434 页；20cm. --（布谷丛书；1）. --（精装）：TWD180.00　台湾大学图书馆

该书选取思想健康，富有情趣，语言明了，技巧完美的新诗 100 首，上册分动物、植物、人物、风景、亲情等篇，下册分青春之歌、乡土吟、山水颂以及童话等篇进行评析，以提高中小学生的诗歌阅读能力，为新诗教学提供参考。该书 1980 年初版，同年增订再版，次年列入黎明书库第三次出版。

选取作品：天空，［不详］

1157. 新编中国现当代文学作品选 . 第四卷 / 刘川鄂，聂运伟主编；邹建军［等］卷主编 . -- 武汉：武汉出版社，2002. --384 页；23cm. --ISBN 7-5430-2679-1：CNY33.00　海南省图书馆　海南大学图书馆

该书是湖北省为大学本科和专科文学科教程编写的阅读教材，与高校现当代文学史教材配套使用，如钱理群的《中国现代文学三十年》、洪子诚《中国当代新诗史》以及陈思和的《中国当代文学史》，也适合作高师函授、电大、职大自学考试相关专业的教材和教学参考书。

选取作品：麦坚利堡，第 37 页

1158. 新诗鉴赏辞典 / 公木主编 . -- 上海：上海辞书出版社，1991. --1190 页；19cm. --ISBN 7-5326-0115-3（精装）：CNY39.00　国家图书馆　上海图书馆　海南省图书馆　海南大学图书馆　海南师范大学图书馆

本书收"五四"新文化运动以来 70 年间包括台湾、香港诗人在内的新诗

530 篇，每首诗都作了赏析，附录《诗人小传》《新诗大事记》《新诗书目》。介绍 1920—1987 年出版的新诗作品集，《新诗书目》中收录罗门诗集《曙光》《第九日的底流》《死亡之塔》《隐形的椅子》《旷野》《日月的行踪》和《日月集》。至 2005 年，该辞典已 22 印。

选取作品：流浪人，第 761 页；车祸，第 763 页

诗人小传：罗门，第 1040 页

1159. 新诗鉴赏辞典（重编本）/ 孙光萱，张新，戴达编 . -- 上海：上海世纪出版股份有限公司，上海辞书出版社，2013. --1312 页；19cm. --（中国文学鉴赏辞典系列）. --ISBN 978-7-5326-3851-2（精装）：CNY88.00　国家图书馆　首都图书馆　闽南师范大学图书馆　东莞图书馆　宁波市图书馆

本书在 1989 年版《新诗鉴赏辞典》基础上的重编本，共收录诗人 300 多位，作品 580 多首。此次重编，一方面增补了 20 多年来涌现的新人新作，另一方面也对 1989 年版收录的诗人诗作进行了精选，进一步拓展作品在题材、风格、创作方法等方面的表现空间，更全面地反映了新诗史上的重要诗歌现象。撤下诗人 4 位，删除作品 100 多首，增补 50 多位，增补作品 170 多首。本书正文包括诗歌原作及鉴赏文章，较早采用了诗人自写与互写鉴赏文章的新形式，展现了诗人的欣赏视野。

选取作品：流浪人，第 816 页；伞，第 818 页

诗人小传：罗门，第 819 页

1160. 新诗评析一百首 [海外中文图书]：写给青少年的 / 文晓村著 . -- 台北：黎明文化事业股份有限公司，1981. --2 册（484 页）；19cm. --（黎明书库；13）. --TWD150.00（CNY12.00）　广东省立中山图书馆　福建省图书馆　海南省图书馆

选取作品：天空，第 196 页

1161. 新诗谱：新诗格式创制研究 / 冯国荣著 . -- 北京：人民出版社，2010. --11，364 页；24cm. --ISBN 978-7-01-008216-5：CNY49.80　国家图书馆　海南省图书馆

本书是研究新诗创制格式的专著，分为上下两篇，上篇主要阐述新诗谱谱系，将新诗以格式进行了分类，并挑选了中国新诗史上最有代表性、最精彩的新诗作为例证；下篇作者对各种格式的新诗进行了写作实验，附有自己各

种格式的作品。书中分析到罗门的诗歌《咖啡厅》和《流浪人》，前一首基本是二层的小楼梯格式，最后一句是三层楼；后一首是首小自由诗。

选取作品：咖啡厅，第 94 页；流浪人，第 136 页

1162. 新诗三百首［海外中文图书］：1917—1995. 下 / 张默，萧萧编 . -- 台北：九歌出版社，1995. --704 页；21cm. --（九歌文库；423）. --ISBN 957-560-387-7：TWD450.00 国家图书馆 台湾暨南国际大学图书馆

新诗三百首，源自中国《诗经》和《唐诗三百首》的编选体例。出于对新文学的体认，对新诗成就的认知，20 世纪 80 年代始有人以"三百首"标准来编选新诗，九歌版《新诗三百首》是较好的一种。该书从现代新诗中选取三百首经典诗作，分四卷上下两册出版，罗门作品在下册。卷一大陆篇前期（1917—1949），收录刘大白、鲁迅、沈尹默、刘半农、胡适、郭沫若、康白情、徐志摩、王统照、闻一多、冰心、戴望舒、李金发等新诗创始人的诗作；卷二台湾篇（1923—1995），收录赖和、张我军、杨华、覃子豪、周梦蝶、蓉子、洛夫、余光中、罗门、张默、商禽、管管、席慕蓉、杜十三等人的诗作；卷三海外篇（1949—1995），收录纪弦、彭邦桢、方思、夏菁、岭南人、郑愁予、非马、叶维廉、张错、傅天虹等人的诗作；卷四大陆篇近期（1950—1995），收录牛汉、流沙河、北岛、舒婷、江河、沈奇、顾城、于坚等人诗作。余光中序《当缪斯清点她的孩子》、萧萧序《新诗的系谱与新诗地图》、张默跋《为新诗写史记》，概述了百年来新诗的发展，该书旨在为新诗立史存传，被称为"跨海跨代"（余光中语）的新诗选本，谢冕称："像这样的新诗三百首还有数种，而以九歌版创意较精，影响巨大。"

选取作品：麦坚利堡，第 396 页；窗，第 399 页；流浪人，第 400 页；"麦当劳"午餐时间，第 402 页

1163. 新诗三百首［海外中文图书］：一九一七——一九九五 / 张默，萧萧编 . -- 增订版 . -- 台北：九歌出版社，2007. --2 册；19cm. --（九歌文库；423）. --ISBN 957-444-378-7（上册）：TWD450.00, ISBN 957-444-379-5（下册）：TWD450.00 台湾大学图书馆 台湾交通大学图书馆

选取作品：麦坚利堡、窗 、流浪人、"麦当劳"午餐时间，［不详］

1164. 新诗三百首 / 牛汉，谢冕主编 . -- 北京：中国青年出版社，2000. --3 册（729 页）；20cm. --ISBN 7-5006-3711-X：CNY48.00（全三册） 国家图书

馆　上海图书馆　湖南图书馆　安阳市图书馆　广东警官学院图书馆

该选本由著名诗人牛汉和著名文学批评家谢冕主持编选，经过数十年的筛选，挑选台湾和大陆新诗历史上的名家名诗 300 首，统一编排。编者较重视现实感与历史深度的结合、重视现代精神的引入和传扬，重视诗人个性化的艺术追求、艺术创造的才思与文采展示，意在使选本全面展现 20 世纪新诗的诗心和诗意，是人们喜闻乐见的新诗经典读本。

选取作品：麦坚利堡，第 326 页；流浪人，第 329 页

1165. 新诗三百首鉴赏辞典 / 上海辞书出版社文学鉴赏辞典编纂中心编 . -- 上海：上海世纪出版股份有限公司，上海辞书出版社，2008. --623 页；21cm. --（三百首诗歌与古文观止鉴赏系列）. --ISBN 978-7-5326-2502-4：CNY30.00　国家图书馆　北京大学图书馆　上海图书馆　天津图书馆　浙江图书馆　海口经济学院图书馆

《三百首诗歌与古文观止鉴赏系列》丛书从《诗经》、古诗、唐诗、宋词、宋诗、元曲、元明清词、古文、今文中各精选三百首，供读者鉴赏。新诗是指从 1917 年文学革命时期胡适创作的《白话诗八首》始，用接近口语的现代白话来创作的诗歌。新诗发展过程中涌现出许多流派各异，风格独具的代表性诗人，出现了许多脍炙人口的名篇佳作。本书从文学和文学史的价值角度，精选了 201 位诗人的 301 首代表作，并延请国内著名诗人、诗评家撰写赏析文章，解释背景，讲解特色，评论成就，以期达到提高读者新诗鉴赏审美素养的目的。孙光萱教授在《序言》中讲到台湾诗歌时说："隔海相望，台湾新诗异彩纷呈。"

选取作品：流浪人，第 439 页；车祸，第 441 页

1166. 新诗赏析［海外中文图书］/ 杨昌年著 . -- 台北：文史哲出版社，1982. --483 页；21cm. --（文学丛刊；1）. --TWD5.50　国家图书馆　海南省图书馆　中国社会科学院研究生院图书馆　香港城市大学图书馆

该书资料丰富，举例说明精辟，介绍新诗诗人从"五四"时期至 80 年代（新诗始祖胡适，到 80 年代新秀苏绍连），演变上汇合白话诗、格律诗、象征诗、现代诗，并对诗的各种流派、创作形式和风格，以及各时期的重要作品进行介绍，是爱好新诗者的写作参考书。

选取作品：歌女，第 427 页；麦坚利堡，第 428 页；车祸，第 431 页

1167. 新诗选［海外中文图书］/ 罗洛编 . -- 香港：中华书局（香港）公司，1991. --339：图；21cm. --（中国诗歌宝库）. --ISBN 962-231-424-4：CNY 35.75　国家图书馆　广东省立中山图书馆　汕头大学图书馆　山东大学图书馆　海南师范大学图书馆

《中国诗歌宝库》收录了我国从《诗经》至新诗时代诗歌史上的精品诗作，分 13 个分册出版。《新诗选》是第 13 分册。

选取作品：窗，第 79 页

1168. 新诗选 / 罗洛编著 . -- 上海：上海书店，1993. --290 页；图；19cm. --（中国诗歌宝库 / 钱伯城主编）. -- 据中华书局（香港）有限公司版重排 . --ISBN 7-80569-703-5：CNY7.40　国家图书馆　上海图书馆　洛阳市图书馆

选取作品：窗，第 70 页

介绍：现代名家名作抽样析介，十二 . 罗门，426 页

1169. 袖珍新诗鉴赏辞典 / 公木［等］撰 . -- 上海：上海辞书出版社，2003. --10，877 页；14cm. --（袖珍文学鉴赏辞典）. --ISBN 7-5326-1203-1：CNY20.50　国家图书馆　上海图书馆　海南省图书馆　厦门市图书馆

本书是本便携式新诗辞典，选收现当代 198 位诗人 292 首诗作进行赏析，书后附《诗人小传》。

选取作品：车祸，第 628 页；罗门简介，第 868 页

1170. 一百个怪月亮 / 陈蕃庚著 . -- 西安：陕西人民出版社，1989. --227 页；19cm. --ISBN 7-224-00778-1：CNY3.85　国家图书馆　海南省图书馆　广东省立中山图书馆　江西省图书馆　南京大学图书馆

同一个月亮在不同诗人笔下呈现出不同的意象。该书收录了雪莱、惠特曼及 20 世纪中国诗人所作的 100 首咏月亮的诗词，每篇诗歌的前后，略加评论或导语，以引导读者更全面地了解月亮在中华民族内心的意蕴，书中选取罗门诗作《月思》和《流浪人》进行了赏析。

选取作品：月亮是口袋、是银圆，第 26 页；月色是喝酒喝出来的，第 201 页

1171. 1916—2008 经典新诗解读 / 邓荫柯编著 . -- 北京：中国青年出版社，2009. --517 页；23cm. --ISBN 978-7-5006-8685-9：CNY32.00　国家图书馆　北京大学图书馆　广东省立中山图书馆　海南经贸职业学院图书馆　暨

南大学图书馆

　　本书精选了 170 位诗人的 188 首诗作，予以富有个性色彩的解读，引发读者的激情与灵感，理解与赏析，领悟其中蕴含的思想价值、文化品格、审美素质，与读者共享诗意之美。

　　选取作品：麦坚利堡，第 136 页

　　1172. 1983 台湾诗选［海外中文图书］/ 吴晟主编 . -- 台北：前卫出版社，1984. --237 页；19cm. --（前卫丛刊；17）. --TWD 90.00　国家图书馆　北京大学图书馆　海南省图书馆　上海师范大学图书馆

　　选取作品：遥指大陆，第 165 页

　　1173. 盈盈秋水 / 阎座编 . -- 北京：中央民族学院出版社，1993. --268 页；19cm. --（台湾当代新诗星群系列丛书 . 秋水星群）. --ISBN 7-81001-081-6：CNY5.40　国家图书馆　北京大学图书馆　琼台师范高等专科学校图书馆

　　1974 年古丁、绿蒂、涂静怡共同创办秋水诗社并举办杂志《秋水诗刊》，1979 年特别是 1987 年后海峡两岸诗歌交流日益频繁，《秋水诗刊》也成为大陆诗人作品发表的主要窗口。为纪念台湾秋水诗社成立 20 周年，作者编选曾在该杂志上发表诗作的 60 位诗人的力作，辅以诗观和诗人小传，以展示诗人的诗风，进而展示秋水诗社 20 年的发展成绩。

　　选取作品：观海，第 97 页；秋水，第 99 页

　　1174. 中国百家现代诗选 / 尹在勤主编 . -- 贵阳：贵州人民出版社，1989. --294 页；20cm. --ISBN 7-221-01150-8：CNY3.70　国家图书馆　海南省图书馆　贵州省图书馆　南京大学图书馆　华中师范大学图书馆

　　选取作品：车祸，第 241 页；窗，第 242 页

　　1175. 中国百年诗歌选 / 谢冕编选 . -- 济南：山东文艺出版社，1997. --20，871 页；20cm. --ISBN 7-5329-1466-6：CNY36.80　国家图书馆　北京大学图书馆　上海图书馆　广东省立中山图书馆　海南省图书馆

　　该书选录了 19 世纪 90 年代至 20 世纪 90 年代期间中国旧诗和新诗的佳作，以反映该阶段中国旧诗、新诗交相辉映不可分割的继承和发展，展现"五四"运动以来，新诗以清新自然、通晓易懂的白话诗歌形式，承载着时代变化的民族情感，逐渐成长壮大的文学轨迹，读者从中可以感知新旧诗歌形式体现的中国风格。全书分上中下三卷。上卷，19 世纪 40 年代至 20 世纪初；中卷，

20 世纪初至 20 世纪 40 年代；下卷 20 世纪 40 年代至 20 世纪末。

选取作品：麦坚利堡，第 702 页

1176. 中国百年文学经典文库 =A Treasury of 20th Century Classical Chinese Literature：1895—1995，诗歌卷 / 谢冕主编 . -- 深圳：海天出版社，1996. --613 页；20cm. --ISBN 7-80615-499-X：CNY35.80　国家图书馆　山东省图书馆　深圳图书馆　琼州学院图书馆

20 世纪是中国新文学产生并取得巨大发展的世纪，《中国百年文学经典文库》共 10 卷，450 万字，是国内第一部将 20 世纪的中国文学作为一个整体把握的汇集百年中国文学于一体的大型丛书，从作品的角度勾画出中国百年文学的轮廓。《诗歌卷》精选了 1895 至 1995 百年间中国诗歌创作的经典之作，收录作者以汉语拼音排序。上编是 1895 至 1945 年间的诗作，下编是 1945 至 1995 年的诗作，既有艾青、阿垅、冰心、戴望舒、冯至、光未燃、黄遵宪、胡适、康有为、梁启超、牛汉、舒婷、北岛、海子，又有台湾诗人高准、罗门、洛夫、痖弦、余光中、郑愁予等的代表作品。

选取作品：麦坚利堡，第 468 页

1177. 中国悲情诗精选 / 高洪波主编 . -- 厦门：鹭江出版社，2004. --15，366 页；20cm. --（大学生枕边书）. --ISBN 7-80671-371-9：CNY19.80　国家图书馆　北京大学图书馆　上海图书馆　洛阳师范学院图书馆　南宁市图书馆

本书收录了现当代中国悲情诗歌二百余首，包括李叔同、刘大白、鲁迅、胡适、郭沫若、冰心、沈从文、郑振铎、朱自清、李金发、周梦蝶、罗洛、覃子豪、洛夫、蓉子、罗门、文晓村、张默、流沙河、郑愁予、邵燕祥等人的诗作。

选取作品：流浪人，第 215 页

1178. 中国当代名诗 100 首 / 古远清编著 . -- 武汉：湖北教育出版社，1996. --234 页；19cm. --（青橄榄诗库）. --ISBN 7-5351-1931-X：CNY7.90　国家图书馆　上海图书馆　湖北省图书馆　山东省图书馆　同济大学图书馆

该书编选于台湾诗歌被大陆广泛接受之时，是面向青年大学生读者编选的中国当代新诗选本，所选 101 首诗作清新优美，风格多样，以大陆为主，

兼及台港地区，并附议简短的赏析文字。作者在序言《坎坷·困惑·躁动·超越》中简要概述了大陆和台湾诗歌，尤其是 1949 年后两岸诗歌发展的异同，形象地比喻"台港诗歌，是大陆失散 30 年的'弟兄'。一旦团聚，彼此都惊异于对方的变貌"。

选取作品：车祸，第 73 页

1179. 中国当代诗歌经典 / 王家新编选 . -- 沈阳：春风文艺出版社，2003. --210 页；19cm. --（名家推荐学生必读中国当代文学经典）. --ISBN 7-5313-2503-9：CNY12.00　国家图书馆　上海图书馆　北京大学图书馆　广东省立中山图书馆　海南省图书馆　海南职业技术学院图书馆

选取作品：流浪人，第 26 页

1180. 中国当代十大诗人选集［海外中文书］=Contemporary Chinese Poetry：10 Major Poets/ 张默［等］主编 . -- 金门县：源成文化图书出版社，1977. --11，546 页：像；21cm. --（珍藏本）：TWD130.00，TWD90.00　台湾"国家图书馆"

该书是台湾十大诗人诗歌选集，由张默、张汉良、辛郁、菩提、管管在 1977 年共同编选，选录了台湾十大诗人诗作 171 题（一组诗与一首诗同算一题），十大诗人是：纪弦、羊令野、余光中、洛夫、白萩、痖弦、罗门、商禽、杨牧、叶维廉，每位诗人有照片、手迹、小传、年表，张汉良作序，张默作编后记。张汉良在序中列举出当选台湾"十大诗人"应具备的四项条件：（一）在质的方面，必须是好诗人，至少大部分作品是好的；（二）创作有相当的历史，且作品水平不得每况愈下，风格尤应演变；（三）具有灵视，能透过创作观照人生与世界诸相，表现出诗的真理；（四）就对读者的关系与文学史的意义而言，必须具有相当的影响力。大陆诗人流沙河以此为底本，增加郑愁予、高准两家，撰成《台湾诗人十二家》。从 1979 年至 2001 年的 23 年间，台湾分别于 1979 年、1982 年、2001 年举行三次十大诗人评选活动，罗门和余光中、杨牧、洛夫、商禽三次当选。1979 年该书再版。

选取作品：板门店·38 度线，第 325 页

1181. 中国当代文学作品精选：1949—1989/ 谢冕，洪子诚主编 . -- 北京：北京大学出版社，1995. --567 页；20cm. ISBN 7-301-02712-5：CNY19.50　国家图书馆　北京大学图书馆　上海图书馆　海南大学图书馆　海南师范大学图书馆

选取作品：麦坚利堡，第 147 页

1182. 中国当代文学作品精选：1949—1999/谢冕，洪子诚主编 . -- 增订本 . -- 北京：北京大学出版社，2002(2010 年第 17 次印刷). --583 页；21cm. --ISBN 978-7-301-02712-7：CNY29.00　中国人民大学图书馆　台湾大学图书馆　天津财经大学图书馆　海南省图书馆

该书由北京大学中文系当代文学教研室编，系中国当代文学史配套教材，中国当代文学必读书目，该版本基本保留第一版所选篇目，增设了第四卷（1990—1999），并对全书内容作了适量的扩充。至 2010 年 4 月，该书第 17 次印刷。

选取作品：麦坚利堡，第 182 页

1183. 中国当代文学作品精选：1949—1999，诗歌卷 / 谢冕主编 . --28，958 页；20cm. -- 北京：北京十月文艺出版社，1999. --ISBN 7-5302-0592-7（ 精装 ）：CNY 50.00，CNY42.00　国家图书馆　上海图书馆　北京大学图书馆　广东省立中山图书馆　海南师范大学图书馆　琼州学院图书馆

该书是献给中华人民共和国成立 50 周年的新诗精选，它兼顾不同题材、不同创作风格、不同地区（含港澳台）和不同作家，作品按照年代顺序编排，反映 1949—1999 年中国诗歌的发展概貌。

选取作品：海镇之恋，第 177 页；寂寞之光，第 178 页；蜜月之旅，第 178 页；麦坚利堡，第 458 页；遥望故乡，第 460 页；夏威夷（HONOLOLO），第 461 页

1184. 中国当代文学作品精选：1949—1999，诗歌卷 / 谢冕，洪子诚主编；北京大学中文系当代文学教研室编 . --2 版，增订本 . -- 北京：北京大学出版社，2002. --583 页；20cm. --ISBN 7-301-02712-5：CNY29.00　国家图书馆　上海图书馆　南京大学图书馆　天津财经大学图书馆　洛阳市图书馆

该书为中国当代文学史配套教材，是学习中国当代文学史的必读书目。

选取作品：麦坚利堡，第 182 页

1185. 中国当代文学作品选 / 张健主编 . -- 北京：北京师范大学出版社，2008. --2 册（ 492；498 页 ）；23cm. --ISBN 978-7-303-09178-2：CNY88.00　国家图书馆　海南师范大学图书馆　深圳大学城图书馆　琼台师范高等专科学校图书馆

　　该书是新世纪高等学校教材，中国汉语言文学基础课系列教材，高等教育自学考试用书。

　　选取作品：野马，第 489 页

1186. 中国当代文学作品选讲. 第四册，台港文学部分 / 李友益等主编. -- 武汉：长江文艺出版社，1991. --345 页；19cm. --ISBN 7-5354-0465-0：CNY3.80　国家图书馆　海南省图书馆　安徽大学图书馆

　　选取作品：麦坚利堡，第 18 页

1187. 中国当代文学作品选，台港澳卷 / 王庆生主编；江少川选评. -- 武汉：华中师范大学出版社，2002. --345 页；19cm. --ISBN 7-5622-2183-9：CNY22.00　华中师范大学图书馆　海南师范大学图书馆

　　选取作品：山，第 436 页

1188. 中国二十世纪纯抒情诗精华 =Hightights of 20th Century Chinese Lyrics/ 辜正坤，马相武主编. -- 北京：作家出版社，1991. --307 页；20cm. --ISBN 7-5063-0383-3：CNY4.55　国家图书馆　上海图书馆　海南大学图书馆　海南师范大学图书馆　琼台师范高等专科学校图书馆

　　该书从中国新诗发展 70 年（自"五四"至 20 世纪 90 年代）数以万计的诗歌中，挑选语言美、情感美、意象美，抒情浓郁真挚的白话纯情诗，共 182 家 265 首，文献资料涉及该阶段各种诗集、诗刊、诗报，甚至手抄本和流传在中学生手中的诗歌传单。编选方式也与一般诗选不同，先在书前列出诗作者姓名目录，不列诗歌题名，正文是诗歌本文，不列作者姓名，末尾是诗歌题名目录，以避免落入"因人评诗"的窠臼。如果读者对某位作者感兴趣，还可按照作者姓名目录检索。

　　辜正坤，男，1951 年生，北京大学外语学院世界文学研究所教授、博导，获国务院颁发"特殊贡献专家"称号。

　　选取作品：窗，第 139 页

1189. 中国海洋诗选 [海外中文图书]/ 中国海洋诗选编委会. -- 高雄市：大海洋文艺杂志社，1994. --521 页：图，像；21cm. --（精装）：TWD450.00，TWD350.00　台湾"国家图书馆"

　　简介：罗门和他的诗观

　　选取作品：海、观海，第 098—107 页

1190. 中国诗歌选［海外中文图书］.1995 年版／周伯乃主编 . -- 台北：文史哲出版社 . --1995. --14，425 页；21cm. --（文史哲诗丛；14）. --ISBN 957-547-961-0：TWD380.00　台湾暨南国际大学图书馆

选取作品：社会造型艺术系列，第 288 页

1191. 中国诗歌选［海外中文图书］.1999 年版／刘建化，庄云惠主编 . -- 台北县新店市：诗艺文出版 . --1999. --（诗歌书坊；20）. --504 页；21cm. --ISBN 957-98371-9-8：TWD350.00　香港大学图书馆

该书分台湾卷、大陆卷和海外卷，收录 1998 年发表的诗歌佳作。书前序言简要概述了中国诗歌的发展状况，书后附有诗人小传。

选取作品：全人类都在流浪，童年岁月的流向，第 237 页

1192. 中国诗歌选［海外中文图书］：2001 年版／文晓村主编 . -- 台北县：诗艺文出版社 . --2001. --[14]，297 页；21cm. --（诗歌书坊；37）. --ISBN 957-0379-30-8：TWD300.00　国家图书馆　台湾交通大学图书馆

选取作品：生存空间的警爆线，第 281 页

1193. 中国现代名诗三百首／文鹏，姜凌主编 . -- 北京：北京出版社，2000. --10，604 页；20cm. --ISBN7-200- 03609-9：CNY26.00　国家图书馆　首都图书馆　海南省图书馆

该书成于中国新诗发展 80 年之际，其时新诗在祖国内地经历了产生、成熟、再生三个阶段；在台湾也经历了从诞生到发展及乡土诗回归和多元发展的阶段。罗门所在的"蓝星诗社"以现代诗创作写下了中国现代派诗歌最灿烂的一页，他被称为"现代诗的守护神"。该书为每位诗人作有简介，每首诗歌有诗歌简析，为读者呈现了中国现代新诗 80 年的力作，冯牧为该书作序。

选取作品：山，第 488 页；窗，第 490 页

1194. 中国现代千家短诗萃／岳军主编 . -- 桂林：广西师范大学出版社，1991. --544 页；19cm. --ISBN 7-5633-1048-7：CNY7.00　国家图书馆　广西壮族自治区图书馆　南京大学图书馆　同济大学图书馆　暨南大学图书馆

选取作品：小提琴的四根弦，第 219 页

1195. 中国现代诗［海外中文图书］／张健编著 . -- 再版 . -- 台北：五南图书出版公司，1989. --330 页；21cm. --（大学用书）. --ISBN 957-11-0911-8：TWD4.45　国家图书馆　海南省图书馆　广东省立中山图书馆　浙江

图书馆

全书由诗论、诗史和诗选组成。诗选选录李金发以后40岁以上诗人59位，选录内容和技巧并重的诗歌，以帮助读者了解中国的现代诗。该书1984年初版，1989年再版，2004年重印，广东省立中山图书馆藏2004年重印本。

张健，台湾大学文学硕士，中国文化大学中文系专任教授、台湾大学中文系兼任教授。

选取作品：第九日的底流，第156页；升起的河流，第161页；拾荒者，第162页；都市之死，第162页

1196. 中国现代文学大系［海外中文图书］.诗／中国现代文学大系编辑委员会编辑.－－台北：巨人出版社，1972.－－2册；21cm.－－（精装）：TWD140.00　台湾师范大学图书馆

《中国现代文学大系》由余光中、朱西宁、张晓风、洛夫等编选，精选了1950—1970年间在台湾公开发表的文学作品。新诗二辑，散文二辑，小说四辑，余光中在总《序言》中介绍了该阶段台湾文学的概况："台湾平时与战时难以划分，传统文化与西方文化难以谐和，农业社会进入工业社会的价值脱节，大陆迁来海岛的郁闷情绪和怀乡情绪……表现在作家笔下，形成了一种新文学。"诗歌辑由洛夫主编，汇集台湾40家诗人的名篇佳作，展示了1950—1970年间台湾诗歌的发展、流派、成就、文风，是了解1950—1970年台湾诗歌的宝贵文献。罗门诗歌作品入选在新诗第二辑。

选取作品：第九日的底流——献给乐圣贝多芬，第71页；升起的河流——悼诗人屈原，第74页；上升成为天空——赠庄喆，第75页；流浪人，第76页；都市之死，第77页；死亡之塔，第79页；弹片·TRON的断腿，第81页

1197. 中国现代文学大系［海外中文图书］.诗／中国现代文学大系编辑委员会编辑.－－再版.－－台北：巨人出版社，1974.－－2册；22cm.－－（精装）：TWD160.00　台湾中山大学图书馆　上海图书馆　广东省立中山图书馆　福建省图书馆

选取作品：第九日的底流——献给乐圣贝多芬，第71页；升起的河流——悼诗人屈原，第74页；上升成为天空——赠庄喆，第75页；流浪人，第76页；都市之死，第77页；死亡之塔，第79页；弹片·TRON的断腿，第81页

1198. 中国现代文学选集［海外中文图书］／中国现代文学编辑委员会主编.

-- 台北：书评书目出版社，1976. --2 册；22cm. --（精装）：TWD270.00　台湾“清华大学”图书馆　台北市立图书馆

为了向国际文坛展示台湾现代文学的成就，编委会（齐邦媛、李达三、何欣、吴奚真、余光中）选取了1949—1974年间台湾出版的新诗、散文、短篇小说约70万字进行了英文翻译，编成了《中国现代文学选集》英文本，先由台湾联经出版社发行，1976年又由美国华盛顿大学出版社在欧美发行，全书将台湾现代文学自然划分为四个阶段，并依照作者年龄排列作者和作品。本书是编者为了满足研究中国语言和文学的参考对照需要，又印行的中文原文本。

选取作品：升起的河流：悼诗人屈原，第127页；流浪人，第130页；弹片·TRON的断腿，第132页；死亡之塔，第134页

1199. 中国现当代爱情诗300首 / 潘自强主编 . -- 珠海：珠海出版社，2004. --22，465页；20cm. --ISBN 7-80689-267-2：CNY22.80　国家图书馆　海南省图书馆　海口经济学院图书馆

该书遴选中国现当代爱情诗300余首，是爱到极致的放歌，情到深处的绝唱。

选取作品：蜜月旅行，第188页

1200. 中国现当代诗歌赏析 / 刘树元主编 . -- 杭州：浙江大学出版社，2005. --286页；23cm. --（普通高校通识教育丛书）. --ISBN 7-308-04289-8：CNY24.00　国家图书馆　北京大学图书馆　广东省立中山图书馆　海南省图书馆　海南师范大学图书馆

本书精选了1916年至20世纪末的中国新诗，分现代诗歌、当代诗歌和台港诗歌三部分，收录了周作人、刘大白、郭沫若、曾卓、覃子豪、罗门、余光中、蓉子等人的作品，台港诗歌部分收录的还有郑愁予、纪弦、洛夫、非马、席慕蓉等16位诗人的代表作品，是浙江师范大学、杭州师范学院等五校联编的教材。

选取作品：麦坚利堡，第257页

1201. 中国新诗 / 常立，卢寿荣编著 . -- 上海：上海人民美术出版社，2002. --272页：图，照片；21cm. --（中国高等院校《艺术素养》丛书）. --ISBN 7-5322-3342-1：CNY18.00　国家图书馆　上海图书馆

该书以 20 世纪各诗歌流派发生、发展的进程为主线，以优秀诗人、诗作为中心，梳理了百年来新诗发展的脉络，展现了诗歌艺术状况。全书共四章，罗门诗作述评见第六章《彼岸的风景》。

选取作品：死亡之塔，第 162 页

1202. 中国新诗白皮书：1999—2002/ 谭五昌主编 . -- 北京：昆仑出版社，2004. --12，611 页：图；21cm. --ISBN 7-80040-714-4：CNY35.00　国家图书馆　上海图书馆　海南师范大学图书馆

本书收录了 1999 至 2002 年间活跃在海内外诗坛的华语诗人发表在报刊上的优秀诗歌 300 余首，并遴选了著名诗歌评论家及诗人撰写的文学理论批评文章及争鸣文章 30 余篇，集中展示了世纪之交中国新诗创作与理论批评的高端水平，是较为权威的诗歌选本。

选取作品：全人类都在流浪，第 84 页

1203. 中国新诗百年大典 . 第九卷 / 洪子诚，程光炜主编；唐捐卷主编 . -- 武汉：长江文艺出版社，2013. --329 页；21cm. -- 长江文库 . --ISBN 978-7-5354-6209-1：CNY999.00（全 30 册）　国家图书馆　北京大学图书馆　上海图书馆　广东省立中山图书馆　海南省图书馆

《中国新诗百年大典》是迄今为止国内最大的诗歌出版项目，具有"文本性"、收录"华文诗歌"、关注 20 世纪 90 年代以来的新诗创作成果三大特点。全书共分 30 卷，以诗歌时期和诗人出生年代作为各卷划分的主要依据，收录了从"五四"新诗发轫到新世纪以来的 300 多位诗人，共计 1 万多首优秀新诗作品。

选取作品：美德 V 型，第 149 页；麦坚利堡，第 149 页；小巴黎狂想曲，第 151 页；流浪人，第 154 页；床的录影，第 154 页；孤烟，第 155 页；都市的落幕式，第 156 页；野马，第 157 页；车祸，第 158 页；遥望故乡，第 158 页；教堂，第 159 页；矿工，第 160 页；痛，第 161 页

1204. 中国新诗萃，台港澳卷 / 谢冕，杨匡汉主编 . -- 北京：人民文学出版社，2001. --11，427 页；20cm. --ISBN 7-02-003209-5：CNY20.00　国家图书馆　北京大学图书馆　广东省立中山图书馆　海南师范大学图书馆

20 世纪 50 年代台湾诗坛涌现出一批杰出的诗人，他们以开放的心境进行创作，把自然、城市引到了现代诗的创作中，罗门和蓉子就是其中的两位，罗门被誉为"现代诗的守护神""都市诗之父"，文学批评家谢冕指出"没有

城市的进入，中国诗将找不到通往和到达现代性的目标"（见谢冕序一：综合互补的丰富），由此可见罗门在现代诗史上的重要地位。本卷按照诗作年代编排，选录了台港澳诗人 20 至 80 年代的诗歌精品。

选取作品：南方之旅，第 83 页；麦坚利堡，第 152 页；蓝色的奥克立荷马，第 155 页；茶意，第 214 页；观海，第 216 页；重见夏威夷，第 222 页；都市·方形的存在，第 327 页

1205. 中国新诗鉴赏大辞典 / 吴奔星主编；范伯群［等］撰稿 . -- 南京：江苏文艺出版社，1988. --1572 页；19cm. --（中国文学鉴赏系列丛书）. --ISBN 7-5399-0112-8（精装）：CNY16.95　国家图书馆　北京大学图书馆　湖南图书馆　南京大学图书馆　海南大学图书馆

本辞典选收 1917 年文学革命以来当代诗人 375 人的代表作 648 篇。书后附诗人小传。

选取作品：窗，第 1041 页

1206. 中国新诗名篇鉴赏辞典 / 唐祈主编 . -- 成都：四川辞书出版社，1990. --758 页；19cm. --ISBN 7-80543-1065-X：CNY12.00　国家图书馆　北京大学图书馆　四川大学图书馆　浙江图书馆　海南师范大学图书馆

1917—1988 年间中国新诗史上出现了代表不同流派的诗歌名篇，该书本着人民性、艺术性、学术性、开放性的原则，选取有重要影响的诗人 196 家，选取诗歌 319 首，一诗一鉴赏，每首诗歌分诗人小传、作品、鉴赏三部分，是集赏析读物与工具书于一体的参考书。

选取作品：麦坚利堡，第 696 页

1207. 中国新诗名作导读 / 龙泉明主编 . -- 武汉：长江文艺出版社，2003. --537 页；21cm. --（高等学校语言文学名著导读系列教材）. --ISBN 7-5354-2628-X：CNY24.00　国家图书馆　海南省图书馆

该书是武汉大学中文系为中文专业的大学生编选的内容广泛、体系完整、选择精良、组合科学的语言文学经典著作读本，并用背景知识和相关材料对这些著作的阅读理解提供一些必要的引导。该书的功夫在"选"，力求原汁原味，原典精选，能够反映学科轮廓、代表学科精粹。

选取作品：窗，第 508 页

1208. 中国新诗年鉴，1999=China New Poem Almanac/ 杨克主编 . -- 广州：广

州出版社，2000. --16，18，656页；20cm. --ISBN 7-80655-128-X：CNY28.00　国家图书馆　广东省立中山图书馆　四川大学图书馆　海南师范大学图书馆　海南大学图书馆

《中国新诗年鉴》自1998年起编纂年度诗选，注重诗歌质量，突出民间写作。本书收录了宋晓贤、吕约、王小妮、食指、北岛、于坚以及台湾诗人洛夫、余光中、罗门、白灵、向明、张默等142位诗人于1999年创作的新诗五卷约270余篇，第六卷是诗歌理论文章，收录胡彦、黄灿然等人的新诗理论10篇。杨克（1957—　　），男，广西人，著名诗人。现任广东省作家协会副主席，国家一级作家，编审。中国"第三代实力派诗人""民间写作"代表性诗人之一。

选取作品：全人类都在流浪，第382页

1209. 中国新诗年鉴十年精选/杨克主编. -- 北京：中国青年出版社，2010. --16，14，511页；25cm. --ISBN 978-7-5006-9188-4：CNY38.00　国家图书馆　北京大学图书馆　河南省图书馆　海南省图书馆　海南大学图书馆

自《1998中国新诗年鉴》至2008年《中国新诗年鉴》已出版11年，是中国新诗诞生以来连续出版时间最长的诗歌选本，遴选了历年年度好诗，凸显了汉语诗歌最活跃最有生命爆发力的部分，包含了丰富的艺术信息和文化含量，推出众多杰出的诗歌新秀，以勇气和胆识守护了自由纯正的诗歌精神，为急剧变化的时代留存下有价值的文本。本书是《中国新诗年鉴》前十年的精选，呈现了当代中国纯美的诗歌华章。

选取作品：全人类都在流浪，第340页

1210. 中国新诗300首/谭五昌选编. -- 北京：北京出版社，1999. --21，13，508页；20cm. --ISBN 7-200-03816-4：CNY26.00　国家图书馆　北京大学图书馆　上海图书馆　武汉大学图书馆　天津图书馆

"以严谨的艺术尺度从大量的新诗佳作中选编出足以展示20世纪中国新诗创作最高水准的精品诗作，使人们通过此书重新认识到新诗创作的扎实成绩，并获得一种发现的喜悦"是编者编选新诗选本的目的。该书选录1917年到1998年期间大陆及台湾地区的新诗作品共315首，入选诗人共170名。在每首诗的后面注明写作日期或标明原始出处（诗集或刊物），提供诗人创作该作品时的历史背景。《序言：百年新诗的光荣与梦想》，称余光中、洛夫、罗门

为"台湾诗坛三巨柱"。罗门与洛夫是五六十年代台湾现代主义诗潮中并驾齐驱的两员健将，罗门是整个台湾诗坛前卫意识最强的诗人，诗歌创作的艺术手法与技巧具有优异的想象及联想能力，在题材与主题的选择上，罗门充分显示出现代诗人的典型品质，常常以时间、存在、生命、死亡、战争等形而上的重大命题作为自己的诗思聚焦点，成功地创作出了关于战争与死亡这一关系人类命运的"巨型思想纪念碑"式的杰出作品《麦坚利堡》。罗门长期致力于"都市"题材的创作并使其具备了都市诗的美学品格，丰富了中国现代诗的表现领域，这是罗门值得称许的又一个贡献。1969 年罗门和妻子蓉子应邀出席在马尼拉举行的首届世界诗人大会，荣获大会颁发的"杰出文学伉俪奖"，被编者作为"自 20 世纪下半叶以来，众多杰出与优秀的中国诗人通过作品译介或其他交流途径先后为西方诗界及文学界所熟悉乃至获得高度赞誉"之一例。《麦坚利堡》的创作时间本书写作 1960 年 10 月，应是 1962 年。

选取作品：麦坚利堡，第 180 页；流浪人，第 182 页；礼拜堂内外，第 183 页；窗，第 183 页；伞，第 184 页；诗的岁月，第 185 页

1211. 中国新诗赏析［海外中文图书］/ 林明德［等］编著 . -- 台北：长安出版社，1981. --3 册；21cm. --TWD400.00　国家图书馆　山东省图书馆　同济大学图书馆　新疆大学图书馆

选取作品：窗，第 145 页；麦坚利堡，第 149 页；车入自然，第 157 页；流浪人，第 162 页；咖啡厅，第 166 页

1212. 中国新诗选读 / 沈庆利编选 . -- 北京：人民文学出版社，2005. --10，231 页；21cm. --（高中语文选修课程资源系列 . 诗歌与散文）. --ISBN 7-02-004621-5：CNY15.00　国家图书馆　香港城市大学图书馆　天津图书馆　斯坦福大学图书馆

选取作品：窗，第 153 页

1213. 中国新诗：1916—2000/ 张新颖编选 . -- 上海：复旦大学出版社，2001. --10，584 页；21cm. --ISBN 7-309-02828-7：CNY25.00　国家图书馆　天津图书馆　广东省立中山图书馆　四川大学图书馆　海南省图书馆

本书以文学史和读者的欣赏趣味为标准，精选了胡适、沈尹默、鲁迅、冰心、郭沫若、徐志摩、罗门等 66 位诗人的 200 余首作品，既反映了文学史的概貌，又呈现出多元的诗观和诗作面貌，同时还收录了诗人或评论家对该

诗作的欣赏，为读者阅读理解提供了参照。

选取作品：麦坚利堡，第 308 页；窗，第 310 页

1214. 中国新诗总系 . 4，1949—1959/ 谢冕总主编；谢冕分册主编 . -- 北京：人民文学出版社，2010. --38，536 页；21cm. --ISBN 978-7-02-007553-9（精装）：CNY600.00（全 10 册） 国家图书馆 北京大学图书馆 上海图书馆 广东省立中山图书馆 海南省图书馆 琼台师范高等专科学校图书馆

《中国新诗总系》由北京大学诗歌研究所 2006 年初启动，历时 5 载完成的大型世纪新诗多卷书，谢冕先生总主编，各分卷主编由新诗研究领域的资深学者担任，分别是北京大学中文系的姜涛、孙玉石、吴晓东、谢冕、洪子诚，中国人民大学文学院的程光炜，首都师范大学文学院的王光明、张桃洲、吴思敬，中国社会科学院文学研究所的刘福春。《总系》共十册，遴选了 1917 至 2000 年间的诗作 4 千余首，以 1917 至 1927 年为第一册，1927 至 1937 年为第二册，1937 至 1949 为第三册，其余每 10 年一册，共八册，另有"理论"和"史料"各一册，除精选各个时期的诗歌作品外，每册另有由谢冕教授撰写的"总序"和各分册主编撰写的该卷"导言"，从中国百年发展的视角审视了中国新诗的发展，介绍了阶段诗歌的特点和成果，是对百年来新诗创作实绩和新诗演化过程的总检阅，也是世纪之交对中国新诗的一次总回顾。

所选作品，具有独特思想情感内涵与审美形式特征的某些原创性，在诗歌历史上发生一定影响。具有现实性、中国性、诗意性，体现了中国人现代思想情感与现代艺术审美观念的新元素，是学术性和经典性的完美结合，历史意识与审美意识的全面体现，可以看作是中国诗歌百年的经典构建工程。各册的导言汇集成《百年中国新诗史略：〈中国新诗总系〉导言集》（北京大学出版社 2010 年出版）。

该分册谢冕先生以《为了一个梦想》作序，综述该阶段新诗发展的概况，有较高的学术价值。谢先生以"现代主义幽灵"和"彼岸悲情"总结 1949—1959 年台湾诗坛的现代主义和怀乡诗歌创作现象。全书分：时间开始了、翻身的故事、战火中的歌唱、生活颂歌、时代风景、边疆风情、政治的抒情、现代主义的挑战、"大跃进"民歌、异端的声音十部分，罗门诗歌收录在"现代主义挑战"部分。

选取作品：寂寞之光，第 407 页；蜜月旅行，第 408 页；城里人，第 409 页

1215. 中国新诗总系 . 5，1959—1969/ 谢冕总主编；洪子诚分册主编 . -- 北京：人民文学出版社，2010. --25，485 页；21cm. --ISBN 978-7-02-007553-9（精装）：CNY600.00（全 10 册）　国家图书馆　北京大学图书馆　上海图书馆　广东省立中山图书馆　海南省图书馆

该卷选录了台湾 60 年代重要诗人的代表作品。洪子诚序《殊途异向的两岸诗歌》，对祖国大陆和台湾 60 年代诗坛做了简要概述，认为由于 20 世纪四五十年代之交，大陆和台湾的诗歌都面临着政治化的强大压力，但由于政治、文化、诗人构成的不同，以及与传统、域外文化的不同关系，两岸诗歌的走向明显分化，与大陆诗歌急速"政治化"不同，台湾诗歌走向疏离"中心"的边缘化。60 年代的"现代派"的诗歌主流是四五十年代赴台的诗人和知识青年：纪弦、覃子豪、钟鼎文、洛夫、余光中、杨唤、罗门、蓉子、张默、管管、痖弦、郑愁予、商禽、羊令野、周梦蝶等。此时台湾诗歌以"现代派""蓝星""创世纪"三大诗社为主要社团，风格主要是现代派及其后的超现实主义。罗门和蓉子是蓝星诗社主要人物。

选取作品：第九日的底流，第 238 页；麦坚利堡，第 244 页；弹片·TRON 的断腿，第 246 页；流浪人，第 247 页；车入自然，第 248 页；被折坏的三角形，第 249 页；蓝色的奥克立荷马（OKLAHOMA），第 251 页

1216. 中国新诗总系 . 6，1969—1979/ 谢冕总主编；程光炜分册主编 . -- 北京：人民文学出版社，2010. --21，546 页；21cm. --ISBN 978-7-02-007553-9（精装）：CNY600.00（全 10 册）　国家图书馆　北京大学图书馆　上海图书馆　广东省立中山图书馆　海南省图书馆

序（导言）《处在转折期的诗歌》概括了中国 20 世纪 70 年代诗歌漫长而缓慢的转折，由于海峡两岸现实文化的差异，祖国大陆诗歌表达形式是沙龙、手抄本和地下诗歌，是公开诗坛、干校诗歌和其他，而台湾诗坛呈现出超政治和多元化的写作特征，"现代诗"的高潮已经过去，代之而起的是对现代诗的反思，"现代派老诗人的后续之作""'现代派'批判与新生代的兴起"。序言第 10 页引用的诗歌"猛地一推，双手如流 / 总是千山万水……"是罗门的代表诗作《窗》，误题为"（余光中《窗》）"，应改为"（罗门《窗》）"。

全书分"文革"遗影、岁月回望（台湾诗歌）、从白洋淀到"朦胧诗"、新生代的兴起（台湾诗歌）、特殊的歌唱五部分。

罗门作品收录第二部分《岁月回望》。

选取作品：山，第 233 页；河，第 235 页；一把钥匙，第 237 页；逃，第 239 页；都市的五角亭，第 242 页；车祸，第 245 页；窗，第 246 页；都市的落幕式，第 247 页；2∶2·20∶20，第 248 页；野马，第 251 页；光住的地方，第 253 页

1217. 中国新诗总系.7，1979—1989/ 谢冕总主编；王光明分册主编. -- 北京：人民文学出版社，2010. --50，612 页；21cm. --ISBN 978-7-02-007553-9（精装）：CNY600.00（全 10 册） 国家图书馆 北京大学图书馆 上海图书馆 广东省立中山图书馆 海南省图书馆

序（导言）《中国诗歌的转变》中说 20 世纪 80 年代是中国诗歌发展的重要年代。由于中国社会政治生态进入一个新时期，思想解放、为右派平反、改革开放、香港回归、台湾政治解严等好消息，振奋人心，也促进了诗歌发展的重大改变，诗歌队伍得以重新结集，艺术观念得以反正，一些因艺术情趣不同和政治思想问题被禁止发表诗作的诗人，得以重新发表诗作，被称为"归来的诗人"，出现了朦胧诗、新生代诗，并广受欢迎，台湾和香港的"后现代"诗歌也得以兴起，随着社会的多元化发展，各种诗体、各种诗观、各种风格的创作并行，都市诗得以显著发展，序中说："用诗歌想象人与城市的关系，并不是 80 年代台湾诗歌的创举……前一代的现代主义诗人罗门也早有实践与倡导"，在中国诗歌谱系中确立了罗门都市诗开拓者的地位。

本册分"归来的"诗人群、"朦胧诗"诗人群、"第三代"诗人群、其他诗人的诗、台湾香港诗人的诗共五部分。

选取作品："麦当劳"的午餐时间，第 568 页

1218. 中国新文学大系：1949—1976. 第十四集，诗卷 =Chinese New Literature Series：1949—1976. Vol. ⅩⅣ，Poetry/江曾培主编；邹荻帆，谢冕［卷］主编. -- 上海：上海文艺出版社，1997. --47，686 页；20cm. --ISBN 7-5321-1570-4（精装）：CNY37.00 国家图书馆 北京大学图书馆 上海图书馆 广东省立中山图书馆 海南省图书馆

《中国新文学大系》是出版界的一项世纪工程，是"五四"以来新文学精粹的总汇。第一、二、三辑由赵家璧主编，十年一断代，共 50 卷，时间是 1917 至 1949。上海文艺出版社将新中国成立后至 2000 年间，编成两辑 50 卷

（第四辑 1949 至 1976，第五辑 1976 至 2000）出版，1917 至 2000 年共五辑合计 100 卷，皇皇巨册，完整吸纳了 20 世纪中国新文学的精华。

该书为《中国新文学大系》第四辑第十四集诗歌卷，谢冕先生序言中描述了这一时期中国新诗的概况：祖国大陆的诗歌，以欢乐的颂歌为主题，是结束被压迫被剥削的命运后欢乐的早春小调，台湾诗坛以思乡曲为主题，是浪迹天涯的晚秋悲歌。在诗歌创作方法上，祖国大陆是"大跃进民歌"运动，强调新诗要保留民族传统，更贴近中国人的情趣和习性，而台湾诗坛则是现代派的论争，强调面向世界，进行横的移植，促进新诗的现代化进程。

该书以选家和史家的眼光，选录代表该时期文学主流的优秀作品及当时具有广泛影响的诗作。

选取作品：麦坚利堡，第 319 页；车祸，第 321 页；遥望故乡，第 322 页；夏威夷，第 323 页；纽约，第 325 页

1219. 中国新文学大系：1976—2000. 第二十二集，诗卷 / 王蒙，王元化〔总〕主编；谢冕〔卷〕主编 . -- 上海：上海文艺出版社，2009. --17，628 页；21cm. -- 上海文化发展基金会资助出版 . --ISBN 978-7-5321-3475-5（精装）：CNY58.00　国家图书馆　北京大学图书馆　上海图书馆　湖南图书馆　海南省图书馆

该书收录了 1976 至 2000 年间中国优秀诗歌，包括"文革"结束后可以重新写作的诗人、80 年代和 90 年代崛起的新诗人、台湾诗人等的经典诗作。谢冕先生在《序言》中以"重新开始的时间"来概括该阶段新诗的背景，"悲喜交集的归来"描写"文革"期间停止写作诗人们的重新"归来的"写作，"在新的崛起前面"描述了 80 年代"朦胧诗"的产生，以"后新诗潮的挑战"概括 90 年代后诗歌创作的多元化，以"心不会被隔绝"描绘两岸互通后台湾诗人的诗歌创作，以"世纪绝唱"形容 20 世纪新诗的百年历程，序言具有新诗史大纲的意义。

选取作品：伞，第 301 页；都市·方形的存在，第 302 页；诗的岁月，第 303 页；一直躺在血里的"麦坚利堡"，第 304 页；"世纪末"病在都市里，第 307 页

1220. 中国最美的诗歌·世界最美的诗歌大全集 / 崔士宏，马立荣主编 . -- 北京：华文出版社，2010. -- 超值白金版 . --ISBN 978-7-5075-3012-4：

CNY29.80　广东省立中山图书馆　江阴市图书馆　海南工商职业学院图书馆

本书精选中外著名诗人的经典之作 200 首，并配以契合文意的图片、作者简介和赏析文字，引导读者从不同角度去品味原诗的主旨、情境和意蕴。

选取作品：麦坚利堡，第 97 页

1221. 中华诗歌百年精华 /《诗刊》编辑部选编 . -- 北京：人民文学出版社，2002. --22，631 页；21cm. --ISBN 7-02-003576-0：CNY29.80　国家图书馆　天津图书馆　广东省立中山图书馆　黑龙江省图书馆　海南省图书馆　海口经济学院图书馆

该书从 1920 年新诗问世以来的众多的诗人作品中选取精华汇编，参照多种新诗百年选本，编辑而成，收录了刘大白、鲁迅、胡适、刘半农、郭沫若、闻一多、冰心等人的作品，罗门和妻子蓉子的诗作收录其中。

选取作品：麦坚利堡，第 286 页；流浪人，第 288 页

1222. 中华诗歌百年精华 /《诗刊》编辑部选编 . -- 北京：人民文学出版社，2002（2004 重印）. --22，631 页；21cm. --（百年典藏系列）. --ISBN 7-02-004507-3：CNY31.00　国家图书馆　海南师范大学图书馆

选取作品：麦坚利堡，第 286 页；流浪人，第 288 页

1223. 中华现代文学大系［海外中文图书］.1—2，台湾一九七〇——九八九，诗　卷 . 1-2=A Comprehensive Anthology of Contemporary Chinese Literature in Taiwan. 1-2, 1970—1989, poetry. 1-2/ 张默，白灵，向阳主编 . -- 台北：九歌出版社，1989. --2 册；21cm. --（中华现代文学大系：台湾，一九七〇——九八九 / 余光中总主编）. --（精装）：TWD960.00，TWD840.00　国家图书馆　广东省立中山图书馆

1224. 中华现代文学大系［海外中文图书］.壹：台湾一九七〇——九八九 . 1，诗卷（壹）=A Comprehensive Anthology of Contemporary Chinese Literature in Taiwan. 1, 1970—1989, poetry. 1/ 张默主编 . -- 台北：九歌出版社有限公司，1989（1998 重印）. --20，638 页；21cm. --ISBN 957-560-389-3（精装）：TWD480.00　北京大学图书馆

《中华现代文学大系 . 壹台湾，一九七〇——九八九》是精选 1970—1989 年间台湾公开发表的诗、散文、小说、戏剧、评论的大型文学丛书。共五大类，15 巨册，约 600 万字。1—2 册，诗卷 / 张默主编, 3—6 册，散文卷 / 张晓风主编,

7—11 册，小说卷 / 齐邦媛主编，12—13 册，戏剧卷 / 黄美序主编，14—15 册，评论卷 / 李瑞腾主编。

《大系》前有余光中的总序，对台湾七八十年代 20 年间文学发展之大势进行分析，比较了《中华现代文学大系》与巨人版《中国现代文学大系》的异同，诗歌方面巨人版《中国现代文学大系》诗选中入选的 70 位诗人，28 位在九歌版《中华现代文学大系》诗集中入选，传后率 48%，在九歌版中占比例 28%，这样的分析还运用于诗人年龄、接受教育程度、男女作家比例、本省作家分量、诗人结构分析、诗歌题材分析等等，可见台湾文学评论侧重点之不同。各卷另有分序，介绍各文类演变发展之概况。

诗歌卷由张默作序，分析了 70 年代以来各阶段诗歌流派、诗观、诗刊（80 年代有 80 种之多）以及诗歌类型和诗歌体裁之变化，为 20 世纪七八十年代的台湾诗歌进行了定位。诗卷收录了周梦蝶、余光中、罗门、洛夫、向明、蓉子等 99 家诗人作品，诗人从杨牧到许悔之年龄相差半世纪，诗歌的内容、题材、技法多元化，融各家各派诗歌创作于一体，是研究了解台湾诗歌的宝贵文献。依照艺术性、独创性和多元性的法则，选取新诗作品 396 首，全书以作者出生年月顺序编排，除收录代表作品外另有诗人小传。

选取作品：鞋，第 213 页；窗，第 213 页；咖啡厅，第 214 页；旷野，第 215 页；板门店·38 度线，第 219 页；观海，第 223 页；都市·方形的存在，第 226 页；伞，第 227 页；周末旅途事件，第 228 页；时空奏鸣曲：遥望广九铁路，第 230 页

小传：罗门，第 211 页

1225. 中华现代文学大系 [海外中文图书]. 贰：台湾一九八九—二〇〇三，诗卷 . (贰)=A Comprehensive Anthology of Contemporary Chinese Literature in Taiwan. 2, 1989—2003, poetry. 2/ 余光中总编辑；白灵 [卷] 主编 . -- 台北：九歌出版社有限公司，2003. --14，426 页：照片；21cm. --ISBN 957-444-062-1（精装）：TWD480；ISBN 957-444-063-X：TWD380.00　国家图书馆　北京大学图书馆广东省立中山图书馆　福建师范大学图书馆

《中华现代文学大系 . 贰：台湾一九八九—二〇〇三》可谓 1989 年九歌版《中华现代文学大系 . 壹：台湾一九七〇—一九八九》之续编，精选台湾 1989年至 2003 年 15 年间公开发表的诗、散文、小说、戏剧、评论等文学作品而

成的大型文学丛书，共五大类 12 册。其中 1—2 册，诗卷/白灵主编，3—6 册，散文卷/张晓风主编，7—9 册，小说卷/马森主编，10 册，戏剧卷/胡耀恒主编，11—12 册，评论卷/李瑞腾主编，丛书以精装和平装两种形式出版发行。诗歌卷选录了 101 位诗人的作品，60 岁以上者 33 人，罗门和蓉子均在其列。丛书总序由余光中作，诗歌卷序由白灵作，是了解该阶段诗歌创作的重要文献。

选取作品：天空与鸟，第 126 页；"世纪末"病在都市里，第 126 页；九二一号悲怆奏鸣曲，第 127 页；人与大自然泪眼相望，第 131 页；神与上帝都不忍心看的悲剧——九一一事件二十一世纪人类的大灾难，第 133 页；诗的假期，第 135 页；夏，第 136 页；摇头丸，第 137 页

1226. 中华新诗选［海外中文图书］/新诗学会编选. -- 台北：文史哲出版社，1996. --432 页：像；21cm. --（文学丛刊；61）. --ISBN 957-549-003-7：TWD380.00　国家图书馆　台湾暨南国际大学图书馆

选取作品：飞在云上三万呎高空读诗看画，第 24 页；麦坚利堡，第 25 页

1227. 中外诗歌精选/吕秋艳选编. -- 长春：吉林出版集团有限责任公司，2010. --282 页；22cm. --（大语文丛书. 初中部分）. --ISBN 978-7-5463-2548-4：CNY16.80　国家图书馆　上海图书馆　东莞图书馆

该书列入教育部《全日制义务教育语文课程标准》推荐书目。全书分中国卷和外国卷，中国卷精选了新诗发展不同阶段诗人的经典作品，题材多样，适应不同年级、不同兴趣、不同需求的学生。

选取作品：窗，第 121 页

1228. 中外抒情诗 100 首/沈国平主编. -- 南京：南京出版社，1990. --276 页；19cm. --（青少年世界文学名著导读丛书）. --ISBN 7-80560-149-6：CNY2.70　同济大学图书馆　山东省图书馆　海南省图书馆

选取作品：车祸，第 178 页

1229. 中外文学名著精品赏析/吕俊华主编. -- 北京：首都师范大学出版社，1999. --6 册，1442 页：图；21cm. --ISBN 7-81064-104-2：CNY210.00（全套）首都师范大学图书馆　天津市少年儿童图书馆　洛阳师范学院图书馆

选取作品：麦坚利堡，第 994 页

1230. 中外现代抒情名诗鉴赏辞典/陈敬容主编. -- 北京：学苑出版社，1989. --774 页；19cm. --ISBN 7-80060-464-0（精装）：CNY15.00　国家图书

馆　天津图书馆　浙江图书馆　四川外语学院图书馆　海南大学图书馆　海南师范大学图书馆

本书共收英、法、德、意、奥地利、瑞士、俄罗斯、苏联、匈牙利、波兰、罗马尼亚、西班牙、葡萄牙、美国、古巴、智利、秘鲁、日本、朝鲜、印度等国著名诗人及中国现代诗人共 344 位的抒情名诗 655 篇。

选取作品：蓉子回家日记，第 692 页

1231. 中外著名情诗选 / 郁金选编 . -- 北京：新华出版社，1996. --187 页；19cm. --（新婚礼品珍藏）. --ISBN 7-5011-2962-2：CNY11.80　国家图书馆　广东省立中山图书馆

该书汇集了中外诗人对爱情和婚姻情感的经典描摹，唤起恋爱中读者的共鸣和欣赏，是诗人赠与读者的祝福。

选取作品：蜜月旅行，第 166 页

1232. 中学白话诗选［海外中文图书］/ 萧萧，杨子涧编著 . -- 台北：故乡出版社，1980. --373 页：图；19cm. --TWD80.00

该书是台湾"部定中学国文优良辅助教材"，书中选录中国新诗史（1949年以前）和台湾新诗史上的重要诗人的精短作品进行赏析，以提高中学生的新诗鉴赏力。萧萧作序《中学诗教的再奠基》以提倡诗教。

选取作品：送早报者，第 150 页；车祸，第 154 页

评论：心灵的追索者——罗门，第 148 页

1233. 中学生必诵名家诗词 / 胡鸿亮，王璟主编；张书霞［等］编著 . --2 版 . -- 太原：山西教育出版社，2008. --596 页；21cm. --（书仙子书系 / 孙俊峰）. --ISBN 978-7-5440-2511-9：CNY26.00　国家图书馆　首都图书馆　天津市少年儿童图书馆　无锡市图书馆

选取作品：伞，第 391 页；麦坚利堡，第 392 页

1234. 中学生课外阅读与欣赏，中国现当代诗歌卷 / 童庆炳，刘锡庆，王富仁主编；李霆鸣选编 . -- 成都：四川人民出版社，2000. --240 页；20cm. --ISBN 7-220-04998-6：CNY10.00　国家图书馆　首都图书馆　四川省图书馆

本卷共遴选赏析了 90 位诗人的 106 首抒情短诗，以"趣"为主，编选有趣味的、优美的、有魅力的、有吸引力的作品，以辅导中学生课外阅读。

选取作品：流浪人，第 137 页

1235. 中学生现代诗手册［海外中文图书］/萧萧编著. -- 台南：翰林出版社, 1999. --334 页；22cm. --ISBN 957-790-315-0: TWD300.00　台湾交通大学图书馆

该书分析了台湾现代诗的特征，展示了台湾现代诗的发展轨迹，选录台湾诗人 40 首精品佳作进行欣赏，揭示章法，以提高中学生的阅读和写作能力。

选取作品：麦当劳的午餐时间，第 113 页

其他作品选（1236—1250）

1236. 纯美的时空［海外中文图书］：王一桃散文集/王一桃著. -- 香港：当代文艺出版社, 1999. --226 页；照片；18cm. --ISBN 962-278-168-3: HKD38.00　国家图书馆　北京大学图书馆　广东省立中山图书馆　武汉大学图书馆　安徽大学图书馆

该书是香港文艺家王一桃从文 50 年时出版的一部散文集，回忆了自己和文学结缘，走华文文学写作道路的纯美时空。全书分祖国情结、游子心声、亲人呼应、报刊评介四部分，基本反映了王一桃从文 50 年的文学成就和在华文界的社会影响。王一桃（1934—　），香港著名爱国诗人、散文家、文艺评论家、文学活动家，出生马来西亚一个爱国华侨家庭，本名黄寿延，祖籍福建同安，1934 至 1952 年居马来西亚；1952 至 1980 年在广州上中学，在广西壮族自治区上大学、工作，1980 年后移居香港，先经商后从文，1997 年香港文艺家协会成立任会长，以后任世界华文文学家协会会长，香港新马侨友会名誉会长，受聘为广西民族学院任客座教授。至 2003 年年底，已出诗集 18 种，散文集 18 种，文艺评论集 12 种，编著 23 种。

信札：文学，已成你的精神事业. 罗门，第 160 页

1237. 从影响研究到中国文学：施友忠教授九十寿庆论文［海外中文图书］/陈鹏翔，张静二编. -- 台北：书林出版有限公司, 1992. --303 页；21cm. --ISBN 957-586-246-5: TWD250.00　北京大学图书馆　华东师范大学图书馆　广东省立中山图书馆　华侨大学图书馆　海南师范大学图书馆

施友忠，美籍华人，美国西雅图市华盛顿大学教授，1959 年，将《文心雕龙》全书译成英文在纽约出版。本书收集比较批评和翻译学论文 11 篇，以

纪念施友忠教授 90 寿辰。1972 年从任教 28 年的美国西雅图市华盛顿大学退休后，1974 至 1976 年在台湾大学外文所任教。《序言》中谈到罗门的"第三自然理论"，谈及施老对罗门诗歌理论的影响。

诗论："第三自然螺旋架构"的创作理念，罗门，第 181 页

1238. 冯至与他的世界 / 冯姚平编 . -- 石家庄：河北教育出版社，2001. --576 页；20cm. --ISBN 7-5434-3843-7：CNY23.80　国家图书馆　北京大学图书馆　广东省立中山图书馆　海南师范大学图书馆　海口经济学院图书馆

本书收集了自 40 年代以来有关冯至的创作和学术著作的部分评论文章，包括："最初的举荐""新诗杂话""诗歌欣赏""沉思的诗""冯至对中国新诗的贡献""冯至诗中的歌德思想"等 45 篇。

诗论：诗人冯至的《十四行集》——一部唤醒人类对生命省思的启示录，罗门，第 166 页

1239. 海南诗社诗选：1984—1994/ 邝海星，吴云汉主编 . -- 海口：南海出版公司，1996. --388 页：照片；20cm. --ISBN 7-5442-0353-0（精装）：CNY35.00，CNY22.00　海南省图书馆　广东省立中山图书馆　海南师范大学图书馆　海南大学图书馆　海口经济学院图书馆

海南诗社是海南省的一个以创作、研究现代新诗，发展现代新诗创作队伍的文学社团，该书是海南诗社成立十年来的优秀作品结集，诗集分现代新诗、散文诗、旧体诗词三辑，选录作者 200 多名，诗歌 400 余首。罗门、公刘、舒婷等人为诗集题辞。

手书：诗是人类智慧金库的钥匙，罗门 1993.11.8 题写，照片

1240. 柯叔宝自选集［海外中文图书］/ 柯叔宝著 . -- 台北：黎明文化事业股份有限公司，1985. --304 页；20 cm. --（中国新文学丛刊；140）. --（精装）：TWD90.00　海南省图书馆　上海大学图书馆　山东大学图书馆　西安交通大学图书馆　四川大学图书馆

柯叔宝（1920—　），福建晋江人，侨居菲律宾。《奋斗人生》是其作品之一。

评论：读《奋斗人生》，罗门，第 284 页

1241. 诗探索 .1994 年 . 第 4 辑（总第 16 辑）/ 谢冕［等］主编；《诗探索》编辑部编 . -- 北京：首都师范大学出版社，1994. --188 页；20cm. --ISBN

7–81039–456–8：CNY4.80　　国家图书馆

该刊是由中国当代文学研究会、北京大学中国新诗研究中心、首都师范大学中国诗歌新诗研究室连续发行的出版物。本书收录牛汉的《通往诗的途中》、罗门的诗歌理论《诗在人类世界中的永恒价值》、孙玉石的《20 世纪中国新诗：1937—1949》等重要论著以及其他有关诗歌精品点评、诗学研究、诗人专访、外国诗论述评的文章。

诗论：诗在人类世界中的永恒价值，罗门，第 6 页

1242. 时代之风［海外中文图书］：当代文学入门 / 郑明娳，林耀德编著．-- 台北：幼狮文化事业公司，1991．--301 页；21cm．--（现代人文库）．--ISBN 957–530–243–5：TWD6.23　　国家图书馆　　中山大学图书馆　　同济大学图书馆　　上海大学图书馆　　福建华侨大学图书馆

作者有感于台湾文学入门教科书的缺少和陈旧编写该书，全书分 3 部分：当代世界创作流派；当代世界文学理论；当代中国主要文类。旨在描绘文学天空的多元而辉煌的蓝图。当代中国主要文类描绘了当代中国诗歌、散文、小说的鉴赏和写作。罗门的诗论是收录在鉴赏部分的两篇之一，另一篇是刘湛秋的《现代诗的魅力》。林耀德（1962—1996 年），台湾作家，辅仁大学法律系毕业，有《银碗盛雪》《都市终端机》《罗门论》等诗集、散文集、小说集、评论集多种。1988 年和罗门作为台湾诗人代表访问大陆。郑明娳（1950—　　），台湾师范大学国文系教授，著有《现代散文类型论》《现代散文构成论》《西游记探源》等。

诗论：架构诗世界的一些石柱，罗门，第 81 页

1243. 世界华文新诗总鉴［海外中文图书］：1991—1995 卷 / 戈仁主编．-- 香港：金陵书社出版公司，1999．--483 页；26cm．--ISBN 962–440–169–4（精装）：HKD760.00　　国家图书馆　　广东省立中山图书馆　　山东省图书馆　　湖南图书馆　　海南省图书馆

诗论：从我《第三自然螺旋型架构》世界对后现代的省思，罗门，第 448 页

1244. 台港幽默散文精品鉴赏 / 徐学编著．-- 郑州：河南文艺出版社，1996．--292 页；20cm．--（台港文学艺术丛书）．--ISBN 7–80623–026–2：CNY14.30　　国家图书馆　　浙江图书馆　　中山大学图书馆　　海南省图书馆　　海南医学院图书馆

该书收录台港作家的幽默散文，从作家研究、作品研究和作品鉴赏的角度，分析作品的文化意蕴和艺术价值，并与中外文学进行比照，以达到了解台港文学，借鉴台港文献的目的。书前余光中序《幽默的境界》，对幽默的发挥和运用有指导作用。

散文：把所有的门罗过来，罗门，第 67 页

1245. 王一桃热带诗钞［海外中文图书］/ 王一桃著 . -- 香港：当代文艺出版社，1995. --228 页；18cm. --ISBN 960-278-109-8：HKD30.00　国家图书馆　北京大学图书馆　温州市图书馆　海南大学图书馆

《热带诗抄》是香港文艺家王一桃描写位于赤道上下国家的风土人情的诗作，书中附有华文诗人对其作品的评价。

诗论：你来与不来——给诗人王一桃，罗门，第 185 页

1246. 我的另一半：台湾作家的伴侣情 / 徐学编选 . -- 广州：花城出版社，1994. --218 页；20cm. --ISBN 7-5360-1372-8：CNY5.80　北京大学图书馆　山东省图书馆　金华市图书馆　广西财经学院图书馆

该书收录了台湾琦君、张秀亚、三毛、司马中原、蓉子、罗门、痖弦、温瑞安等 30 多位作家描写自己另一半的佳作，使读者在饱览作家至情之文的同时，也领略了台湾文坛的逸闻轶事。该书是了解台湾爱情散文风貌，研究台湾爱情婚姻观的第一手资料。

散文：记忆的快镜头，罗门，第 185 页

1247. 写给爱人的话［海外中文图书］：50 位名家的甜言蜜语 / 三毛［等］著 . -- 台北：皇冠杂志社，1990. --198 页；19cm. --（皇冠丛书；1782）. --ISBN 957-33-0346-9：TWD120.00，HKD36.00　国家图书馆　上海图书馆　华侨大学图书馆　广州大学图书馆　上海商学院图书馆

该书由 50 位作家从不同的时间、不同的角度来描写爱情的风貌，表达了对爱情向往与失落的冲突，再现了情爱的真实与多变，如优雅的琴声，动人心弦。

散文：我的"爱"最后还是让我的"诗"来说，罗门，第 185 页

1248. 有情四卷［海外中文图书］.2，爱情 / 郑明娳，林耀德主编 . -- 台北：正中书局，1989. --189 页；21cm. --（现代散文精品）. --ISBN 957-09-0129-2：TWD160.00　四川大学图书馆

该书收集 23 篇关于爱情的美文，有谈爱情观的"两性哲学"、爱中甜蜜的"缱绻梦回"、婚姻体味的"鹣鲽情深"、爱情故事的"爱情寓言"。从中可以发现爱情的真谛：真正的爱情总在憧憬与惆怅之间，并以希望换置了欲望，彰显了人类的存在。

散文：记忆的快镜头，罗门，第 138 页

1249. 中国当代散文大展［海外中文图书］.4/ 蔡丰安，黄劲连，陈宁贵编 . -- 台北：德华出版社，1982. --401 页；19cm. --（爱书人文库；147）. --TWD200.00

台湾当代散文采用白话文的形式，在语言文字和章法结构上，继承了古代散文的特点，又接受了西方国家（欧美诸国）的语法布局，以强烈的面貌，颠覆了数千年的散文传统。该书收集台湾诗人、散文家罗门、蓉子、萧萧、王灏、吴敏显、林文煌、渡也、向阳等人的散文作品，供读者欣赏，杨牧作序，黄劲连跋。

诗论：长期受着审判的人，罗门，第 2 页；门·锁与钥匙，罗门，第 7 页

1250. 中国后现代话语 =The Postmodern Discourse in China/ 王岳川主编 . -- 广州：中山大学出版社，2004. --13，451 页；24cm. --ISBN 7-306-02278-4：CNY42.00　国家图书馆　上海图书馆　北京大学图书馆　海南师范大学图书馆　琼台师范高等专科学校图书馆

该书是关于后现代在中国的论文集，分后现代主义哲学景观、后现代主义文化美学、后现代主义文艺形态三个主题。书后附中国后现代主义研究著作目录、中国后现代主义研究论文目录、作者简介。

诗论：诗眼看后现代现象，罗门，第 320 页

评论罗门书目（1251—1362）

专论（1251—1262）

1251. 重塑现代诗［海外中文图书］：罗门诗的时空观/ 尤纯纯著 . -- 台北：文史哲出版社，2003. --254 页；21cm. --（现代文学研究丛刊；11）. --ISBN

957-549-503-9：TWD280.00 国家图书馆 海南省图书馆 海南大学图书馆 广东省立中山图书馆 台湾交通大学图书馆

该书全面研究了罗门的"第三自然螺旋型的时空架构"诗歌理论，深入阐释了罗门诗歌的时空观，用新颖的手法，解读了罗门诗的时空象征意象，重塑了现代诗在时空中的意义与定位。李正治教授在《〈重塑现代诗：罗门诗的时空观〉序》中说："罗门，一个响彻台湾诗坛50年的名字，他的诗正如他的笔名，为诗心与诗艺开启了许多门径。"尤纯纯，台湾辅仁大学与南华大学文学所毕业，任职于台湾树人医专。

1252. 存在的断层扫描：罗门都市诗论［海外中文图书］/陈大为著. -- 台北：文史哲出版社，1998. --170页；21cm. -- （现代文学研究丛刊；3）. --ISBN 957-549-151-3：TWD180.00 国家图书馆 北京大学图书馆 海南省图书馆 广东省立中山图书馆 台湾交通大学图书馆 台湾师范大学图书馆

1997年，陈大为因研究罗门的都市诗而获得东吴大学硕士学位。《存在的断层扫描》用六个章节，将罗门的诗歌美学理论——"第三自然观"及都市诗置于自20世纪60年代起存在主义风行的台湾诗坛，界定了都市诗的范畴及存在主义对罗门都市诗创作的影响，透过对罗门百余首都市诗的扫描，透视了都市生活中各种题材为对象创作的、表现现代人在都市中生存生命实境的都市诗，分析了诗人对都市悲剧与罪恶的纪实、调侃与批判，用丰富的研究资料，简要勾勒出罗门都市诗创作的轨迹，称罗门是"城市诗国的发言人"（陈煌）。书中第66页将罗门发表诗歌《有一条永远的路》的时间误作"1979"，应改为"1990"。2005年该书再版。

1253. 罗门（1928— ）［海外中文图书］/陈大为编选；封德屏总策划. --台湾：台湾文学馆，2013. --411页：29cm. -- （台湾现当代作家研究资料汇编；35）. --ISBN 978-986-03-9123-7：TWD390.00 海口"图像灯屋" 台湾屏东教育大学图书馆 台湾淡江大学图书馆 台湾新竹教育大学图书馆

收录罗门生平简历、重要照片、手稿、作品目录、年表、研究综述等，全文刊载了重要的评论文章，附录了评论资料目录，是全面收集罗门研究成果，展现罗门作品的重要工具书。该书是台湾文学馆主持编印的大型丛书《台湾现当代作家研究资料汇编》中第35卷，龙应台作序。

1254. 罗门［海外影音资料］/黄明川电影视讯制作；台湾文学馆监制. --

台南：台湾文学馆，2004.--2 张：有声，彩色；$4\frac{3}{4}$寸 . --（台湾诗人一百影音计划［录像 DVD］：第三阶段）.--［不详］　台湾交通大学图书馆

自 2000 年起台湾"国家艺术基金会"董事长黄明川，推动"台湾诗人一百影音"计划，拍摄台湾 100 位诗人访谈纪录片，采访诗人生平、创作理念等珍贵画面，耗时 9 年完成。该项目运用一流的电影拍摄手法、深度刻画了台湾文学，把百位台湾诗人的身影留在了影像里。诗人们年少时的遭遇，思乡时的痛苦，伴随着各具风格的朗读，走进了镜头。2009 年在台北捷运长达 2 公里的地下街空间开设的诗歌长廊，展示百位诗人影像、资料及诗作，是计划的一部分。

该光碟是关于罗门的纪录类电影光碟，出版年取自馆藏登录年。

1255. 罗门都市诗研究［海外电子资源］/陈大为著 . -- 东吴大学，1997.--147 页；27cm. --［不详］　台湾"国家图书馆"

该文是东吴大学中国文学研究所硕士论文，指导教师陈鹏翔。

1256. 罗门论［海外中文图书］/林耀德著 . -- 台北：师大书苑公司，1991.--161 页：图；19cm. --（师苑文评丛书；4）.--TWD100.00　国家图书馆　海南大学图书馆　台湾交通大学图书馆

该书分《世界的心灵彰显——罗门的时空与死亡主题初探》《人与神之间的交谈——论罗门的战争诠释》《在文明的塔尖造路——罗门都市主题初探》三篇，并附录《向她索取形象》《罗门系年》《罗门著作出版书目》《相关评论要目》。作者在《自序》中说："自己期许的《罗门论》，远超过了这本册子所负载的信息……希望下一部关于罗门的论述能够深入罗门的诗歌殿堂。"

林耀德（1962—1996），台湾作家，辅仁大学法律系毕业，有诗、散文、小说、评论等多种著作。1988 年和罗门作为台湾诗人代表访问大陆。

1257. 罗门论 / 蔡源煌［等］著 . -- 北京：中国社会科学出版社，1995.--430 页；20cm. --（罗门、蓉子文学创作系列）.--ISBN 7-5004-1657-1：CNY14.00　国家图书馆　北京大学图书馆　海南省图书馆　海南大学图书馆　台湾交通大学图书馆

该书收录台湾文学评论家杨牧、蔡源煌、林绿、张汉良、林耀德、张健、戴维扬以及诗人萧萧、李宁贵，大陆文学评论家谢冕、陈仲义、鲁枢元、古继堂、香港评论家王一桃等人关于罗门诗风、诗作以及某类型诗作（如都市

诗、自然诗、战争诗）的评析、欣赏、论述共 30 篇，是海峡两岸对罗门诗作的认可和点评，也是海峡两岸文学批评风格的大展示。谢冕教授评论题为《罗门的天空》，该文写于 1992 年，最初以《序言》形式发表在谢冕先生亲自编选的《罗门诗选》（1993，中国友谊出版公司），1995 年收入该书，2000 年收入谢冕先生的《西郊夜话：谢冕学术随笔自选集》"向诗人致敬"部分。2012年收入《谢冕编年文集》第六卷。文中评论罗门属于作品丰硕一类，罗门的诗丰富诡异而多变，罗门的天空是浩瀚而神奇，罗门的创作以鲜明新颖和不断变化的艺术追求而引起社会的关注。台湾著名诗人、文学评论家杨牧说："罗门是诗坛重镇，诗艺精湛，一代风范的诗人。"

1258. 罗门论［海外中文图书］/张艾弓［等］著. -- 台北：文史哲出版社，1998. --146 页：图；21cm. --（现代文学研究丛刊；4）. --ISBN 957-549-176-9：TWD160.00　国家图书馆　海南省图书馆　海南大学图书馆

该书阐释了罗门的诗歌创作世界，该书从生平、理论、创作、技巧四个角度，对罗门进行了综合考察。介绍了罗门的生平和著述；梳理罗门的美学思想变化的历程；对罗门诗歌进行分类研究，标定其在现代诗歌坐标轴上的位置和意义；研究了罗门的创作观和诗艺，分析了罗门诗歌的意象组合和构造，是研究罗门的重要参考书。张艾弓（1974— ），供职于厦门大学中文系，1988年以"罗门论"获得厦门大学硕士。

1259. 罗门特辑［海外中文图书］/淡江大学中国文学系主编. -- 淡水镇：蓝星诗社，2000. --216 页；21cm. --（蓝星诗学；5）. --［不详］　台湾大学图书馆

1260. 罗门自传［海外影音资料］/王璞拍摄. --［不详］：［不详］，1998. --1 张数位影音光碟：有声，彩色；4.75 寸. --（王璞先生拍摄作家录像传记；[18]）--［不详］

1261. 门罗天下［海外中文图书］：当代名家论罗门/蔡源煌［等］著. -- 台北：文史哲出版社，1991. --537 页；21cm. --（文学丛刊；37）. --ISBN 957-547-090-7：TWD380.00　国家图书馆　海南省图书馆　海南大学图书馆　台湾交通大学图书馆

该书汇集了蔡源煌、张汉良、郑明娳等 40 位评论家对罗门诗歌世界的解析，从诗歌风格、创作意识、作品赏析等方面展示了罗门的诗歌创作概貌。

附录《罗门简介》和《评论者简介》。

1262. 心灵世界的回响［海外中文图书］：罗门诗作评论集 / 龙彼德［等］著 . -- 台北：文史哲出版社，2000. --301 页；21cm. --（文学丛刊；112）. --ISBN 957-549-328-1：TWD300.00　国家图书馆　台北市立图书馆　广东省立中山图书馆　海南省图书馆　海南大学图书馆

该书由罗门作序，收录了张健、龙彼德等人评论罗门及罗门诗作、诗论的文章，论文研讨了罗门的文学业绩、诗歌风格、诗歌艺术及审美观，并对《麦坚利堡》《窗》《伞》等进行了赏析。

兼论（1263—1362）

1263. 百年中国文学经典：1979—1989. 第七卷 / 谢冕，钱理群主编 . -- 北京：北京大学出版社，1996. --765 页；23cm. --ISBN 7-301-03066-5：CNY218.00（全八卷）　国家图书馆　北京大学图书馆　海南省图书馆

该卷为《百年中国文学经典》第七卷，收集了 1979 至 1989 年间的经典新诗、散文、小说（部分用"存目"形式）、戏剧等作品。新诗收录了艾青、余光中、罗门、洛夫、黄永玉、北岛、顾城、舒婷、公刘、任洪渊等人的诗作。

诗歌唱和：堤上行——赠罗门之一，余光中，第 37 页

1264. 百人图［海外中文图书］/ 张健著 . -- 台北：文史哲出版社，1986. --111 页；21cm. --（文学丛刊；11）. --TWD80.00　国家图书馆

该书选取孔子、孟子、李白、杜甫、毛泽东、周恩来、蒋介石、张大千、覃子豪、余光中、罗门、洛夫、李敖等古今中外政治、军事、文化、艺术方面人物 101 位，用四行到十多行的短诗进行描绘，言简意赅地概括了人物的特征和业绩。《罗门》一诗，10 行三段，写出了罗门的灯屋、诗歌成就、建置艺术、时空观、推广新诗的热情和在年轻一代中的影响。

诗作：罗门，第 55 页

1265. 彼岸的缪斯：台湾诗歌论 / 刘登翰，朱双一著 . -- 南昌：百花洲文艺出版社，1996. --510 页；20cm. --ISBN 7-80579-741-2：CNY19.00　北京大学图书馆　中山大学图书馆　湖南图书馆　吉林省图书馆　海南师范大学图书馆

该书上篇为诗潮论，概述台湾现代新诗的发展和走向；下篇诗人论，介绍了台湾覃子豪、纪弦以及余光中、罗门、蓉子、席慕蓉等 70 位诗人。

评论：罗门论——天空溺死在方形的市井里，第 210 页

1266. 陈贤茂自选集 / 陈贤茂著 . -- 汕头：汕头大学出版社，2005. --2 册（319；312 页）；24cm. --（汕头大学学术丛书；04）. --ISBN 7-81036-946-6：CNY88.00　国家图书馆　广东省立中山图书馆　海口经济学院图书馆

评论：罗门与蓉子诗歌之比较，第 291 页

1267. 打造理想家［海外中文图书］=Make a Perfect Home. / 龙君儿，吉米著 . -- 台北：时报文化出版企业公司，2000. --173 页：照片；20×21cm. --（品味事典；06）. --ISBN 957-13-3100-7：TWD230.00　国家图书馆　广东省立中山图书馆　河南省图书馆

散文：诗人罗门与蓉子的家，第 128 页

1268. 大美百科全书 . 17［海外中文图书］=Encyclopedia Americana, Latin America to Lytton/ 光复书局大美百科全书编辑部编译 . -- 台北：光复书局，1990. --572 页：图；30cm. --ISBN 957-42-0565-7（精装）：TWD1450.00　国家图书馆

词条：罗门，第 545 页

1269. 大美百科全书 1993 年鉴［海外中文图书］=The Americana Annual 1993 Encyclopedia Americana/ 光复书局编辑部百科编辑组编译 . -- 台北：光复书局，1993（1997 四刷）. --539 页：部分彩图及像；29cm. --ISBN 957-42-0912-1（精装）：CNY792.00，TWD1450.00　中国社会科学院图书馆

词条：罗门，［不详］

1270. 当代辞章创作及研究评析［海外中文图书］/ 陈满铭著 . -- 台北：万卷楼图书股份有限公司，2011. --445 页；21cm. --（文学类；I112）. --ISBN 978-957-739-700-3：TWD460.00　国家图书馆　海南省图书馆

本书以成惕轩、罗门、王希杰、郑颐寿、曾祥芹、赵山林等大师为对象，结合罗门等当代 6 位大师的辞章创作与研究成果，从辞章哲学、篇章意象、章法结构与作文评改等不同角度进行评析，以彰显罗门等 6 位大师对辞章创作或研究做出的重大贡献。陈满铭（1935—　　），男，台湾苗栗人，台湾师大国文系教授。

评论：罗门诗国之第三自然螺旋结构观，第003页；罗门诗国的真、善、美，第227页

1271. 当代诗歌艺术 / 马德俊著 . -- 石家庄：河北人民出版社，1989. --201页；20cm. --（当代文学研究丛书）. --ISBN 7-202-00585-9：CNY3.25　国家图书馆　山东省图书馆　暨南大学图书馆

评论：一切美感的形成必须进入默思的心灵——论罗门的诗歌艺术，第193页

1272. 当代台湾人物辞典 / 崔之清主编 . -- 郑州：河南人民出版社，1994. --30，566页；20cm. --ISBN 7-215-02326-5（精装）：CNY25.00　国家图书馆　海南大学图书馆

本书是一部专门收录台湾当代各界重要人物概况的专门性辞书，介绍人物分姓名、字号、年龄、身份、籍贯、学历、工作履历、著述及生平事迹等方面，收录范围自1949年后台湾党、政、军、经济、财政、金融界、文化、教育、学术界及其他各界著名人士，兼定居大陆和海外的著名台籍人物，通过对近两千位人物主要事迹的介绍，可以考察当代台湾政治、经济、人文和社会等方面的概况。崔之清（1941—　），男，安徽宣城人。南京大学台湾研究所所长、中华民国史研究中心副主任、教授、博士生导师，主要学术领域：晚清史、太平天国史、国民党史、当代台湾史。

词条：罗门，第283页

1273. 二十世纪台湾诗歌史 / 章亚昕著 . -- 北京：人民文学出版社，2010. --273页；21cm. --ISBN 978-7-02-006746-6：CNY22.00　国家图书馆　北京大学图书馆　广东省立中山图书馆　海南师范大学图书馆　陕西省图书馆

20世纪由于台湾诗坛和大陆所处的社会背景不同，台湾诗歌和大陆诗歌呈现出心同貌异的局面。两岸文化同族同根同基因，共同借鉴西方诗歌文化，发展现代诗歌，以诗歌促进海峡两岸的文化交流，是海峡两岸诗学界的共同心声。为了使大陆学者更多地了解台湾诗歌现状，作者用15章全面阐述了20世纪以来台湾五代诗人的创作情况及不同时期的诗社、诗刊及诗坛活动情况。

章亚昕（1949—　），山东大学文学与新闻传播学院教授。主要著作有《现代诗美流程》《中国新诗史论》等。

诗史：第七章蓝星诗社与余光中，第131页

1274. 二十世纪中国诗人辞典 / 李德和主编 . -- 北京：作家出版社，2006. --497 页；20cm. --ISBN 7-5063-3775-8 CNY30.00 国家图书馆 南京图书馆 广东省立中山图书馆 福建省图书馆 黑龙江省图书馆

该书收录 20 世纪中国诗人 1234 位，词条包括誉称、原名和笔名、生卒年、籍贯地或出生地、简历和作品等。霍松林和谢冕任该书顾问。

词条：罗门，第 287 页

1275. 二十世纪中华文学辞典 / 秦亢宗主编 . -- 北京：中国国际广播出版社，1992. --59，1121 页；20cm. --ISBN 7-5078-0210-8（精装）：CNY23.00 国家图书馆 北京大学图书馆 广东省立中山图书馆 上海师范大学图书馆 山东省图书馆

该书收录中华文学一千余位作家的两千余种著作近四千条词条，含作家、作品、论著、文集、人物形象、名词术语、事件与论争、社团期刊等词目，分 20 世纪主体部分（含港澳文学和海外华文）和台湾文学部分，并分别编纂了"文学大事记"。

词条：罗门，第 962 页；麦坚利堡，第 1021 页；都市之死，第 1021 页；罗门自选集，第 1058 页；关于现代诗的两次论争，第 1078 页；蓝星诗社，第 1085 页；蓝星诗刊，第 1093 页

1276. 20 世纪中国文学通史 / 唐金海，周斌主编 . -- 上海：东方出版中心，2003（2006 重印）. --11，746 页；23cm. --ISBN 7-80186-097-7：CNY60.00 国家图书馆 广东省立中山图书馆 海南师范大学图书馆 海南大学图书馆

本书主要从 20 世纪文学思潮、运动和现象，社团、流派和群体，诗歌、散文、小说、话剧、电影文学等层面，揭示了 20 世纪中国文学的状况和特色。

文学史：第十一章，第 574 页

1277. 20 世纪中国新诗中的死亡想象 / 谭五昌著 . -- 合肥：安徽教育出版社，2008. --306 页；23cm. --（三味学术文丛；第一辑）. --ISBN 978-7-5336-4705-6：CNY28.00 国家图书馆 北京大学图书馆 上海图书馆 广东省立中山图书馆 海南大学图书馆 斯坦福大学图书馆

20 世纪中国新诗始终在一种强烈的现代化冲动追求与愿望中走过了百年历程，取得了不容低估的成绩，相对于其他文体，诗歌的理想主义和浪漫主义情调更浓，除 50 至 70 年代外，以死亡想象为主题的诗歌创作在当代中国

诗人中屡见不鲜。"死亡诗歌"为20世纪中国诗歌增添了思想与精神上的深度与广度以及艺术上的新奇效果。序言中列举了20世纪中外诗歌中关于"死亡"的名篇，其中有艾略特的《荒原》、郭沫若的《凤凰涅槃》、罗门的《麦坚利堡》等，书中赞道："在从关注人类命运角度对死亡与战争进行形而上思考的所有新诗文本中，台湾当代诗人、'蓝星诗社'重要成员罗门所作的《麦坚利堡》（作于1960年）堪称经典性的诗歌文本。"评论说是"对人类悲惨命运的思考获得了情感与哲学的双重深度"。关于《麦坚利堡》的写作年代，应是1962年。

谭五昌，男，江西永新人，诗人、理论家。2004年6月毕业于北京大学中文系，博士。现任北京师范大学中文系主任、教授。编著有《中国新诗300首》《中国新诗白皮书（1999—2002）》《谭五昌的诗》等十余种。2007年被评为"中国十大新锐诗歌批评家"。

文学评论：《麦坚利堡》中的死亡现象，第174页

1278. 访台掠影 / 唐玲玲著 . -- 北京：光明日报出版社，1993. --151页；19cm. --ISBN 7-80091-345-7：CNY4.55　国家图书馆　海南省图书馆　海南大学图书馆

该书是作者访台见闻记录，主要展示台湾人情风貌和台湾文化人的生活信息及事业实绩，书中记述了周伟民、唐玲玲夫妇与罗门和蓉子夫妇的文坛友谊和学术往来，以及1992年赴台访问受到"国际诗人伉俪"罗门和蓉子接待，和罗门、蓉子及画家张永村同游阳明山，访问了罗门和蓉子的生活空间"灯屋"等活动。1992年5月，海南大学文学院中文系唐玲玲教授接受台湾淡江大学中文系的邀请，参加"中国社会与中国文化"学术研讨会，后又接受台湾"中央研究院"文史哲研究所筹备处的邀请，做了两场关于宋词和苏东坡的讲座。访台期间，与台湾的学者、作家进行了广泛的联系和交流，除受到国际著名诗人罗门和蓉子接待外，还结识了郑明娳、林耀德、龚鹏程、苏云峰等学者、诗人，参观了台湾大学、淡江大学、中山大学、清华大学、台湾中央图书馆、"中央研究院"历史文物研究所、新竹工业园等文化科技场所，考察了台湾的学术研究、文献文物、名人故居和风土人情，书中多次提到关于"海南学"的研究问题，并介绍了台湾学者苏云峰教授对海南的研究情况。

唐玲玲（1935—　），女，海南大学文学院古典文学教授，中国苏轼研究会常务理事，中国词学研究会理事，海南第一个访问台湾的学者。

散文："国际诗人伉俪"——罗门和蓉子，第 11 页；山色空濛雨亦奇，第 14 页；千岩环海立，第 17 页；初访灯屋，第 20 页

1279. 飞花时节 / 邝海星著 . -- 香港：天马图书有限公司，2000. --144 页：图；21cm. --ISBN 962-450-649-3：HKD15.00；CNY15.00 广东省立中山图书馆 海南大学图书馆 海南医学院图书馆 琼州学院图书馆 海南省图书馆

该书是海南诗人邝海星的诗集，收录作者《西沙诗笺》《椰城素描》《旅踪点萃》《罗门来信》等诗词。邝海星（1927—2010），男，海南琼山人，1984 年筹备成立海南诗社，生前系海南诗社社长，《海南诗文学》主编，积极组织海南诗歌活动，被誉为"海南诗坛大义工""海南文学的拓荒者"。出版了《邝海星诗选》《飞花时节》《邝海星短诗选》（中英文版），主编《海南诗社诗选》《百花诗选》等多种选集，其诗作富有浓郁的时代精神和地方气息。

诗歌：明天，你们就要回到彼岸的那边——欢送罗门、蓉子，第 99 页；罗门来信，第 101 页；盼着，紫荆花开后的另一天——致台湾琼籍诗人罗门，第 103 页

1280. 海南百科全书 / 李克主编；海南百科全书编纂委员会编 . -- 北京：中国大百科全书出版社，1999. --58，893 页：照片，地图；26cm. --ISBN7-5000-6281-8（精装）：CNY280.00 国家图书馆 海南省图书馆 海南大学图书馆

本书是一部全面反映海南基本知识和海南概况的综合性、知识性大型参考书。全书两百多万字，包括 4104 个条目、20 张行政区图、318 幅彩色插图和 519 幅随文插图，较全面、系统地反映了海南古今社会变迁、历史沿革、政治演变、文化源流、经济和科技发展的基本概貌。罗门作为海南籍人物被收录。

词条：罗门，第 793 页

1281. 海南名人传略 . 上 / 朱逸辉主编 . -- 广州：中山大学出版社，1992. --582 页：照片；19cm. --ISBN 7-306-00514-6（精装）：CNY19.8 国家图书馆 广东省立中山图书馆 海南省图书馆 海南大学图书馆 海南师范大学图书馆

该书是一部贯通古今中外的海南籍名人谱，分上中下三册。收录人物自宋代至现代，包括居住国内和移居海外的海南籍人士。海南人才之兴，从宋

代始，经历明代之盛至今，出现过革命家、经济学家、文学家及其他教授、学者、作家、商人和诸多移居海外的成功人士。本书收录了人物的基本情况，包括姓名、生卒年月、籍贯、民族、学历、职务、经历、擅长、著述、重要业绩等，丘濬、海瑞等人物有传略，并附录部分人物照片，是关于海南人物的重要工具书。

词条：罗门，第 425 页

1282. 海峡两岸诗论新潮 / 古远清著 . -- 广州：花城出版社，1992. --257 页；19cm. --（花城诗歌论丛）. --ISBN 7-5360-1070-2：CNY3.60　国家图书馆　北京大学图书馆　中山大学图书馆　海南大学图书馆

该书是对海峡两岸有代表诗论的检阅，是海峡两岸最新诗歌理论的综合研究的论文集。分台湾和大陆两卷，台湾涉及余光中、罗门、洛夫、颜元淑、林耀德、痖弦、高准、张默等人的诗论，分诗歌观评论、新诗史研究评论、诗人研究评论、诗选集评论、诗论集评论。大陆的则在整体扫描的前提下，对吕进、袁忠岳、杨光治、李元洛、古继堂等人的诗歌观和诗歌评论进行评析。是研究诗歌、诗史以及诗人创作的参考书。

评论：具有前卫性与创新性的现代精神意识——评罗门的诗论，第 20 页

1283. 红楼钟声燕园柳 / 谢冕著 . -- 北京：北京大学出版社，2008. --295 页：照片；23cm. --ISBN 978-7-301-13612-6：CNY34.00　国家图书馆　北京大学图书馆　广东省立中山图书馆　海南省图书馆　海南师范大学图书馆

该书是谢冕先生关于北大的一本散文集。红楼钟声燕园柳，谢冕先生用诗意的语言来描述他工作和生活了将近 50 年的北大，既是先生关于北大和他在北大学术生活的散文集，也是献给母校北大的富有生命力的散文诗集。在他笔下，红楼钟声燕园柳的自然环境，蕴涵着北大精神、未名湖诗意、北大学人的操守和人格力量，将一批批相聚这里带着青春的骄傲，浪漫的奇思，热情的憧憬的年轻学子，用成熟和理性来浸淫，使其成长为善于思考的青年。北大也是中国新诗的发祥地，谢冕先生，中国文坛的一面旗帜，北京大学（也是中国）文学批评界的权威，从 20 世纪 80 年代"新诗崛起"开始，一直主持新诗研究所工作，谢冕先生的新诗研究推动着中国新诗的发展。他写道："北大参与了中国诗歌现代化的全部进程，新诗的历史上印记着北大鲜明的影子。"罗门和蓉子的诗作，受到谢冕先生的推崇，他和夫人分别为罗门和蓉子编选

诗歌专集。《诗人的职业》一文，是谢先生在北京大学举办的"罗门蓉子文学创作座谈会"上的发言。

评论：诗人的职业，第 292 页

1284.寂寞的结［海外中文图书］/蔡源煌著．－－台北：联经出版事业公司，1978．－－272 页，19cm．－－（文化丛刊）．－－TWD50.00　海南省图书馆

该书是蔡源煌的第一本文学评论集，收录了作者对文学的思考，以及对英美文学、部分台湾小说、诗歌和诗人的评论。作者声明"结"是结绳记事的"记录意义"，也是寂寞之夜挑灯苦战的思考和写作的结晶。

蔡源煌（1948—　），台湾嘉义县人。台湾大学外文系毕业，获纽约州立大学宾罕顿校区英文系博士学位，1976 年 8 月至 1978 年 8 月主编《中外文学》月刊，退休前为台湾大学外文系教授。

评论：从显型到原始基型——评罗门的自选集，第 221 页

1285.简明台湾文学史/古继堂主编．－－北京：时事出版社，2002．－－527页；21cm．－－ISBN 7-80009-716-1：CNY35.00　国家图书馆　中国社会科学院图书馆　上海图书馆　广东省立中山图书馆　海南师范大学图书馆

文学史是文学中系统而综合的研究工程，它包括史论、作家论、作品论和考证学。客观讲述了自 17 世纪浙江沈光文起台湾文学诞生至 20 世纪末近 400 年台湾文学的萌生、发展、源流和演变，本着正本清源，理清脉络；减肥加钙，不漏主角；摒除社会分期，建立时空架构的方法，将台湾文学分为"早期台湾文学——从大陆到台湾""中期台湾文学——从阻隔到汇流""近期台湾文学——从主潮轮换到多元共存等内容"三部分，追根溯源，看出台湾文学与中国文学的密切关系。对台湾作家，作者本着谨慎的态度，批驳了"文学台独"现象，以图中华文学的大繁荣。

古继堂（1936—　），河南省修武县人，武汉大学中文系毕业，中国社会科学院文学研究所研究员，国家级有突出贡献专家，中国作家协会会员，中国作协台港暨海外华文文学委员会委员，中华台港暨海外华文文学研究会首任常务副会长兼秘书长，郑州大学、华侨大学、同济大学兼职教授。中华炎黄文化研究会理事，中国新文学学会理事。著有《台湾新诗发展史》《台港澳暨海外华文新诗大辞典》《台湾新文学理论批评史》《台湾小说发展史》《简明台湾文学史》等 20 部。

文学史：第十七章台湾的蓝星诗社，第 302 页

1286. 简明台湾文学史［海外中文图书］/ 古继堂［等］著 . -- 台北：人间出版社，2003. --555 页，21cm. --（台湾新文学史论丛刊；5）. --ISBN 957-866-080-4：TWD550.00　国家图书馆

该书是古继堂主编 2002 年《简明台湾文学史》的台湾版，增订繁体字。

1287. 栖居与游牧之地 / 张新颖著 . -- 上海：学林出版社，1994. --287 页；20cm. --（火凤凰新批评文丛 / 陈思和，王晓明）. --ISBN 7-80616-056-6：CNY10.80　国家图书馆　北京大学　广东省立中山图书馆　海南省图书馆　斯坦福大学图书馆

该书是作者的第一本关于当代文学研究的评论集，全书分四辑：当代文化感言、当代文学批评、隔海文谈和阅读漫语。其中《隔海文谈》部分是关于台湾文学研究的论文，谈及西方现代主义对台湾文坛的影响。张新颖（1967—　　），男，山东招远人，文学博士，复旦大学中文系教授，中国现代文学研究会理事。主要从事中国现代文学研究和当代文学批评。

评论：灵视之域——罗门的诗和诗论，第 205 页

1288. 其实你就是人物 / 陈祖芬著 . -- 北京：中国青年出版社，2007. --313 页：图，照片；23cm. --ISBN 978-7-5006-7232-6：CNY26.00　国家图书馆　北京大学　河南省图书馆　广东省立中山图书馆　海南省图书馆

该书用插图和警句揭示了人生的哲理，并将王蒙、金庸、罗门等的人生感悟融汇在"她说不能接受没有进步""想象力比知识更重要""街上的每一个人都可以成为伟人""创造机会还是等待机会""人啊，你是多么了不起的杰作"五个栏目里，教会人们发挥自身潜力把握幸福成为想象中的人物的真谛：未来的梦幻，在现实中的每一天，你希望有什么样的未来，你今天就要付出什么样的努力。陈祖芬（1943—　　），女，上海人，作家。上海戏剧学院毕业，现为北京作家协会专业作家，北京作协副主席，北京文联副主席，全国政协委员，曾连续五次获全国优秀报告文学奖及其他文学奖几十次，已出版个人作品集 20 多种。

散文：罗门：具有将太平洋凝聚成一滴泪的那种力量，第 147 页

1289. 山城学步集：民族忧患与中国现代文学 / 刘扬烈著 . -- 重庆：重庆出版社，2007. --438 页；21cm. --ISBN 978-7-5366-9157-5：CNY25.00　国

家图书馆 扬州大学图书馆 河南省图书馆 武汉大学图书馆

该书新诗研究部分，谈到罗门的诗作，赏析了罗门的战争诗、都市诗、爱情诗和乡愁诗。《麦坚利堡》是罗门战争诗的杰作。写作时间该书写"1962年，诗人去菲律宾参观了麦坚利堡"。（见第 415 页）

评论：卓越的诗才与自觉的选择——罗门诗片论，第 414 页

1290. 山河恋［海外中文图书］=Love for My Native Land.：朱逸辉选集．上 / 朱逸辉著．-- 香港：银河出版社，2001．--1148 页：照片；21cm．--ISBN 962-475-546-9（精装）：HKD85.00 国家图书馆 台湾交通大学图书馆

评论："世界重量级"诗人罗门，第 701 页

1291. 沈奇诗学论集 =Shenqi Collected Essays on Poetry and Poets. 卷三，台湾诗人论评 / 沈奇著．-- 北京：中国社会科学出版社，2005．--328 页：照片；21cm．--ISBN 7-5004-5205-5：CNY75.00（全 3 册） 国家图书馆 四川省图书馆 海南师范大学图书馆 同济大学图书馆

本书中总结了 80 年来中国新诗史，认为中国新诗分三大板块即 20 世纪 20 至 40 年代的新诗拓荒期，50 年代至 70 年代的台湾诗坛，自 70 年代至 90 年代祖国大陆的现代主义诗歌大潮。作者书中描述："台湾诗歌自 50 年代起，形成了近 800 位诗人，1300 多部个人诗集，100 多部个人诗论，200 多部诗评论集，先后有 150 多家诗刊诗报的多元共生，诗才代出的宏大局面。"本书以洛夫《谈沈奇台湾现代诗研究》作序，收录了《中国新诗的历史定位与两岸诗歌交流》《误接之误——谈两岸诗歌的交流与对接》等关于台湾诗歌的宏观论述，还有如《青莲之美——蓉子论》《与天同游——罗门诗歌精神散论》等研究台湾诗人的诗评论文。沈奇（1951— ），男，陕西勉县人，中国作家协会会员，西安财经学院文艺系教授，研究台湾现代诗歌的诗学理论家，出版诗与诗学著作 6 种，编选 6 部。专著有《台湾诗人散论》《拒绝与再造——两岸现代诗论评》等，编选了《台湾诗论精华》《九十年代台湾诗选》等，有广泛影响。

评论：与天同游——罗门诗歌精神散论，第 233 页

1292. 诗的回音壁［海外中文图书］/ 王一桃著．-- 香港：当代文艺出版社，2003．--22，183 页；21cm．--ISBN 962-278-230-2：HKD50.00 国家图书馆 北京大学图书馆 广东省立中山图书馆 广西民族大学图书馆

该书是香港诗人、评论家王一桃的诗歌集，书中大部分诗词是写给中国

的山和中国文艺家的。书前有屠岸序《你写出了历史的中国，也写出了明日的中国》。

存目：赠文艺家罗门（1928—　），诗见《诗的纪念册》131 页

1293. 诗歌辞典 / 陈绍伟编 . -- 广州：花城出版社，1986. --437 页；19cm. --（精装）：CNY4.10　海南师范大学图书馆　琼台师范高等专科学校图书馆　洛阳市图书馆

该书是国内出版的第一本诗歌辞典。共收录词条 2200 条，对诗歌的基本知识、专用术语、诗歌创作的社团、流派、创作方法、艺术风格等都有简明扼要的阐述，对有影响的诗集、诗论家、诗译家都作了客观介绍，内容涉及古今中外，突出"现代"和"中国"特点，对诗歌的阅读、欣赏、创作、研究都有一定的参考价值。

词条：罗门，第 168 页

1294. 诗歌通典 / 杨镰，薛天纬主编 . -- 北京：解放军文艺出版社，1999. --59,1057,31 页；23cm. --（中国文学通典）. --ISBN 7-5033-1047-2（精装）：CNY125.00　国家图书馆　北京大学图书馆　广东省立中山图书馆　海南省图书馆　海南大学图书馆

该书是《中国文学通典》的诗歌卷，时间跨度起于先秦，至于 20 世纪 90 年代，是部兼有工具书、百科全书及史著特点的诗歌辞书。全书按中国诗歌发展脉络编排，以诗人为经，以诗歌创作为纬，基本反映了中国诗歌史上诗人、诗作和诗歌发展概况。该书是中国社会科学院文学研究所重点科研项目。

词条：罗门，第 900 页

1295. 诗探索 .1995 年 . 第 2 辑（总第 18 辑）/ 谢冕［等］主编 . -- 北京：中国社会科学出版社，1995. --188 页；19cm. --ISBN 7-5004-1734-9：CNY5.50　国家图书馆

评论：论罗门的诗歌艺术方式，陈仲义 . 第 124 页

1296. 诗探索 .2007 年 . 第一辑，作品卷 / 林莽，张洪波主编 . -- 北京：九州出版社，2007. --213 页：照片；24cm. --ISBN 978-7-80195-577-7：CNY50.00（全 2 册）　国家图书馆

评论：读罗门短诗《野马》，谭五昌 . 第 74 页

1297. 诗与面包与自由 / 邵燕祥著 . -- 上海：华东师范大学出版社，1998.

--10，585 页；20cm. --（思无邪文丛）. ISBN 7-5617-1914-0：CNY29.00　北京大学图书馆　复旦大学图书馆　广东省立中山图书馆

该书收录 1995 至 1997 年间作者的随笔 100 多篇，探讨的主题是人生活的必需品：面包、自由和诗。作者说：没有面包，不能存活下去；没有自由，不是人的生活；没有诗，生活的天地太窄小了。《罗门猜想》是作者在 1995 年 12 月 6 日在北京"罗门、蓉子诗作座谈会"上的发言。邵燕祥评论罗门诗，俯瞰古今，鸟瞰中外，时间与空间以动态和速度进入罗门的诗，比绘画抽象，比音乐具象。读罗门诗的感觉是深、玄、奇、冷。

邵燕祥（1933—　　），当代诗人，杂文家。出生于北京，历任中央人民广播电台编辑、记者，《诗刊》副主编，中国作协第三、四届理事。著有诗集《到远方法》《在远方》《迟开的花》《邵燕祥抒情长诗集》等。

评论：罗门猜想，第 39 页

1298. 世界华人文化名人传略［海外中文图书］. 文学卷 / 杨羽仪主编 . --香港：中华文化出版社，1992. --9，762 页；28cm. --ISBN 962-7681-01-6：HKD180.00　香港城市大学图书馆　东莞图书馆　西南大学图书馆

词条：罗门，第 760 页

1299. 世界华文新诗总鉴［海外中文图书］：1991—1995 卷 / 戈仁主编 . --香港：金陵书社出版公司，1999. --483 页；26cm. --ISBN 962-440-169-4（精装）：HKD760.00　国家图书馆　广东省立中山图书馆　山东省图书馆　湖南图书馆　海南省图书馆

评论：论罗门的诗歌理论，陈鹏翔，第 420 页

1300. 水是故乡甜：台湾乡愁文学 / 陈冬梅编著 . -- 福州：福建教育出版社，2008. --131 页：照片；23cm. --（图文台湾 / 林仁川主编）. --ISBN 978-7-5334-5178-3：CNY22.00　国家图书馆　北京大学图书馆　广东省立中山图书馆　深圳图书馆　琼台师范高等专科学校图书馆

《图文台湾》是厦门大学台湾研究中心为了使大陆居民更加了解台湾而组织编写的包罗台湾政治、经济、文化诸方面情况的图文读物。本书以乡愁为主题，记述了台湾小说、散文、诗歌界的乡愁文学作家及其诗作。

散文："现代诗守护神"罗门，第 113 页

1301. 台港澳暨海外华文文学大辞典 / 秦牧［等］主编 . -- 广州：花城

出版社，1998. --13，124，1132 页；20cm. --ISBN 7-5360-2896-2（精装）：
CNY80.00　国家图书馆　南开大学图书馆　广东省立中山图书馆　西安交通
大学图书馆　斯坦福大学图书馆

该辞典是部介绍台港澳暨海外华文文学情况的工具书，它以条目的形式，
客观介绍了 1919 至 1991 年间台湾文学、港澳文学、海外华文文学的概况，
每大类下设作家小传、作品简介和文学期刊三个小类，具体条目按照第一字
的笔画顺序排列。海外华文部分包括新华、马华、菲华、泰华、印华、美华、
加华、欧华八个国家的华语文学。

词条：罗门，第 76 页

1302. 台港澳暨海外华文新诗大辞典 / 古继堂主编 . -- 沈阳：沈阳出版社，
1994. --815 页；26cm. --ISBN 7-80556-980-0（精装）：CNY98.00　国家图书
馆　北京大学图书馆　中国社会科学院图书馆　华东师范大学图书馆　广东
省立中山图书馆　海南师范大学图书馆　斯坦福大学图书馆

该辞典集中反映了 20 世纪 20 年代至 1992 年 70 多年间台港澳及海外华
文新诗的发展脉络，是反映祖国大陆以外华文诗歌世界的第一部工具书。全
书共 2950 条，诗人和诗评家 1005 条，诗集和诗论、诗评 912 条，诗歌社团
52 条，诗歌报刊 111 条，名词术语 101 条，是关于海外华文诗歌创作的权威
辞典。罗门和妻子蓉子均在编委之列，海外海南籍诗人条目由海南大学教授
王春煜编写。

词条：罗门，第 156 页

罗门诗集词条：日月的行踪，第 293 页；有一条永远的路，第 307 页；旷
野，第 333 页；罗门自选集，第 346 页；罗门诗选，第 346 页；罗门蓉子短诗
选，第 347 页；星空无限蓝，第 364 页；第九日的底流，第 383 页；隐形的椅子，
第 393 页；整个世界停止呼吸在地平线，第 437 页；曙光，第 437 页

诗论词条：心灵访问记，第 451 页；长期受着审判的人，第 453 页；时空
的回声，第 461 页；诗眼看世界，第 466 页

评论罗门：门罗天下，第 444 页；日月的双轨，第 452 页；罗门论，第
471 页

诗歌名篇：麦坚利堡，第 504 页；板门店，第 507 页；流浪人，第 513 页；
都市之死，第 516 页

诗歌论争：赵天仪与罗门关于《麦坚利堡》评价的论争，第 617 页

诗歌活动：蓝星诗社成立 32 周年华庆祝会，第 665 页

诗坛轶事：心灵大学的校长罗门，第 672 页；我的箭在台风之夜射入青鸟的心房——诗人罗门、蓉子之恋，第 679 页；罗门被"策反"，第 680 页；罗门、蓉子三轮车上定终身，第 680 页；罗门诗路上的两位启蒙老师，第 680页；罗门名字的由来，第 681 页；诗的婚礼，第 681 页；诗一般的"灯屋"，第 683 页

1303. 台港澳暨海外华文作家辞典 / 王景山主编 . -- 北京：人民文学出版社，1992. --500 页；20cm. --ISBN 7-02-001348-1：CNY8.60　国家图书馆　北京大学图书馆　南京大学图书馆　海南大学图书馆　海南师范大学图书馆

该书系统介绍了台港澳及海外华人作家文学影响、处女作、成名作、代表作等情况，收录近现代著名作家、诗人 634 人，是供中等以上文化程度的读者、大中专学生、教师、作家、翻译家、出版家、文学史家、文学评论家使用的工具书。王景山（1924—　　），笔名王荆，山东济宁人，北京大学西语系毕业。中央文学研究所第一届学员。北京师范学院中文系教授、系主任，鲁迅文学院兼职教授。中国现代文学研究会、鲁迅研究学会及世界华文文艺家协会名誉理事，《鲁迅研究月刊》顾问。著有《鲁迅书信考释》《旅人随笔》《鲁迅仍然活着》《鲁迅五书心读》（五卷）、《多管闲事集》《王景山文集》，主编《鲁迅名作鉴赏辞典》《台港澳暨海外华文作家辞典》等。

词条：罗门，第 282 页

1304. 台港澳暨海外华文作家辞典 / 王景山编 . -- 北京：人民文学出版社，2003. --891 页；21cm. --ISBN 7-02-004001-2：CNY54.00　北京大学图书馆　深圳图书馆　四川省图书馆　郑州大学图书馆　天津图书馆　弗吉尼亚大学图书馆数字版

该书是 1992 年版之修订版，介绍了 811 家台港澳暨海外现代、当代知名作家的生平简历和著作情况。

词条：罗门，第 398 页

1305. 台港澳文学教程 / 曹惠民主编 . -- 上海：世纪出版集团，汉语大词典出版社，2000. --10，13，496 页；20cm. --ISBN 7-5432-0445-2：CNY23.00　国家图书馆　北京大学图书馆　上海图书馆　海南省图书馆　西

安交通大学图书馆

自 20 世纪 80 年代中国内地实行改革开放政策以来，台港澳及海外文学作品的出版和研究逐渐成为学术研究的新的增长点。在以往刘登翰《台湾文学史》《香港文学史》《澳门文学概观》、白少帆与武治纯等主编的《现代台湾文学史》、古继堂的《台湾小说发展史》、潘亚暾的《台港文学导论》、陈贤茂的《海外华文文学史》等书基础上，本书增加了 90 年代台港文学的新发展，专设了澳门文学，回顾了台港澳文学的发展历程，分析了台港澳文学与现代中华文学的关系，分别介绍了台湾、香港、澳门等地的一些知名作家及其代表作品，内容丰富，规模适中。并配有论文作业选题，是大学生和研究生深入研究的参考教材。

文学史：罗门——现代诗艺的实践者，第 83 页

1306. 台湾当代诗人简介［海外中文图书］/ 吴天才编著 . -- 马来西亚：蕉风出版社，1981. --179 页：照片；19cm. --（蕉风文丛）. --MYR6.00，USD3.00　国家图书馆

该书收录海内外当代台湾诗人 300 多家，堪称台湾当代诗人辞典，书中有照片及诗人小传，由罗门作序。

词条：罗门，第 175 页

1307. 台湾当代文学史 / 王晋民主编 . -- 南宁：广西人民出版社　南宁：广西教育出版社，1994. --814 页；20cm. --（中国当代分类文学史丛书）. --ISBN 7-219-02547-5：CNY12.00　国家图书馆　海南省图书馆　中山大学图书馆

该书是大陆学者研究台湾文学的早期著作之一，在 1986 年版《台湾当代文学》基础上增订而成。按照时间顺序，梳理了自 1920 年到 1988 年台湾新文学产生、发展、繁荣的过程。对当代台湾的作家作品、文学流派、文学现象、文学思潮进行了全方位的扫描，从而勾勒出当代台湾文学延续中国文学传统，根植台湾社会，产生、发展、流变的轨迹。王晋民（1936—2008），广东兴宁人，中山大学中文系教授。主要著作有《台湾当代文学》《台湾当代文学史》《台湾文学家辞典》《台湾与海外华人作家小传》《白先勇传》《中国当代文学作品选讲》等多种。

该书中设独立章节的台湾诗人有三个：余光中、洛夫和罗门。《罗门的诗》

分四部分：罗门——现代诗的守护神；"第三自然"与"现代感"——罗门的诗观；"战争诗的巨擘"——罗门的战争诗；"城市诗国的发言人"——罗门的都市诗。

文学史：第二十六章，第 345 页

1308. 台湾港澳与海外华文文学辞典 / 陈辽主编 . -- 太原：山西教育出版社，1990. --560 页；19cm. --ISBN 7-80578-292-X（精装）：CNY16.50，CNY11.00　国家图书馆　北京大学图书馆　广东省立中山图书馆　海南师范大学图书馆

该辞典从一般知识、作家、作品及大陆版有关研究专著和作品选介四方面介绍了现当代台湾、香港、澳门和海外华文文学作家和作品情况。介绍的大陆版有关研究专著和作品，版本选定截至 1988 年 12 月底以前出版。

词条：罗门，第 235 页；罗门蓉子短诗精选，第 437 页

1309. 台湾诗人散论［海外中文图书］/ 沈奇著 . -- 台北：尔雅出版社，1996. --364 页；19cm. --（尔雅丛书；186）. --ISBN 957-639-221-7：TWD68.00　北京大学图书馆　同济大学图书馆　深圳大学图书馆　海南师范大学图书馆

该书是西安诗人、诗论家沈奇的第一本诗歌评论集，书中对台湾洛夫、罗门、张默、大荒、痖弦、碧果、管管、向明、朵思、辛郁、郑愁予、陈义芝、隐地等13 位诗人的诗歌作品进行了评论分析，并在评论前附诗人代表作一首，评论后编者所加按语，是台湾张默、隐地等诗人对大陆诗人沈奇隔海论诗的补充。

诗作与评论：鞋，第 268 页；与天同游——罗门诗歌精神论，第 270 页

1310. 台湾手册 / 王文祥主编 . -- 北京：中国展望出版社，1990. --1084 页：地图；20cm. --ISBN 7-5050-0757-2（精装）：CNY28.50　国家图书馆　北京大学图书馆　南京大学图书馆　上海大学图书馆　斯坦福大学图书馆

该书是一部以台湾经济贸易为主，包括台湾简史、概况、政治、社会、对外关系、经济、外贸，与大陆香港的经济关系，是农业、工业、商业、运输、通信、旅游、服务、教育、科技、文化（含当代台湾文学）等领域的知识手册，总附《台湾名人录》。王文祥（1940—　　），河北秦皇岛人，中共中央统战部华文出版社副社长兼副总编。

词条：罗门，第 920 页

1311. 台湾文学家辞典 / 王晋民主编 . -- 南宁：广西教育出版社，1991. --661 页；20cm. --ISBN 7-5435-1353-6（精装）: CNY14.00　国家图书馆　广东省立中山图书馆　深圳图书馆　河南省图书馆　斯坦福大学图书馆

该辞典主要介绍台湾"五四"以来的台湾文学家，包括小说家、散文家、诗人、戏剧家、文学评论家。作家从原名、笔名、别号、职称、生卒年月、籍贯、经历、接受教育、文学思潮、代表作品、文学风格等方面介绍（作品介绍依据初版），是供大中专院校师生、文艺青年以及社会文艺家了解台湾的文学工具书。该书曾获得 1992 年中南六省优秀教育读物评选委员会颁发的优秀读物三等奖。

词条：罗门，第 382 页

1312. 台湾现代诗集编目：一九四九—二〇〇〇［海外中文图书］：二〇〇一台北国际诗歌节诗展手册 / 张默著 . -- 台北：台北市政府文化局，2001. --155 页；21cm. --（文化丛书）. --［不详］　国家图书馆　台湾交通大学图书馆　浩然艺文数位典藏博物馆

条目：1949—1960 曙光，第 20 页；1961—1970 第九日的底流，第 28 页；死亡之塔，第 38 页；1971—1980 罗门自选集，第 51 页；旷野，第 62 页；1981—1990 罗门诗选，第 71 页；罗门蓉子短诗精选，第 87 页；整个世界停止呼吸在起跑线，第 87 页；有一条永远的路，第 95 页；1991—2000 谁能买下这条天地线，第 113 页；罗门创作大系（卷一）战争诗，第 119 页；（卷二）都市诗，（卷三）自然诗、（卷四）自我·时空·死亡诗、（卷五）素描与抒情诗（卷六）题外诗，第 120 页；在诗中飞行——罗门诗选半世纪，第 144 页

1313. 台湾新诗发展史 / 古继堂著 . -- 北京：人民文学出版社，1989. --427 页；肖像；20cm. --ISBN 7-02-000699-X: CNY5.10　国家图书馆　北京大学图书馆　广东省立中山图书馆　河南省图书馆　海南师范大学图书馆

《台湾新诗发展史》是海峡两岸第一部关于台湾新诗的诗歌史专著。全书约 30 万字，在大陆和台湾同时出版，该书也是作者"台湾系列文学史"《台湾新诗发展史》《台湾小说发展史》《台湾新文学理论批评史》之一部。作者将台湾新诗发展（1923—1986 年）分为四个阶段，以丰富的资料，介绍了台湾新诗在我国新诗发展史上的地位，台湾新诗坛有影响的诗人、诗刊、诗集以及台湾诗坛的发展概况，分绪论和上篇、中篇、下篇、后记。上篇：台湾新诗的诞生和成长期（1923—1955）；中篇：台湾新诗的西化期（1956—1970）；

下篇：台湾新诗的回归期（1971—1980）。其关于台湾现代派的"版权"问题，纠正了以往文学史上认为是纪弦和他的"现代诗刊"之谬，改为杨炽昌和他的《风车诗刊》，并考证了台湾的现代派和大陆李金发、戴望舒从法国带来的现代派是同一个源头，台湾的现代派经过日本中转。关于台湾诗人和诗作的评价部分是书中的亮点，罗门称古继堂是"诗的解谜人"。

该书的出版，在海峡两岸诗歌界、文学界引起了强烈的反响。江西大学公仲，中南财大教授、台港文学研究所所长古远清，北京大学教授汪景寿，中山大学教授王剑丛，中南民族学院副教授邹建军以及海外的多数学者、诗人如罗门、痖弦、纪弦、文晓村等都有很好评价。"中篇第二章蓝星诗社和它的诗人群"，介绍了罗门和妻子蓉子的诗歌创作。

诗史：第四节罗门，第181页

1314. 台湾新诗发展史［海外中文图书］/古继堂著．-- 台北：文史哲出版社，1989．--15，506页；21cm．--（文学丛刊；29）．--TWD350.00　国家图书馆　北京大学图书馆　上海图书馆　华中师范大学图书馆　福建省图书馆　台湾成功大学图书馆

《台湾新诗发展史》是海峡两岸第一部关于台湾新诗发展的诗歌史，在大陆和台湾同年出版，该版本是《台湾新诗发展史》的台湾版，繁体字竖排，该书在台湾也引起了较大反响，多有好评，偶有指正。台湾诗人张默曾撰文，认为该书有偏颇、错误和不实部分，古继堂进行了答复论辩。张默和古继堂的对话，凸显了海峡两岸关于新诗的视角不同，语言习惯不同，正说明中华民族同根同源，在阻隔三十多年后，需要更多的文化沟通和交流。该书"蓝星诗社和它的诗人群"一章，介绍了罗门和妻子蓉子的诗歌创作。

诗史：第四节罗门，第181页

1315. 台湾新诗发展史［海外中文图书］/古继堂著．-- 增订版．-- 台北：文史哲出版社，1997．--6，614页，图版；21cm．--（文学丛刊；29）．--ISBN 957-549-040-1：TWD 440.00　中山大学图书馆　中国社会科学院图书馆

1316. 台湾新文学辞典：1919—1986/徐廼翔主编．-- 成都：四川人民出版社，1989．--900页；19cm．--ISBN 7-220-00714-0（精装）：CNY14.60　国家图书馆　郑州大学图书馆　海南大学图书馆　琼台师范高等专科学校图书馆

该书是第一部关于台湾新文学的工具书。收录了1919至1986年间台湾

文学的主要词条，约 2603 条，分列为作家、作品集、重要作品简介、期刊、丛书与辞书、社团及流派、文学运动论争及文艺思潮、文学奖八个部分，前有分类词表，后有笔画索引，是普及加深对台湾新文学印象的参考工具书。书前有萧乾序。

词条：罗门，第 165 页

诗集：死亡之塔，第 475 页；第九日的底流，第 500 页；隐形的椅子，第 503 页；曙光，第 515 页

新诗：麦坚利堡，第 706 页；流浪人，第 717 页

诗刊：蓝星诗刊，第 772 页；诗社：蓝星诗社，第 804 页

1317. 台湾新文学理论批评史 / 古继堂著 . -- 沈阳：春风文艺出版社，1993. --452 页：照片；20cm. --ISBN 7-5313-0945-9（精装）：CNY 14.00，CNY10.50　国家图书馆　广东省立中山图书馆　中国社会科学院图书馆　同济大学图书馆　扬州大学图书馆　河南财经政法大学图书馆

该书论述了台湾新文学理论的发展全貌，包括诗歌、小说、散文等，论述了中国古典文化、台湾的现代文明，以及日本、美国、葡萄牙、荷兰等新老殖民主义轮番以武力和文化强迫台湾东化西化对台湾文学理论的影响。全书分台湾现代新文学理论批评的历史沿革和基本内涵、台湾当代新文学理论批评的发展概况和走向、台湾文学史的研究、台湾的小说理论批评、台湾新诗的理论批评、台湾散文理论批评等 6 编。本书的精华是对台湾众多在文艺、诗歌、小说、散文方面有理论建树者，进行了全面深入地挖掘和论证。

关于罗门在新诗理论批评中的成就，古继堂说："罗门是台湾诗人中研究概括总结探讨诗歌理论最敏感、最勤奋、最有见地和成果最多的一位，他对诗歌理论诸领域均有深入思考和论述……罗门诗歌理论最突出的有以下几个方面：创造了第三自然的理论；现代感；心灵艺术论；五大支柱（联想力、意象、语言的特殊功能、结构、意境）论。"

文学批评：第五编第十五章，第 396 页

1318. 台湾新文学理论批评史 [海外中文图书] / 古继堂著 . -- 台北：秀威资讯科技股份有限公司，红蚂蚁图书经销，2009. --446 页；21cm. --（语言文学类；PG0228）. --ISBN 978-986-221-162-5：TWD460.00　国家图书馆　中国传媒大学图书馆

该书是 1993 年版《台湾新文学理论批评史》的增订繁体字版。

1319. 台湾新文学思潮史纲 / 吕正惠，赵遐秋主编 . -- 北京：昆仑出版社，2002. --453 页；21cm. --ISBN 7-80040-611-3：CNY25.00　国家图书馆　北京大学图书馆　深圳图书馆　海南大学图书馆　海南师范大学图书馆

该书是由台湾吕正惠和大陆的赵遐秋教授组织的团队编写的台湾新文学理论史，本书是地区性的文学史，描述了 20 世纪 20 年代以来的台湾新文学思潮及其发展历程，重点阐释从 20 年代台湾新文学发轫时期，30 年代的左翼文学运动，40 年代的重建战后文学、50 年代到 60 年代的现代派主义等 20 个各个时期台湾的主要文学潮流，从中可以看出台湾文学的中国属性，由陈映真作序。

文学批评：第六章第二节现代诗的发展和对现代派诗的批评与论争，第 226 页

1320. 台湾与海外华人作家小传 / 王晋民，邝白曼编著 . -- 福州：福建人民出版社，1983. --282 页；21cm. --CNY0.92　国家图书馆　广东省立中山图书馆　海南省图书馆　福建省图书馆　浙江图书馆　斯坦福大学图书馆

为了增强大陆读者对台湾和海外华人作家的了解，编者选录了台湾和海外华人作家赖和、林海音、梁实秋、纪弦、覃子豪、罗门、琼瑶、三毛、席慕蓉等 137 人，撰写"小传"予以介绍。从作家生平、创作成绩、创作道路、艺术风格，力求客观全面反映作家的概况。

小传：罗门，第 175 页

1321. 王一桃文论选 ［海外中文图书］/ 王一桃著 . -- 香港：奔马出版社，1998. --431 页；21cm. --ISBN 962-278-148-9：HKD60.00　国家图书馆　广东省立中山图书馆　同济大学图书馆　四川省图书馆　广西民族大学图书馆　海南大学图书馆

该书收录了王一桃的文学评论、札记、读书笔记、文学评论和图书序跋。王一桃，香港当代著名作家、诗人、文学评论家。

评论：论罗门的城市诗——第六届世界华文文学国际研讨会论文，第 286 页

1322. 文学的现代记忆 ［海外中文图书］/ 张新颖著 . -- 台北：三民书局，2003. --224 页，21cm. -- （三民丛刊；236）. --ISBN 957-14-3808-1：TWD 3.00　清华大学图书馆　福建师范大学图书馆

该书收录作者研究生时期（1990—1992 年间）主要撰写的关于台湾文学

现代性的文章十余篇。第一辑 台湾文学的现代意识，涉及台湾小说、诗歌、文学杂志；第二辑 主要谈论张爱玲和西西。

文学评论：灵视之域——罗门的诗和诗论，第 85 页

1323. 文学批评选［海外中文图书］：1985 年 / 陈幸蕙著 . -- 台北：尔雅出版社，1986. --420 页；19cm. --（年度批评；第二集）. --TWD170.00 国家图书馆 同济大学图书馆 暨南大学图书馆 四川大学图书馆

评论：诗人竞技——读余光中和罗门的"漂水花"，第 29 页

1324. 文学四论［海外中文图书］. 上册，新诗论、戏剧论 / 王志健著 . -- 台北：文史哲出版社，1988. --408 页；21cm. --TWD210.00 国家图书馆 海南省图书馆

该书分上下两册，上册论述新诗、戏剧，下册论述小说、散文。卷一是新诗论，分诗的源流、从黄遵宪到胡适、民初的新诗、小诗与长诗、格律派象征派与现代派、抗战时期的新诗、新诗的再出发七部分。王志健，笔名上官予、舒林、舒灵、林恒、林翎等，台湾著名诗人。有诗集、剧集和文学论著集。有《中国现代诗史》等。

文学史：第七章新诗的再出发，第 272 页

1325. 我的诗人词典 / 邵燕祥著 . -- 郑州：大象出版社，2010. --358 页；23cm. --（印象阅读 / 李辉主编）. --ISBN 978-7-5347-5900-0：CNY39.80 国家图书馆 北京大学图书馆 上海图书馆 广东省立中山图书馆 海口经济学院图书馆

该书介绍了 100 多位诗人和他们的诗作。既有古代的李白、张若虚、白居易、苏轼、李清照，也有外国的惠特曼、普希金；既有阿垅、艾青、冯至、胡适，也有台湾诗人罗门、痖弦、向明和纪弦。这些古今中外的诗人，多是作者景仰或遇到过的人物，作者对他们的诗作进行了解读或评论，叙述了对其人其诗的印象。书虽题名"词典"却并非"词条"格式，而是关于诗人诗作的书评或随笔。

文学评论：罗门猜想，第 181 页

1326. 西郊夜话：谢冕学术随笔自选集 / 谢冕著 . -- 福州：福建教育出版社，2000. --307 页；20cm. --（木犁书系 . 风雨文丛）. --ISBN 7-5334-3029-8：CNY 20.00 国家图书馆 广东省立中山图书馆 同济大学图书馆 福建师范

大学图书馆　北京大学图书馆　海南工商职业学院图书馆

　　北京西郊，北京大学所在，谢冕教授自 23 岁离开家乡福州即生活于此，过着平淡、简单、实在的书斋生活，课余、公余邀学生家中闲谈，以文学为主题，兼及国家大事、社会新闻、身边趣事。夜阑人静，斗室之中，妙语连珠，茶香四溢，谢先生形容夜话"是我在西郊诗意生活的最富诗意的内容""夜阑了、客散了，我静下来，灯下握笔，将那些有趣的言说和碰撞变成文字，再变成铅印的东西，这就是文章了"（见《自序》）。以上是谢先生自谦之语，参与夜话的是他一年年培养的文学批评专业的高足，浓缩而成的文字也当是一篇篇富有学术性和艺术性的文学随笔。全书分整体关照、批评的思考、大潮小评、学问和思想、文艺随想、诗歌现在时、向诗人致敬七个部分。罗门是谢先生夜话的话题之一，也是致敬的诗人之一。

　　评论：罗门的天空，第 232 页

　　1327. 现代诗技艺透析［海外中文图书］/陈仲义著 . -- 台北：文史哲出版社，2003. --262 页；21cm. --（文学丛刊；164）. --ISBN 957-549-540-3：TWD280.00　国家图书馆　台湾交通大学图书馆

　　该书从技术美学角度，总结了台湾诗歌的多种写作方式和技巧，有"投射""畸联""隐喻""戏剧性""变形""巧智""吊诡""灵视""颠倒""意象征""三联句""瞬间绽放""即物"等，该书的特点是将学术性与通俗性结合，将方法论与可操作性融通。书中说"罗门是台湾少数具有灵视（Poetic Vision）的诗人之一（张汉良语），读完《罗门诗选》，感觉诗人的想象，穿越时空的能力、智性深度、灵觉乃至悟性都在一般诗人之上"。陈仲义（1948—　），厦门城市大学教授，出版新诗论著《现代诗创作探微》《诗的哗变》《中国朦胧诗人论》《台湾诗歌艺术六十种》《现代诗技艺透析》等 8 部，发表诗学论文 100 余篇。

　　评论：七灵视：智性的烛照与悟性的穿透，第 43 页；八想象：不合法的配偶与离异，第 49 页；九颠倒：常态秩序的倒置，第 57 页；十八原型：情结与人格的聚焦，第 117 页

　　1328. 现代诗学［海外中文图书］/萧萧著 . -- 台北：东大图书股份有限公司：三民书局总经销，1987. --4，512 页；21cm. --（沧海丛刊；文学）.--TWD8.22　中国社会科学院图书馆　广东省立中山图书馆　海南省图书

馆　上海大学图书馆　南京大学图书馆

该书是台湾诗人关于现代诗的理论批评。从胡适尝试新诗写作到台湾的都市文学、后现代主义以至于大陆的朦胧诗，其间各种不同的流派、运动，相互激荡推衍，形成了中国新诗 70 年的概貌。全书从"现象论""方法论"和"人物论"来总结和论述台湾 70 年新诗创作。"现象论"概述了现代诗所共同具有的面貌，进而探讨了现代诗的特质所在；"方法论"致力于现代诗创作方法的踏勘，从基本的意象塑造、超现实表现的可能、层叠修辞的外在表现形式要求，以至于诗人生命感与使命感的培养，尽可能顾全诗的内容与外缘；"人物论"则着眼于特殊艺术风貌的阐述，探讨了洛夫、罗门、叶维廉、席慕蓉、苦苓的诗歌艺术。

评论：论罗门的意象世界，第 409 页

1329. 现代诗学［海外中文图书］/潘丽珠著 . -- 台北：五南图书出版公司，1997. --8, 297 页；21cm. --ISBN 957-11-1445-6：TWD320.00　国家图书馆　广东省立中山图书馆　南京大学图书馆　华东师范大学图书馆

全书分诗的理论、诗的批评、诗的历史、诗的教学四部分，对现代诗从形式、内容和创作方法、发展概况、诗歌教学等方面进行了探讨，不仅思考了诗的"禅"与中国诗、意象营造等理论问题，还探讨了现代诗教学的方法。关于蓉子和罗门的诗歌研究在第二部分。潘丽珠，台湾师范大学中文系教授，研究"诗歌"的读、诵、吟、唱等声情艺术并进行了数字化典藏。

评论：罗门都市诗美学探究，第 97 页

1330. 现代诗学［海外中文图书］/潘丽珠著 . --2 版 . -- 台北：五南图书出版公司，2004. --381 页；21cm. --ISBN 957-11-3561-5：TWD320.00　广东省立中山图书馆　南京大学图书馆　华东师范大学图书馆

该书除沿用第一版文章外，新增加了三篇论文，分别是：论近 20 年的台湾现代诗研究、朗诵诗稿的处理原则与示例、现代诗歌的声情艺术与实践（文中以罗门《麦当劳的午餐时间》为例，论述了台湾现代诗歌声情艺术之美与传播之可能与途径）。

评论：罗门都市诗美学探究，第 97 页

1331. 现代台湾文学史/白少帆［等］主编 . -- 沈阳：辽宁大学出版社，1987. --931 页；20cm. --ISBN 7-5610-0173-8：CNY6.95　国家图书馆　北京

大学图书馆　广东省立中山图书馆　浙江图书馆　郑州大学图书馆

　　20 世纪 80 年代我国还没有台湾文学史的背景下，为了促进海峡两岸文学交流，中央民族学院、辽宁大学、吉林师范大学为开设"台湾新文学"课程，联合编纂的大学教材，该书序言题写日期是 1988 年 3 月。

　　文学史：第二十二章第四节罗门的诗，第 549 页

　　1332. 谢冕编年文集 / 高秀芹，刘福春，孙民乐主编 . -- 北京：北京大学出版社，2012. --12 册：照片；36cm. --ISBN 978-7-301-19833-9（精装）：CNY1260.00　国家图书馆　北京大学图书馆　广东省立中山图书馆

　　该套书是关于北京大学中文系教授、中国现代文学评论家谢冕先生创作研究情况的编年集大成之作，全书 12 册，以写作日期为序收录了谢冕自 1947 年至 2012 年 2 月所作的全部诗文。该套书的第五卷、第六卷、第七卷、第十二卷均收录有关于罗门的论文或文献。

　　照片：1988 年与袁可嘉、卞之琳、张志民、周迪芳、晏明、陆（应为"林"）耀德、罗门等先生合影，第五卷 1986—1988，插页

　　论文：罗门的天空——序《罗门诗选》，第六卷 1989—1992，第 648 页

　　论文：诗人的职业——在北京大学《罗门蓉子文学创作座谈会》上的发言，第七卷 1993—1997，第 455 页

　　编选书目：《罗门诗选》，1993 年中国友谊出版公司，第十二卷 2010—2012，谢冕教授著作目录，第 575 页

　　1333. 新诗纪事 / 刘福春撰 . -- 北京：学苑出版社，2004. --601 页；21cm. --（中国诗歌研究中心学术丛刊；8）. --ISBN 7-80060-180-3：CNY36.00　国家图书馆　海南省图书馆　海南师范大学图书馆

　　该书以编年体记录了 1917 年 1 月至 2000 年 12 月发生的有关新诗创作、出版、活动等史事，尽量以第一手资料为大陆、台湾、香港和澳门的诗人和诗歌活动编年。书中，以 1918 年 1 月 15 日《新青年》上胡适、沈尹默、刘半农的 9 首白话诗为中国新诗的开端，记录了罗门和蓉子 20 世纪 50 年代至 20 世纪末的诗歌活动，遗漏了罗门的《麦坚利堡》。

　　1334. 余光中：诗书人生 / 古远清著 . -- 武汉：长江文艺出版社，2008. --338 页：照片；21cm. --ISBN 978-7-5354-3814-0：CNY26.00　国家图书馆　北京大学图书馆　广东省立中山图书馆　海南省图书馆

余光中（1928—　　），中国台湾著名诗人、散文家、评论家。生于江苏南京，祖籍福建永春，1947 年入金陵大学外语系（后转入厦门大学），1948 年随父母迁香港，次年赴台，就读于台湾大学外文系。1953 年，与覃子豪、钟鼎文等共创"蓝星"诗社。后赴美进修，获爱荷华大学艺术硕士学位。返台后历任师大、政大、台大及香港中文大学教授，现台湾中山大学文学院院长。

本书以余光中的读书生活为线索，介绍了台湾诗人余光中以诗书为伴的风雅人生，全书分：并非童话般的童年、承继诗骚、浸唐风宋韵、横接西方、沐欧风美雨、在李杜悠悠的清芬里、星空无限蓝等十一章，介绍了他的成长经历、诗歌创作、学术思想的形成与发展过程。

罗门和蓉子是蓝星的主要支撑人物，罗门是蓝星诗社最具前卫色彩的健将，1976 年始任蓝星诗社社长，主持了蓝星后期社务 20 年。

余光中和罗门的友谊深厚，在其蓝星诗社活动记述中记载了余光中与罗门在香港作《堤上行》和《漂水花》的游戏和唱和。

记叙：第五章，星空无限蓝，第 129 页

1335. 余光中集．第三卷，诗歌 / 余光中著．-- 天津：百花文艺出版社，2004．--14,549 页：照片；20cm．--ISBN 7-5306-3830-0：CNY350.00（全 9 册）国家图书馆　首都图书馆　上海图书馆　厦门市图书馆　海南大学图书馆

《余光中集》收录了余光中的 18 本诗集、10 本散文集、6 本评论集，截止到 2003 年的近千首诗，150 篇散文，共九卷，——三卷为诗，四—六卷为散文，七、八卷为评论，第九卷为译文评析与集外新作。

赠诗：堤上行——赠罗门之一，第 95 页；漂水花——赠罗门之二，第 96 页

1336. 知道．第一季 [海外影音资料]/ 人间电视股份有限公司制作．-- 台北：人间卫视，2012．--27 张数位激光视盘：有声，彩色；$4\frac{3}{4}$ 吋．--（DVD，国语发音，中文字幕）

该光碟是台湾人间电视股份有限公司为台湾诗人、音乐家、摄影家等人制作的 27 集电视节目。其中罗门和蓉子都有电视专辑。

专题片：罗门，都市诗之父，第六集

1337. 中国当代文学辞典 / 王庆生主编．-- 武汉：武汉出版社，1996．--16，59，1148 页：照片；26cm．--ISBN 7-5430-0904-8（精装）：CNY100.00　北京大学图书馆　湖北省图书馆　四川省图书馆　海南大学图书馆　海南师范大

学图书馆

辞典收录了 1949 年 7 月至 1991 年 12 月间中国当代文学辞目 4000 余条。分为当代文学专题、文学评论、小说、诗歌、散文、报告文学、戏剧、电影、电视文学、儿童文学、少数民族文学、民间文学、台港澳文学和文学报刊、文学社团 12 部分，各文学类别列出作家和作品，以笔画顺序排列，台港澳作家中还收录了部分海外华人作家。该辞典 2001 年获湖北省优秀社会科学成果二等奖。王庆生（1934—　），1958 年 5 月毕业于华中师范大学汉语言文学系，曾任华中师范大学中文系系主任，华中师范大学副校长、校长，湖北省社联副主席等。主编《中国当代文学》《中国当代文学作品选》等。

词条：罗门，第 724 页

1338. 中国当代文学史教学大纲 / 国家教委高教司编 . -- 北京：高等教育出版社，1998. --132 页；19cm. --ISBN 7-04-006382-4：CNY4.30　国家图书馆　上海图书馆　广东省立中山图书馆　河南大学图书馆　新疆大学图书馆

文科教学大纲是规范教学内容、指导教学工作、保证教学质量的重要手段。该书是教育部组织编写的文科核心专业教程之一，分阶段讲述了包括台港澳地区在内的中国 20 世纪 50 年代起至 20 世纪末的中国文学。

文学史：第三编台湾、香港、澳门地区的文学，第 107 页

1339. 中国当代新诗史 / 洪子诚，刘登翰著 . -- 北京：人民文学出版社，1993. --550 页；20cm. --ISBN 7-02-001595-6：CNY9.95　国家图书馆　北京大学图书馆　广东省立中山图书馆　扬州大学图书馆　海南大学图书馆

本书是中国第一部当代新诗史专著，书中描述了 20 世纪 50 到 80 年代中国新诗的发展历程，并以具体诗人和诗作为线索，以诗潮发展为背景，探讨诗人的创作道路和艺术风格。洪子诚（1939—　），广东揭阳人，北京大学中文系教授，中国当代文学教研室主任，著有《中国当代文学的艺术问题》《作家的姿态与自我意识》《当代中国文学概观》（合著）、《中国当代新诗史》（合著）、《1956：百花时代》等。刘登翰（1937—　），生于厦门，1961 年毕业于北京大学中文系，现为福建社会科学院研究员，福建师大兼职教授、博士生导师。著有《文学薪火的传承与变异》《台湾文学隔海观》《彼岸的缪斯——台湾诗歌论》（合著）、《中华文化与闽台社会》等，主编《台湾文学史》《香港文学史》《澳门文学概观》等，出版了诗集《瞬间》《纯粹或不纯粹的歌》等。

新诗史:"蓝星"的诗人群——罗门,第504页

1340. 中国当代新诗史 / 洪子诚,刘登翰著 . -- 修订版 . -- 北京:北京大学出版社,2005. --421 页;23cm. -- (新诗研究丛书). --ISBN 7-301-08356-4:CNY33.00 北京大学图书馆 四川省图书馆 中山大学图书馆 海南大学图书馆 海南师范大学图书馆

本书评述了 20 世纪 50 至 90 年代中国新诗的状况,该版本为 1993 年之修订版,补写了 20 世纪 80 年代以后祖国大陆和台湾的诗歌状况,包括诗歌现象、艺术发展趋向、重要诗人的写作等,增加了香港和澳门诗歌的有关章节,对原版本进行了调整、压缩、修订和更改,主要围绕诗人得以聚合的制度性(政治、经济、文化、社会心理)因素和群体性特征进行论述,描述不同阶段在题材、主题、艺术方法上的特征变化,考察诗歌流派、诗歌秩序的生成、构造状况,对具体诗人的写作、重点诗歌流派(群体)的发展状况也有所关注,继而勾画出不同时期不同地域风格各异的诗歌场景。蓉子和罗门,是蓝星诗社的重要诗人,和覃子豪、余光中、周梦蝶等人一起,作为五六十年代台湾现代派诗歌的代表性人物列入新诗史。

新诗史:第十五章现代主义诗潮及诗人,第323页

1341. 中国当代新诗史 / 洪子诚,刘登翰著 . -- 北京:北京大学出版社,2010. --12,511 页;23cm. -- (洪子诚学术作品集). --ISBN 978-7-301-16945-2:CNY60.00 国家图书馆 北京大学图书馆 上海图书馆 深圳图书馆 海南大学图书馆 海南师范大学图书馆

"洪子诚先生以他的智慧和坚忍,为中国当代文学的学科建设不仅提供了一系列的学术著作,而且建构了一个初具规模的学术体系"(谢冕《一束鲜花的感谢——祝贺〈洪子诚学术作品集〉出版》,见 2010 年第 5 期《文艺争鸣》)。2010 年 2 月,《洪子诚学术作品集》(7 卷)由北京大学出版社出版时,北京大学中文系召开"当代文学与文学史暨《洪子诚学术作品集》研讨会",参会的学者对洪子诚严谨、宏大、事实与理性并重的学术研究给予充分肯定。评论说"洪子诚的本事(研究优势)是在对这些材料的辨析与发现它们之间的逻辑关系上。他将这些材料重新返回具体的历史语境中,然后将它们重新组成链条,从而组成所谓的'历史'"。本书是《洪子诚学术作品集》系列之一,所评述的是 20 世纪 50 至 90 年代中国新诗的发展状况,书中上卷讲述了祖国大陆

的当代新诗, 评述了 60 年代诗风和"政治抒情诗""文革"时期的诗歌、"复出"的诗人、朦胧诗与朦胧诗运动等内容; 下卷讲述台湾、香港和澳门的当代新诗, 重点介绍了台湾当代诗。该版本是《中国当代新诗史》的第三版。

新诗史: 第十五章现代主义诗潮及诗人, 第 392 页

1342. 中国当代艺术界名人录 . 1/ 中国名人研究院编 . -- 北京: 社会科学文献出版社, 1993. --42, 1392 页; 26cm. --ISBN 7-80050-382-8 (精装): CNY90.00　国家图书馆　广东省立中山图书馆　清华大学图书馆　海南大学图书馆　海南师范大学图书馆

本书收录 1949 年 10 月 1 日后去世, 以及至 1992 年活跃在中国当代艺术界的各界知名人士 11054 人。

词条: 罗门, 第 827 页

1343. 中国和海外: 20 世纪汉语文学史论 / 黄万华著 . -- 天津: 百花文艺出版社, 2006. --21, 577 页; 21cm. --ISBN 7-5306-3957-9: CNY59.00　国家图书馆　海南省图书馆　海南师范大学图书馆　琼台师范高等专科学校图书馆

该书以汉语文学整体的意识, 探讨了 20 世纪包括祖国大陆、台港澳地区、海外华人社会在内的汉语文学 (也称"华文文学") 写作, 力图将三大板块的汉语文学整合成某种宽容、和解而又具有典律倾向的文学史, 用不同板块、不同地区、不同层面的汉语文学的密不可分性来整合 20 世纪的汉语文学史, 以留下完整的民族新文学的面貌。谈到由余光中 1954 年发起的蓝星诗社, 说 "10 年间聚合了罗门、蓉子、周梦蝶、覃子豪、向明、白荻、夏菁、杨牧等一大批呕心沥血于现代诗的杰出诗人, 造成了台湾诗坛上一次'小小的盛唐'"。黄万华 (1948—　), 浙江上虞人。现为山东大学教授、文学与新闻传播学院博士生导师。出版有《新马百年华文小说史》《文化转换中的世界华文文学》《中国和海外: 20 世纪汉语文学史论》《史述与史论: 战时中国文学研究》《传统在海外: 海外华人文学与中华文化传统》《中国现当代文学 (五四—1960年代)》等专著 9 种, 主编《美国华文文学论》等 5 种。

评论: 第三编"战后 20 年文学研究", 第 339 页

1344. 中国近现代人物别名词典 / 徐为民编 . -- 沈阳: 沈阳出版社, 1993. --512 页; 26cm. --ISBN 7-80556-946-0 (精装): CNY67.00　国家图书馆　北京大学图书馆　广东省立中山图书馆　辽宁大学图书馆　海南大学图书馆

该词典收录 1840 年以后出生在某行业有影响的人物约一万四千人，各种人名（常用名、本名、又名、小名、学名、字、号、室名、笔名、艺名、诨名、道号、称号、封号、谥号、庙号、年号、代号、外族名、外国名）约四万个。徐为民，辽宁大学图书馆任职。

词条：罗门，第 219 页

1345. 中国诗歌通史．当代卷／吴思敬主编．－－北京：人民文学出版社，2012．－－706 页，16 开．－－（中国诗歌通史／赵敏俐，吴思敬主编）．－－ISBN 978-7-02-009060-0：CNY98.00　首都图书馆　首都师范大学图书馆　上海大学图书馆　海南大学图书馆

《中国诗歌通史》是目前最详实的中国诗歌大型历史丛书，分先秦、两汉、魏晋南北朝、隋代、唐五代、宋代、辽金元代、明代、清代、现代、当代、少数民族共 11 卷，作者们站在时代的立场，结合中国诗歌发展的实际，运用各种新的研究方法，创新了诗歌史的写作体例。该书以汉民族诗歌为主体，融合了少数民族的诗歌内容，以中国诗歌文体的变化为经，探索民族心灵和诗歌艺术之美，清晰地梳理了中国诗歌史的发展脉络；同时采取广义的诗歌概念，贯通古今诗观，囊括了骚体赋、词、曲等文体，系统完整地揭示了中国诗歌演变过程中出现的多种体裁和元素，具有"通古今之变，观中西之别"的特点，该成果为国家社会科学基金 2004 年度重点项目。

当代卷共 16 章，揭示了中国新诗诞生和发展进程中呈现的与政治纠缠、与传统审美冲撞等特征，阐述了大陆诗歌的发展脉络，介绍了台湾、香港和澳门的诗歌概况。该书将《麦坚利堡》的写作时间误写为"1960 年"，应改为"1962 年"。

诗史：第十五章二步态稳健的"蓝星"（三）罗门：都市诗国的发言人，[不详]

1346. 中国文学答问总汇／王德宽［等］撰稿；《中国文学答问总汇》编委会编．－－北京：北京十月文艺出版社，1994．－－97，817 页；26cm．－－ISBN 7-5302-0303-7（精装）：CNY46.20　国家图书馆　北京大学图书馆　广东省立中山图书馆　四川省图书馆　海南大学图书馆　海南师范大学图书馆

该书用问答形式全面介绍中国文学基本知识，汇集问答条目近 8000 条，上自先秦，下迄当代文学，内容有当代文学史大要、作家生平创作、作品思

想艺术、文学流派缕析、文学理论、文坛现象等，按各时期文学顺序编排，有民间文学、儿童文学、少数民族文学、台港文学、文学理论批评、常用工具书等等，文字简洁，内容丰富，富有思想性、知识性、资料性、可读性。

问答：罗门的生平与创作怎样？第 667 页；罗门为什么被称为台湾诗坛"心灵大学"的校长？第 667 页；蓝星诗社何时成立，主要成员有哪些？第 690 页

1347. 中国文学大辞典 / 马良春，李福田总主编 . -- 天津：天津人民出版社，1991. --8 册（6427 页）；26cm. --ISBN 7-201-00750-5（精装）：CNY420.00　国家图书馆　北京大学图书馆　广东省立中山图书馆　海南大学图书馆

该辞典由中国社会科学院马良春主编的文学专业工具书，8 卷 8 册，1600余万言，收词目 33000 余条，包括汉族文学、少数民族文学、民间文学以及台港和海外华人文学。编者对于我国古代、近代、现代、当代的文学现象，包括各代文学的作家、作品、社团、思潮、流派、历史事件、期刊报纸以及作品版本变化、文学研究概况等内容进行了广收精选。当代作品限于 1987 年以前的出版物，其他可利用材料截止 1991 年元月。辞典释词注意资料性、科学性、准确性。其特色在于最早收录了文学评论家、文学研究家、文学编辑家、文学出版家、文学翻译家，著录了中国近代、现代、当代文学对外来文学的引进及所受影响。

词条：罗门，第 3728 页

1348. 中国文学家辞典：现代 . 第三分册 /《中国文学家辞典》编委会编 . -- 成都：四川文艺出版社，1985. --626 页；19cm. --CNY3.50　首都图书馆　复旦大学图书馆

《中国文学家辞典》是由四川文艺出版社组织编写的文学工具书，该书收录历代作家、文学批评家、文学史家和文学翻译家词条约 5000 条，现代第三分册收词条 528 条。

词条：罗门，第 338 页

1349. 中国现代派文学史论 / 谭楚良著 . -- 上海：学林出版社，1996. --401页；20cm. --ISBN 7-80616-219-4：CNY16.00　国家图书馆　北京大学图书馆　广东省立中山图书馆　海南大学图书馆　海南师范大学图书馆

该书对 20 世纪中国出现的现代主义文学予以论述。全书分三编：20 年代

中期至 40 年代末期我国现代派文学；50、60 年代台湾现代文学；新时期我国现代文学的新崛起。

文学史：第三章蓝星诗社及其代表人物，第 236 页

1350. 中国现代文学词典 / 鄂基瑞著 . -- 上海：上海辞书出版社, 1990. --983 页；20cm. --ISBN 7-5326-0019-X（精装）：CNY20.00　国家图书馆　上海图书馆　北京大学图书馆　广东省立中山图书馆　上海师范大学图书馆

本词典是国内第一部大规模、多门类的现代文学专业性辞书。收录了中国现代文学 1915—1986 年间的名词术语、社团、流派、人物、作品、文学形象、文集、丛书、报刊、出版单位、故居、纪念馆等类词目 2633 条。人物条目附《笔名录》和《主要著作目录》。书后附《文学年表（1915—1986）》《文献史选辑》《中国作家协会历届理事会名单》《1978 年后全国获奖作品一览》以及词目笔画索引。该书中关于罗门的词条，籍贯"广东文昌人"应改为"海南文昌人"，主要著作所列的《精神与现代诗人》应改为《现代人的悲剧精神与现代诗人》。

词条：罗门，第 421 页

1351. 中国现代主义文学史论 / 李林展著 . -- 北京：中国书籍出版社, 2004. --26，432 页；20cm. --ISBN 7-5068-1126-X：CNY30.00　国家图书馆　北京大学图书馆　上海图书馆　四川大学图书馆　海南省图书馆

20 世纪现代主义从西方引进至中国，对中国文学影响广泛，在中国文学史上有着明显的轨迹，先后出现过四次浪潮："五四"后十年的第一次浪潮、30 年代的第二次浪潮、台湾 50 至 60 年代的第三次浪潮、新时期的第四次浪潮。序言中介绍台湾现代主义文学时讲到罗门，说："罗门及其《死亡之塔》《隐形的椅子》等诗集，极力追求对心灵世界的挖掘和开发，多写城市诗，是台湾最具思想家气质的前卫诗人"，称蓉子是"台湾现代派诗歌阵营中历练长久、创作甚丰的优秀诗人"之一。

文学评论：第三章蓝星诗社及其代表诗人，第 208 页

1352. 中国现代作家论［海外中文图书］/ 叶维廉主编 . -- 台北：联经出版事业公司, 1976（1977 第二次印刷）. --565 页；21cm. --（精装）：TWD190.00，TWD150.00　国家图书馆　上海图书馆　广东省立中山图书馆　福建省图书馆

为了台湾新文学传统的持续，作者编选了《中国现代作家论》，分诗歌和小说两部分。诗歌方面选取有"特别声音"的诗人如纪弦、覃子豪、余光中、洛夫、痖弦、商禽、周梦蝶、罗门、管管、白荻、叶威廉、紫珊、方莘等，并选取评论家进行评论。叶维廉（1937—　），广东珠海人，毕业于台大外文系、师大英语研究所，并获爱荷华大学美学硕士及普林斯顿大学比较文学博士。著有《比较诗学》（1983）等。

评论：论罗门的技巧，陈慧桦，第 243 页

1353. 中国现当代文学 . 第 1 卷 / 黄万华著 . -- 济南：山东文艺出版社，2006. --12，529 页；21cm. --ISBN 7-5329-2536-6：CNY27.00　国家图书馆　首都师范大学图书馆　广东省立中山图书馆　同济大学图书馆　海南经贸职业技术学院图书馆

《中国现当代文学》是山东大学名牌建设课程教材，该卷是关于"五四"新文学至 20 世纪 60 年代的文学概述。其中下篇第十一章台湾文学诗歌部分记述了罗门和蓉子的诗歌创作。

评论：罗门——都市诗和战争诗中的知性追求，第 429 页

1354. 中国新诗编年史 / 刘福春著 . -- 北京：人民文学出版社，2013. --2 册（1543 页）：照片；26cm. -- 国家出版基金项目 . --ISBN 978-7-02-009248-2（精装）：CNY380.00　国家图书馆　上海图书馆　首都图书馆　广东省立中山图书馆

该书以编年体形式记述了 1918 年至 2000 年中国发生的有关新诗创作、出版、活动等史实，新诗纪事至年月日，台湾新诗史料是该书的重要组成部分。作者认为 1918 年 1 月 15 日《新青年》第 4 卷第 1 号上胡适、沈尹默、刘半农的九首白话诗是最早发表的具有真正意义的新诗。关于罗门、蓉子发表诗作、出版诗集及蓝星诗社诗歌活动也有记载。例如：1963 年 5 月罗门《第九日的底流》由蓝星诗社出版（第 684 页）、1954 年 3 月蓝星诗社成立（第 459 页）、1954 年冬《现代诗》第 8 期刊出罗门《加力布露斯》等诗，引用了罗门的讲话，谈对蓉子的感激（第 469 页）、1957 年 10 月 25 日《蓝星诗选》第 2 期刊登罗门文章《论诗的理性与抒情》、1958 年 5 月 28 日罗门《曙光》出版（第 569 页）。

1355. 中国新诗大辞典 / 黄邦君，邹建军编著 . -- 长春：时代文艺出版

社，1988. --838 页；19cm. --ISBN 7-5387-0155-9（精装）：CNY10.35　国家图书馆　上海图书馆　广东省立中山图书馆　北京大学图书馆　山东省图书馆　海南师范大学图书馆

本词典为中国新诗 70 年来第一部大型工具辞典，所用资料为 1917 年 2 月《新青年》第 2 卷第 6 期发表白话诗开始至 1987 年 2 月。全书分新诗理论、术语，新诗名著、名篇，新诗诗人、诗评家，新诗论著，新诗诗刊、社团，新诗佳句类编，并附录《新诗集编目》，由于是较早的新诗辞典，当时海峡两岸交往还不多，台湾新诗内容收录的十分有限。

词条：罗门，第 289 页

1356. 中国新诗理论批评史论 / 杨四平著. -- 合肥：安徽教育出版社，2008. --331 页；23cm. --ISBN 978-7-5336-4922-7：CNY29.80　国家图书馆　安徽省图书馆　海南师范大学图书馆　三亚学院图书馆

本书以百年新诗理论发展为线索，以十年为一阶段，概括了从晚清至 21 世纪初的新诗理论批评，通过对其基本状况、嬗变理路、经验反思、价值评估，概括提炼出不同时段新诗理论批评的思想资源、主要观点与历史经验。杨四平（1968—　），安徽宿松人，安徽师范大学文学院教授。出版学术著作《20 世纪中国新诗主流》《中国新诗理论批评史论》等 12 部，主编《中国当代诗歌》《大学语文》等 4 部。

新诗理论：第六章第五节台湾新诗理论批评进一步现代化，第 149 页

1357. 中国新诗学 / 杨匡汉著. -- 北京：人民出版社，2005. --439 页；23cm. --（学术百家丛书 / 张文勇主编）. --ISBN 7-01-004353-1：CNY39.00　国家图书馆　上海图书馆　广东省立中山图书馆　北京大学图书馆　海南师范大学图书馆

该部 43 万言的诗学巨著，是部富有建设性价值的诗学理论精品。作者把中国新诗作为一个完整的诗学系统加以研究，分为 11 章：诗性智慧、深谷体验、诗情的物化形态、诗思的呈现方式、艺术的时间、缪斯的空间结构、诗之传学、诗之接受、此岸与彼岸的汇通、关于诗的对话、诗学前沿等，涉及诗学的各个方面，在理论框架和学术视野上进行了现代诗学的宏观建构。杨匡汉（1940—　），文学批评家，中国社会科学院文学研究所研究员，博士生导师，当代文学重点学科带头人，世界华文文学研究中心主任，出版著作 30 余部。

新诗史：第九章此岸与彼岸的汇通，第 340 页

1358. 中国新诗渊薮［海外中文图书］：中国现代诗人与诗作.中／王志健著. -- 台北：正中书局,1993. --2438 页,22cm. --ISBN 957–09–0826–2（精装）：TWD675.00

全书分五部分：新诗的成长、格律诗与现代派、血肉长城抗战诗、新诗的再生、中国现代诗的乡原，简要介绍了从清末民初黄遵宪和胡适起至 20 世纪 90 年代初林耀德、顾城、北岛和舒婷，百年来中国现代诗人与诗作，该书以台湾诗人和诗歌发展为主，探索其渊源流变，兼及海外华文诗人和大陆诗人。对每位诗人，以诗作和写作背景来揭示，选取其经典诗作和诗人特征来介绍，富有欣赏性。作者序言中说中国新诗步入现代，应从清末梅县广东大家黄遵宪开始。黄遵宪的诗篇，继承了历史的沉重，挥洒着时代的血泪，不脱离传统形式，又能反映新思想新潮流。

王志健，笔名上官予、舒林等，台湾著名诗人、戏剧家。

新诗史：第四编新诗的再生第十六章摘星的与提灯的，第 1789 页

1359. 中华现代文学大系［海外中文图书］.15，台湾一九七〇——一九八九.评论卷 =A Comprehensive Anthology of Contemporary Chinese Literature in Taiwan, 1970—1989, criticism vol. 2/ 李瑞腾主编. -- 台北：九歌出版社,1989. --706—1332 页；21cm. --ISBN 957–560–417–2（精装）：TWD480.00, TWD420.00　国家图书馆　广东省立中山图书馆　上海图书馆　海南省图书馆

《中华现代文学大系》是 1970—1989 年 20 年间在台湾发表的诗歌、散文、小说、戏剧、评论的综合选集。该卷为评论卷的第二册，收录诗评 20 篇，散文 8 篇，戏剧 2 篇。诗歌评论的作者分别是萧萧、周杰明、颜元叔、周宁、余光中、姚一苇、陈慧桦、张汉良、张春荣、李瑞腾、洛夫、痖弦、林耀德、叶维廉、张错、钟玲等。被评的诗人分别是罗门、叶维廉、管管、余光中、洛夫、痖弦、夏宇等等。李瑞腾（1952—　　），名李庸，台湾南投人，文学评论家，淡江大学中文系副教授。

评论：论罗门的意象世界，萧萧，第 845 页

1360. 庄子与现代和后现代／刘梦溪著. -- 石家庄：河北教育出版社,2004. --246 页；23cm. --ISBN 7–5434–4787–8：CNY20.00　国家图书馆　北京大学图书馆　浙江图书馆　武汉大学图书馆　海南省图书馆

本书收录了诗人、文学评论家刘梦溪论文 60 余篇文章，有《庄子与现代和后现代》《传统与记忆》《王国维的诸种矛盾和最后归宿》《罗门蓉子研讨会学术小结》《史学的艺术之境》等。

评论：罗门蓉子研讨会学术小结，第 93 页

1361. 走进这一方风景 / 钟晓毅著 . -- 广州：花城出版社，1991. --287 页；20cm. -- （岭南文学评论丛书 / 黄浩主编） .--ISBN 7-5360-0907-0：CNY4.50　国家图书馆　广东省立中山图书馆　广西壮族自治区图书馆　北京大学图书馆　海南大学图书馆

该书是广东青年评论家钟晓毅的文学评论集，其中《台湾现代诗坛一瞥》中介绍了台湾现代诗人罗门。

评论：都市诗人，第 52 页

1362. 走向新世纪：第六届世界华文文学国际研讨会论文集 / 公仲，江冰主编 . -- 北京：人民文学出版社，1994. --405 页：照片；20cm. --ISBN 7-02-002028-3：CNY11.20　国家图书馆　广东省立中山图书馆　北京大学图书馆　南昌大学图书馆　海南大学图书馆　海南师范大学图书馆

该书是 1994 年在庐山召开的第六届世界华文文学国际研讨会论文集。新时期以来，对台港澳及海外华文研究从无到有，从沿海到内地，从普及性介绍到学术性研究，从散兵游勇式的研究到有计划、有组织的整体性研究，至这次学术研讨会召开时，收到论文八十余篇，参会作者 150 人，论文的结集出版，是对台港澳及海外华文研究状况及研究水平的大检阅。公仲（1934—　　），南昌大学当代文学所所长、教授。

评论：论罗门的城市诗，王一桃，第 302 页

未见图书（1363—1411）

海外中文图书（1363—1387）

1363. 不尽长江滚滚来：中国新诗选注 / 陈义芝著 . -- 台北：幼狮文化事业公司，1993

1364. 当代中国新文学大系 / 当代中国新文学大系编辑委员会 . -- 台北：天视出版公司，1980

1365. 二十世纪中国现代诗大展 / 沙灵编 . -- 台湾：大升出版社，1976

1366. 海是地球的第一个名字：中国现代海洋诗选 / 林耀德编 . -- 台北：号角出版社，1987

1367. 七十六年文学批评选：年度批评第四集 / 陈幸蕙编 . -- 台北：尔雅出版社，1988

1368. 情诗一百首选集 /［不详］. -- 台北：尔雅出版社，1982

1369. 十年诗选 / 上官予编 . -- 台北：明华书局，1960

1370. 台湾美术史 / 徐文琴著 . -- 台北：南天书局有限公司，2007

1371. 文化名人悲欢录 / 王一桃著 . -- 香港：雅苑出版社，1995

1372. 现代名诗品赏集 / 萧萧编著 . -- 台北：联亚出版社，1979

1373. 小诗三百首 / 罗青哲编 . -- 台北：尔雅出版社，1979

1374. 1985 台湾诗选 / 沈花末主编 . -- 台北：前卫出版社，1986

1375. 中国当代名作家选集 / 丁颖编著 . -- 台北：文光图书公司，1959

1376. 中国当代新诗大展：1970—1979/ 萧萧，陈宁贵，向阳编选 . -- 台北：德华，1981

1377. 中国诗选 / 墨人，彭邦桢撰 . -- 高雄市：大业书店，1957

1378. 中国现代散文选集 /［不详］. -- 台北：文馨出版社，1973

1379. 中国现代诗论选 / 洛夫［等］撰 . -- 高雄：大业书局，1969

1380. 中国现代文学的回顾 / 丘为君，陈连顺编 . -- 台北：龙田出版社，1978

1381. 中国现代文学年选：文学史料 / 中国现代文学年选编辑委员会编 . -- 台北：巨人出版社，1976

1382. 中国现代文学选集 . 诗 / 齐邦媛编 . -- 台北：尔雅出版社，1983

1383. 中国新诗选 / 绿蒂主编 . -- 台北：长歌出版社，1970

1384. "中华民国"年鉴 . 七十五年 / "中华民国"年鉴社编辑 . -- 台北：正中书局，1986

1385. "中华民国"年鉴 . 七十六年 / "中华民国"年鉴社编辑 . -- 台北：正中书局，1987

1386. "中华民国"年鉴.七十七年 /"中华民国"年鉴社编辑 . -- 台北: 正中书局，1988

1387. "中华民国"现代名人录 =Whoho of the Republic of China. 1991 Edition/中国名人传记中心编辑委员会编 . -- 增订三版 . -- 台北: 中国名人传记中心，1991

英文版（1388—1398）

1388. 当代中国诗人评论集 =Essays On Comtemporary Chinese Poetry/ 林明辉博士 Dr.Julia C. Lin 著，1985

1389. 当代中国文学选集 =An Anthology Of Contemporary Chinese Poetry/ 台湾编译馆编译，1975

1390. 20 世纪五百位具有影响力的领导人 =The Twentie Thcentury FIVE HUNDRED LEADERS OF INELUENCE，美国传记学会（American Biographicallnstitute, Inc.），1995

1391. 世界名人传记 =Biographical History of Men ＆ Women of Achievement ＆ Distinction 1990/ 印度传记中心出版

1392. 世界诗人辞典 =International Who's Who In Poetry/ 伦敦剑桥国际传记中心选编，1970

1393. 台湾现代诗选 =Modern Chinese Poetry From Taiwan/ 张错编译，1985

1394. 台湾现代诗选集 =Mordern Verse From Taiwan/ 荣之颖编译，美国加州大学出版社，1972

1395. 亚 洲 名 人 录 =Asia's Who's who of Men ＆ Women of Achievement 1989—1990/ 印度传记中心出版

1396. 亚洲新声 =VOICE OF MORDEN ASIA/ 美国图书公司出版，1971

1397. 一九九一世界诗选 / 印度出版，1991

1398. 中国新诗集锦 =New Chinese Poetry/ 余光中编译，台北 Heritage Press，1960

法文版（1399）

1399. 中国当代新诗选集 =La Poesie Chinoise Contemporaine/ 胡品清编译，1962

日文版（1400—1402）

1400. 华丽岛诗诗集·"中华民国"现代诗选 / 笠编委会企划编辑 . -- 日本若树山房，1971

1401. 台湾诗选 / 日本土曜美术社出版，1986

1402. 台湾现代诗集 / 林水福，是永骏编；是永骏，上田哲二訳 . -- 东京：国书刊行会，2002

韩文版（1403—1410）

1403. 二十世纪世界诗选 /（韩）李昌培编译

1404. 湖西文学：中国现代代表诗人五人选 / 湖西文学会编著，韩国湖西文化社，1987

1405. 廿世纪诗选 /（韩）李昌培，尹永春编译 . -- 韩国乙酉文化出版社，1971

1406. 世界文学选集（中国诗部分）/（韩）许世旭编译

1407. 现代中国文学史 /（韩）尹永春 . -- 韩国瑞文堂出版，1974

1408. 中国诗选 /（韩）许世旭编译 . -- 韩国同和出版公司，1972

1409. 中国现代诗选 /（韩）许世旭编译 . -- 韩国乙酉文化出版社，1976

1410. 中国现代文学史 /（韩）尹永春编译，1965

塞尔维亚文版（1411）

1411. 中国诗选 / 张香华主编；普舍奇译 . -- 南国 Filip Visnjic，Beograd 出版，1994

罗门自选诗十首

（罗门选于 2011 年）

诗的岁月

——给蓉子

要是青鸟不来
春日照耀的林野
　如何飞入明丽的四月

踩一路的缤纷与灿烂
要不是六月在燃烧中
　已焚化成那只火凤凰
夏日怎会一张翅
　便红遍了两山的枫树
把辉煌全美给秋日

那只天鹅在入暮的静野上
留下最后的一朵洁白
　去点亮温馨的冬日
　　随便抓一把雪
　　　一把银发
　　　一把相视的目光
都是流回四月的河水
都是寄回四月的诗

1983 年

[后记] 随着鸣响在你童时记忆中的钟声，在 1955 年 4 月 14 日星期四下午 4 时，我们一同走过教堂的红毯，踏着灯屋里的灯光，走进诗的漫长岁月，我心底里要向你说的都在这首诗中。

麦坚利堡

超过伟大的

是人类对伟大已感到茫然

战争坐在此哭谁

它的笑声　曾使七万个灵魂陷落在比睡眠还深的地带

太阳已冷　星月已冷　太平洋的浪被炮火煮开也都冷了

史密斯　威廉斯　烟花节光荣伸不出手来接你们回家

你们的名字运回故乡　比入冬的海水还冷

在死亡的喧噪里　你们的无救　上帝的手呢

血已把伟大的纪念冲洗了出来

战争都哭了　伟大它为什么不笑

七万朵十字花　围成园　排成林　绕成百合的村

在风中不动　在雨里也不动

沉默给马尼拉海湾看　苍白给游客们的照相机看

史密斯　威廉斯　在死亡纷乱的镜面上　我只想知道

哪里是你们童幼时眼睛常去玩的地方

那地方藏有春日的录音带与彩色的幻灯片

麦坚利堡　鸟都不叫了　树叶也怕动

凡是声音都会使这里的静默受击出血

空间与空间绝缘　时间逃离钟表

这里比灰暗的天地线还少说话　永恒无声

美丽的无音房　死者的花园　活人的风景区

神来过　敬仰来过　汽车与都市也都来过

而史密斯　威廉斯　你们是不来也不去了

静止如取下摆心的表面　看不清岁月的脸

在日光的夜里　星灭的晚上

你们的盲睛不分季节地睡着
睡醒了一个死不透的世界
睡熟了麦坚利堡绿得格外忧郁的草场

死神将圣品挤满在嘶喊的大理石上
给升满的星条旗看　给不朽看　给云看
麦坚利堡是浪花已塑成碑林的陆上太平洋
一幅悲天泣地的大浮雕　挂入死亡最黑的背景
七万个故事焚毁于白色不安的颤栗
史密斯　威廉斯　当落日烧红满野芒果林于昏暮
神都将急急离去　星也落尽
你们是哪里也不去了
太平洋阴森的海底是没有门的

1962 年

［注 1］麦坚利堡（Fort Mckinly）是纪念第二次世界大战期间七万美军在太平洋地区战亡；美国人在马尼拉城郊，以七万座大理石十字架，分别刻着死者的出生地与名字，非常壮观也非常凄惨地排列在空旷的绿坡上，展览着太平洋悲壮的战况，以及人类悲惨的命运，七万个彩色的故事，是被死亡永远埋住了，这个世界在都市喧噪的射程之外，这里的空灵有着伟大与不安的颤栗，山林的鸟被吓住都不叫了。静得多么可怕，静得连上帝都感到寂寞不敢留下；马尼拉海湾在远处闪目，芒果林与凤凰木连绵遍野，景色美得太过忧伤。天蓝，旗动，令人肃然起敬；天黑，旗静，周围便黯然无声，被死亡的阴影重压着……作者本人最近因公赴菲，曾往游此地，并站在史密斯威廉斯的十字架前拍照。

［注 2］战争是人类生命与文化数千年来所面对的一个含有伟大悲剧性的主题。在战争中，人类往往必须以一只手去握住"伟大"与"神圣"，以另一只手去握住满掌的血，这确是使上帝既无法编导也不忍心去看的一幕悲剧。可是为了自由、真理、正义与生存，人类又往往不能不去勇敢地接受战争。

通过人类高度的智慧与深入的良知，我们确实感知到战争已是构成人类生存困境中，较重大的一个困境，因为它处在"血"与"伟大"的对视中，它的副产品是冷漠且恐怖的"死亡"。

窗

猛力一推　双手如流
总是千山万水
总是回不来的眼睛

遥望里
你被望成千翼之鸟
弃天空而去　你已不在翅膀上
聆听里
你被听成千孔之笛
音道深如望向往昔的凝目

猛力一推　竟被反锁在走不出去
　　　　　　　的透明里

[注] 诗中推开的窗不是建筑物的窗，而是自我生命心灵的窗、大自然的窗、宇宙时空的窗与窗外之外的窗……

1972 年

流浪

1　流浪人

被海的辽阔整得好累的一条船在港里
他用灯拴自己的影子在咖啡桌的旁边
那是他随身带的一条动物
除了它　娜娜近得比什么都远

椅子与他坐成它与椅子

坐到长短针指出酒是一条路

空酒瓶是一座荒岛

他向楼梯取回鞋声

带着随身带的那条动物

让整条街只在他的脚下走着

一颗星也在很远很远里

　　　带着天空在走

明天　当第一扇百叶窗

　　　将太阳拉成一把梯子

他不知往上走　还是往下走

［注］娜娜是酒吧型女郎

1966 年

2　全人类都在流浪

人在火车里走

火车在地球里走

地球在太空里走

太空在茫茫里走

谁都下不了车

印在名片上的地址

　　　全是错的

［注］从宇宙观看人类的时空之旅

1989 年

伞

他靠着公寓的窗口

看雨中的伞

　　走成一个个

　　孤独的世界

想起一大群人

每天从人潮滚滚的
　　公车与地下道
　　裹住自己躲回家
　　　　把门关上

忽然间
公寓里所有的住屋
　全都往雨里跑
　　直喊自己
　　　也是伞

他愕然站住
把自己紧紧握成伞把
　　　而只有天空是伞
　　　　雨在伞里落
　　　　　伞外无雨

1983 年

马中马

——赠给具有超越思想的诗人艺术家

　奔着山水来
　冲着山水去
　除了天地线
　　它从未见过缰绳
除了云与鸟坐过的山
　　它从未见过马鞍
除了天空衔住的虹　大地衔住的河
　　它从未见过马勒口
除了荒漠中的孤烟
　　它从未见过马鞭

一想到马房

连旷野它都要撕破

一想到辽阔

它四条腿都是翅膀

　　山与水一起飞

　　蹄落处 花满地

　　蹄扬起 星满天

世界性的政治游戏

"他"用左眼击打他的右眼

　　　　　　　　出泪

他用右眼即击打"他"的左眼

　　　　　　　　出泪

"他"用左心房击打他的右心房

　　　　　　　　出血

他用右心房击打"他"的左心房

　　　　　　　　出血

于是无数的"他"与他

　　　　　左右眼都流泪

　　　　　左右心房都流血

结果"他"与他

　　　　　同是一个人

1989 年

天空与鸟
——给向永恒直飞的诗人艺术家

鸟如果不在翅膀上

天空的上面是什么

事实上他是天空

不是鸟
能一直飞的是天空
　　　　不是鸟

天空将各式各样的鸟笼
　　留给早晨的公园
　　将成千成万的鸟巢
　　　留给傍晚的树林
他沿着天地线不停的飞
日月是他的双翅
昼夜是他的投射
众鸟跟着他断断续续在飞
谁也不知他能飞多高
　　　　　多远
　　　　　多久

1989 年

　　[注]该诗是罗门 1989 年 4 月创作的《存在空间系列》组诗之一，副标题"给向恒直飞的诗人艺术家"是罗门 2011 年选诗时添加。

心境

踩满地喧嚣于脚下
独坐高楼看云山
山看你是云
云看你是山
山坐下来　连着地
云游起来　伴着天

一只鸟把路飞过来
双目远过翅膀时
那朵圆寂便将你

整个开放

宁静中　你是声音的心

回声里　你是远方的心

江河流过你的血

心中那条万古的长城

已冲出铁栏杆

进入天地线

完成那面最美的水平

让风景一层层往上盖

从窗盖到鸟

从鸟盖出天外

在这栋垂直的透明里

你与光始终沿着直线走

　　　　日的行踪是那样

　　　　月的行踪也是那样

1982 年

　[注] 该诗又名《日月的行踪》，见《罗门创作大系》第五卷《素描与抒情诗》，该题名为罗门 2011 年选诗时修改。

门的联想
——诗是想象的高级游戏

　　花朵把春天的门推开，炎阳把夏天的门推开，落叶把秋天的门推开，寒流把冬天的门推开，时间到处都是门；鸟把天空的门推开，泉水把山林的门推开，河流把旷野的门推开，大海把天地的门推开，空间到处都是门；天地的门被海推开，海自己却出不去，全人类都站在海边发呆，只看到一朵云从门缝里，悄悄溜出去，眼睛一直追着问，问到凝望动不了，双目竟是两把锁，将天地的门卡擦锁上，门外的进不来，门内的出不去，陈子昂急读着他的诗"前不见古人，后不见来者，念天地之悠悠，独怆然而涕下"，王维也忍不住读他的诗"江流天地外，山色有无中"，在那片茫茫中，门还是一直打不开，等到日落星沉天昏地暗，穿黑衣、红衣圣袍的神父与牧师，忽然出现，要所有的人将双掌像两扇门（又是门），在胸前关上，然后叫一声阿门（又是门），天堂的门与所有的门，便跟着都打开了；在一阵阵停不下来的开门声中，我虽然是想把所有的门，都罗过来的罗门，但仍一直怕怕"卡门"与手中抓住锁与钥匙的"所（锁）罗门"。

1989 年

　　[附注] 人类活在诗伟大的想象力中；因为诗，时间之门、空间之间、哲学家的脑门、诗人的心门、上帝天堂的门，都在此刻一连串的全被打开。

第二章　蓉子研究书目提要

蓉子（1928—　），女，本名王蓉芷，中国台湾著名诗人、散文家，江苏涟水人。出身于一个三代基督徒家庭，早年在南京金陵女大服务部实验科高中毕业，曾在一所农学院森林系就读一年级，教书半年后，考进交通部国际电台台北筹备处，1949年赴台湾。1951年走上诗坛，是台湾光复（抗日战争胜利后，中华民国政府接收台湾）后现代诗坛第一位女诗人，台湾现代诗的重要代表人物。

蓉子曾获得第三届世界诗人大会桂冠，她的诗歌意象清晰、描绘细致、语言清丽、神态娴静，充满着对古典的向往，富有宁静悠远之美。1953年她出版第一部诗集《青鸟集》，此后陆续出版诗集单行本18种，被评论界誉为诗坛"永远的青鸟""开得最久的菊花""一朵永不凋谢的青莲""一座华美的永恒"。

蓉子写作以新诗为主，兼及散文、儿童文学、翻译作品，诗歌创作的主要范围：对大自然的礼赞；关于时间的命题；描写现代妇女的内心世界；抨击都市文明，抒发对时事或新闻的感怀；旅游诗和咏物诗等。出版有《青鸟集》（1953）、《七月的南方》（1961）、《蓉子诗抄》（1965）、《童话城》（儿童诗，1967）、《维纳丽莎组曲》（1969）等个人诗集15种25个版本，另有童话集1种4个版本、编选诗集1种1个版本、散文集4种7个版本、译著1种8个版本，共计22种作品45个不同版本。

1955年蓉子与罗门结为夫妻，与罗门共同主办过《蓝星》诗刊，1969年在第一届世界诗人大会上，与罗门被大会誉为"大会杰出文学伉俪"，获菲总统大绶勋章。1976 年和罗门同赴美国参加第三届世界诗人大会，获大会杰出诗人奖并接受加冕为桂冠诗人。自 20 世纪 50 年代以来，蓉子和罗门坚持新诗创作 60 余年，就像诗坛上"日月的双轨"，有"杰出文学伉俪""东亚杰出的诗人伉俪""东亚杰出的中国勃朗宁夫妇"等美誉。

蓉子是具有国际影响的诗人，英国赫尔国际学院荣誉人文硕士。1965 年，蓉子参加女作家三人代表团赴韩进行全国性的访问，1975 年获国际妇女年"国际妇女桂冠奖"，1983 年参加新加坡第一届国际华文作家会议，1987 年获台湾"国家文艺奖"、1989 年担任亚洲华文女作家文艺大会主席，曾任中山文艺奖评奖委员（1975—1990），获菲总统金牌诗奖、2009 年获瑞典寄赠的"国际莎士比亚奖"，2012 年获亚洲华文作家基金会颁赠的"终身成就奖"。曾多次赴菲律宾、香港、泰国、美国、马来西亚等国家（地区）演讲诗歌。两岸互通后，海南大学、西北大学、四川省文联、四川文艺出版社、北京大学、清华大学、中国社会科学出版社、北京师范大学、海南师范大学等单位曾为她和罗门举办过文学创作研讨会。

蓉子名列《世界名诗人辞典》（1970 年英国伦敦出版）等多种中外诗歌辞典，作品入选《新诗三百首》《中国现代文学大系》《中华现代文学大系》等经典诗文选集，收录蓉子的诗选、文选及评论蓉子的中文普通图书近 400 种，部分作品还被选入英、法、德、韩、菲律宾、塞尔维亚、罗马尼亚等外文版诗选，蓉子和她的创作成就已写进了中国现代文学史和中国新诗史。

蓉子自著书目（2001—2045）

新诗集（2001—2025）

2001.黑海上的晨曦［海外中文图书］=Aurora on Dark Sea/蓉子著. -- 台北：九歌出版社，1997. -- 217 页；19cm. -- （九歌文库；475）. -- ISBN 957-560-495-4：TWD190.00　国家图书馆　深圳图书馆　台湾交通大学图书馆

该诗集是蓉子的第 12 本诗集，收录长短诗 59 首，分海棠红、寒暑易节、当时间隔久、樱花薄雾外的山水盛宴、黑海上的晨曦、流水无相、奥秘、芸

芸众生八卷，收录《海棠红》《山和海都在期待：琼岛一瞥》《黑海上的晨曦》《悲怆两帖》等。蓉子的诗，单纯而不失丰富，悠扬而不失坚卓，在整个台湾诗坛占有重要的地位。

2002. 横笛与竖琴的晌午［海外中文图书］/蓉子著 . -- 台北：三民书局，1974. --147 页；18cm. --（三民文库；185）. --TWD1.25 国家图书馆 海南大学图书馆 台湾交通大学图书馆

该书是蓉子的第六本诗集，收录了宝岛风光、访韩诗束（作者 1965 年访问韩国后的系列诗作）以及其他咏物诗、咏史诗共 52 首。其中诗歌《一朵青莲》是一首关于生命的中国式赞歌，从情韵、气质、语言、节奏都体现了中国风格，描绘了生命的幽静之美、温馨之美、高洁之美、坚韧之美，歌颂了成熟生命的魅力，备受读者和批评家喜爱，为蓉子赢得了盛誉。蓉子 60 年的诗歌创作中，也因此被誉为"一朵不凋的青莲"。

2003. 横笛与竖琴的晌午［海外中文图书］/蓉子著 . -- 台北：三民书局，1974（1989 年重印）. --147 页；18cm. --（三民文库；185）. --TWD14.70 中国社会科学院图书馆 南华大学图书馆

2004. 横笛与竖琴的晌午［海外中文图书］/蓉子著 . -- 增订二版 . -- 台北：三民书局，2005. --162 页：图；21cm. --（三民丛刊；297）. --ISBN 957-14-4182-1：TWD140.00 清华大学图书馆 台湾暨南国际大学图书馆

美的事物具有跨越时空的生命力。《横笛与竖琴的晌午》经 1989 年第二次印刷，30 年后再重新增订出版，说明了该诗集美的价值。书中收录蓉子诗作 50 多首，分舞鼓、一朵青莲、祷、宝岛风光组曲四辑，每辑十余首诗作。较最初版本，书中增加了著名学者、诗人对蓉子诗歌的欣赏和导读，大陆有海南大学文学院原院长、教授周伟民和海南大学文学院古典文学教授唐玲玲，安徽大学文学院原院长、诗人公刘，中南财经政法大学中文系台港澳暨海外华文文学研究所所长古远清教授、四川大学外文系英语教研室主任朱徽教授等，台湾有玄奘大学郑明娳教授等。周伟民和唐玲玲教授的导读文章题为《炉火纯青的境界》。

2005. 七月的南方［海外中文图书］=South in July/ 蓉子著 . -- 台北：蓝星诗社，1961. --75 页；18cm. --（蓝星诗丛）. --TWD10.00 东吴大学图书馆

该诗集是诗人的第二部诗集，也是诗人最喜欢的诗集之一。收录了《七

月的南方》《一卷如发的悲丝》《碎镜》《乱梦》《白色的睡》《水上诗展》等诗作。诗集中充满了光影缤纷的色彩和声音，洋溢着新鲜的诗味，有一种生命的感觉在流淌。诗人第一次尝试写长诗——七月的南方，共93行，铺展充分，节奏跌宕，融汇了音感、色感、嗅感，运用抽象写真手法，被评价为"泼了色彩的诗画""纯粹自然声响的音乐诗"。

2006.千曲之声［海外中文图书］：蓉子诗作精选/蓉子著.-- 台北：文史哲出版社，1995.--300页；21cm.--（文学丛刊；52）.--ISBN 957-547-939-4：TWD280.00　国家图书馆　海南省图书馆　海南大学图书馆　台湾交通大学图书馆

1995年5月，为纪念罗门和蓉子结婚40周年，台湾文史哲出版社出版了"罗门蓉子系列图书"，含蓉子图书两种，该书是其中之一，也是蓉子创作40余年的诗歌精选。

书中共选入长短诗115首，分三部分，上集"为寻找一颗星"、中集"看你名字的繁卉"、下集"吟罢苔痕深"，收录了《青鸟》《为什么向我索取形象》《梦里的四月》《一朵青莲》《维纳丽莎组曲》《夏，在雨中》等，表达了作者对生命、大自然、人与社会的关怀，反映了蓉子的慧悟与灵思。

2007.青鸟集［海外中文图书］/蓉子著.-- 台北：中兴文学出版社，1953.--106页；19cm.--（中兴诗丛）.--TWD6.00　台湾世新大学图书馆

《青鸟集》是蓉子的第一部著作、第一部诗集，是台湾1949年后第一本女诗人诗歌专集。收录蓉子1949—1953年的早期诗作41首，有《青鸟》《三光》《为寻找一颗星》《青春》《笑》《为什么向我索取形象》《平凡的愿望》等。文字温柔纤细，诗意清新焕发，风格活泼玲珑，节奏轻快明澈，结构严整稳妥，取向多层面广，富有浪漫主义色彩，被誉为有题材、有感情、有意境、有风格的诗集。诗人覃子豪评论说："作者将她的叹息、哀愁、希望和理想，真挚地表现在诗里，而成为极感人的诗篇。"从此，蓉子在台湾长达60年的诗歌活动中被誉为"永远的青鸟"（向明）。该诗集两次出版，五次印刷。

2008.青鸟集［海外中文图书］/蓉子著.-- 台北：尔雅出版社，1982.--139页；19cm.--（尔雅丛书；115）.--ISBN 957-9159-64-5：TWD70.00　台北艺术大学图书馆　淡江大学图书馆　台湾成功大学图书馆

2009.青鸟集［海外中文图书］/蓉子著.-- 台北：尔雅出版社，1982（1985

年重印）. --15, 139 页; 19cm. --（尔雅丛书; 115）. --TWD70.00　中国社
会科学院图书馆

　　时隔近 30 年后, 蓉子的《青鸟集》1982 年由尔雅出版社重新出版, 1985
重印后, 1990 年和 1994 年又两次重印。重印本在台湾中山大学图书馆、南华
大学图书馆等有收藏。该书收录作者 1953 年以前诗作, 由原来的 41 首增至
48 首。书前有蓉子撰写序言《翩然飞回的"青鸟"》, 书后附录《蓉子写作年
表》。

　　2010. 蓉子诗抄 [海外中文图书]=Yungtze's Poems/ 蓉子著 . -- 台北: 蓝
星诗社, 1965. --126 页; 18cm. --TWD15.00　海南大学图书馆

　　该书是蓉子的第三本诗集, 选辑了蓉子 1962 至 1964 年发表的诗作。全
书分为五集: 第一辑我从季节走过, 为抒情之作; 第二辑亭塔、层楼, 意象较
为朦胧; 第三辑海语, 写自然与人; 第四辑忧郁的都市组曲, 刻绘了都市生活
的情态; 第五辑一种存在, 如闺秀般描写了心灵中形而上的思维。收录了《夏,
在雨中》《我的妆镜是一只弓背的猫》《看你名字的繁卉》《梦的荒原》等 49
首诗。其中《我的妆镜是一只弓背的猫》是入选中外各重要诗选频率最高的
诗歌, 被翻译为英文、日文、韩文和南斯拉夫文。

　　2011. 蓉子诗选 / 蓉子著 . -- 北京: 中国社会科学出版社, 1995. --13,
246 页; 20cm. --（罗门、蓉子文学创作系列）. --ISBN 7-5004-1660-1:
CNY11.00　国家图书馆　北京大学图书馆　海南省图书馆　海南大学图书
馆　深圳图书馆　台湾交通大学图书馆

　　该书是《罗门、蓉子文学创作系列》丛书之一, 收录了蓉子的《青鸟》《我
宁愿拥抱大理石的柱石》《古典留我》《一朵青莲》等 138 首诗作, 蓉子用《我
的诗路历程》为序, 述说了自己的诗观和 40 年的诗路, 表达了对诗歌艺术的
热爱和追求, 书后附《蓉子简介》。

　　2012. 蓉子自选集 [海外中文图书]/ 蓉子著 . -- 台北: 黎明文化事业公司,
1968. --298 页: [不详]. --（中国新文学丛刊; 57）. --[不详]　台湾交通
大学图书馆

　　该诗集精选了蓉子的《一朵青莲》《寂寞的歌》等诗作 100 余首, 分别选
自作者的《维纳丽莎组曲》《横笛与竖琴的晌午》《蓉子诗抄》《七月的南方》《青
鸟集》《天堂鸟》六部诗集, 附录有生活剪影、手迹、小传、专访、作品书目

及作品评论引得，综合呈现了诗人近30年的创作风貌。

2013. 蓉子自选集［海外中文图书］/ 蓉子著. -- 台北：黎明文化事业公司，1975. --1册；20cm. --（中国新文学丛刊；57）. --（精装）：TWD70.00 台湾彰化师范大学图书馆

2014. 蓉子自选集［海外中文图书］/ 蓉子著. -- 台北：黎明文化事业公司，1978. --298页：照片；19cm. --（中国新文学丛刊；57）. --（精装）：TWD80.00，TWD50.00 国家图书馆 北京大学图书馆 上海图书馆 海南大学图书馆 台湾师范大学图书馆

2015. 水流花放 / 蓉子著. -- 沈阳：春风文艺出版社，1998. --10，224页；20cm. --（中国女性诗歌文库；台湾系列）. --ISBN 7-5313-1862-8：CNY13.50 国家图书馆 广东省立中山图书馆 上海图书馆 海南省图书馆

该书是《中国女性诗歌文库》丛书之一，分十二卷，收录蓉子诗歌100多首。古继堂先生在序言中介绍了蓉子和台湾女诗人诗歌创作的特点，称蓉子是台湾1949年后的第一位女诗人，其诗歌具有情感柔美细腻的特点，宛如从葱茏滴翠的诗林里噗噜噜飞出的第一只青鸟。

2016. 天堂鸟［海外中文图书］/ 蓉子著；詹崇新插画. -- 台北：道声出版社，1977. --154页：图；19cm. --（道声百合文库；75）. --TWD40.00 台湾师范大学图书馆

收录蓉子自1953至1979年间创作的《伞》《纽约、纽约》《夏日荷塘》《山这样走来》等49首代表作品，诗人用纤细、圆滑、温柔的诗心，表达了自己对社会和周围事物的关爱和欣赏。该诗集是蓉子最成熟时期的作品，组诗《伞》的第一首最得诗评家好评，写美国的几首诗中也很有特点，《纽约、纽约》也很受关注。

2017. 天堂鸟［海外中文图书］/ 蓉子著；詹崇新插画. --2版. -- 台北：道声出版社，1980. --154页：图；19cm. --（道声百合文库；75）. --TWD50.00

2018. 天堂鸟［海外中文图书］/ 蓉子著；詹崇新插画. --3版. -- 台北：道声出版社，1989. --154页：图；19cm. --（道声百合文库；75）. --TWD80.00 台湾静宜大学盖夏图书馆

2019. 维纳丽莎组曲［海外中文图书］/ 蓉子著. -- 台北：纯文学出版社，1969. --98页；19cm. --（蓝星丛书；7）. --TWD15.00 台湾大学图书馆 台

湾静宜大学盖夏图书馆

　　该诗集是蓉子的第七本著作，是诗人众多诗集中较精致的一本。收录《维纳丽莎组曲》《诗》等34首，分上下集。维纳丽莎是作者想象中的人物，蓉子将她安排在现代社会——物质生活与精神生活失调，道德价值需要重估的时代，维纳丽莎由自我肯定中去完善自己，蓉子说："这是一组自我世界的描绘，自我灵魂的画像，一组孤独坚定的跫音，当她走过山岭平原所发出的一些真实回音。"她发自于诗人内心，来源于生活，却有着唯美端庄的形象。《维纳丽莎组曲》是蓉子最喜爱的代表作之一。

　　2020. 雪是我的童年［海外中文图书］/ 蓉子著 . -- 台北：环球书社，1978. --［7］，128 页；19cm. --（女作家丛书；4）. --TWD40.00　台湾东吴大学图书馆　台湾交通大学图书馆

　　2021. 雪是我的童年［海外中文图书］/ 蓉子著 . -- 台北：乾隆图书，1978. --128 页；21cm. --TWD40.00　台湾高雄市立图书馆

　　诗集《维纳丽莎组曲》1978 年由"乾隆出版公司"重排重印时改名而成。

　　2022. 这一站不到神话［海外中文图书］/ 蓉子著 . -- 台北：大地出版社，1986. --［12］，222 页；19cm. --（万卷文库；164）. --TWD100.00　国家图书馆　高雄市立图书馆　台湾交通大学图书馆　海南大学图书馆

　　该书是作者的第 11 本诗集，全书分 9 辑，分别是时间列车、茶与同情、当我们走过烟云、挥别长长的夏天、只要我们有根、香江海色、紫葡萄的死、倦旅、爱情是美丽的咏叹，收录了 64 首长短诗，内容丰富，创作技巧多变，是值得细品的一本诗集。诗歌《只要我们有根》被选入台湾教科书，为千万学子朗诵。《忙如奔蝗》《太空葬礼》《金阁寺》《街头》《回大海去》《爱情已成古老神话》《意楼怨》等表达了诗人大化天下，关怀众生的诗心。选材更多偏重于对现实世界和周围事物的关怀，显示出作者与现实生活的亲和。该诗集 1988 年获台湾第 13 届"国家文艺奖"。

　　2023. 只要我们有根［海外中文图书］/ 蓉子著 . -- 台北：文经出版社，1989. --186 页：照片；21cm. --（文经文库；68. 中国现代文选系列）. --ISBN 957-9208-09-3：TWD110.00　国家图书馆　台湾交通大学图书馆

　　该书是蓉子的第 15 本书，至该书出版时，蓉子已创作现代诗近 500 首，她以自己独特的风格，成为当代诗坛的代表性星座。该书有两个特色：一是从

前 8 种诗集众多诗篇中精选共 82 首长短不同的诗，集中呈现了各个不同时期的创作。二是读者对象是青少年，为了适合少年的兴趣和品味，作品选取更倾向于艺术性、真诚性、人间性。所收作品分为五辑。依次是："为寻找一颗星"有《只要我们有根》《您的名字》《为寻找一颗星》等 11 首；"当木香花开时"有《看你名字的繁卉》《D 大调随想曲》《音乐盒子》《我们的城不再飞花》等 12 首；"虽说伞是一庭花树"有《告诉我》《晨的恋歌》《初晴印象》等 16 首；"雪是我的童年"有《自然的恋》《海的女神》《从海上归来》等 12 首；"玲珑小诗束"一辑均是小诗选。附录有高歌的《千曲无声——蓉子》、文晓村的《枝繁叶茂因有根》、萧萧的《秋海棠的枝叶依然苗壮》等评论，书前有吴荣斌《中国现代文选》总序和作者自序，作者小传，著作目录，写作年表，入选初中、高中国文课文作品赏析、生活和文学活动照片约 20 幅。诗歌《只要我们有根》是蓉子作品中颇具影响力的诗作，1982 年被编入本年度台湾中文教科书第四册。

2024. 只要我们有根［海外中文图书］/ 蓉子著 . -- 台北：文经出版社，1989（1995 第 3 刷）. --186 页：照片；21cm. --（文经文库；68. 国文课本作家精选；4）. --ISBN 957-9208-09-3：TWD130.00

2025. 众树歌唱［海外中文图书］：蓉子人文山水诗粹 / 蓉子著 . -- 台北：万卷楼，2006. --［9］，163 页；21cm. --ISBN 957-739-568-6：TWD160.00　广东省立中山图书馆　台湾大学图书馆　台湾暨南国际大学图书馆

该书作者精选散见于各诗集的诗歌和部分尚未结集的新作共 65 首，分林芙之愿、山的容颜、水的丰姿、非诗的礼赞、香江海色、神州之旅等 15 卷，集中展示了诗人对大自然的热爱，从中可以窥得诗人的山水情怀。

童话集（2026—2029）

2026. 童话城［海外中文图书］/ 王蓉芷文；赵国宗图 . -- 南投县：台湾省教育厅；台湾书店发行，1967. --60 页：彩图；21cm. --（中华儿童丛书）. --TWD10.00　台湾师范大学图书馆

蓉子是台湾光复后第一位女诗人，同时也是台湾儿童诗集的先驱者，该书是蓉子的第五部著作，是在台湾教育厅和联合国儿童基金会的合作计划下出版的《中华儿童丛书》中的儿童诗集，适于小学六年级小朋友阅读。全书

分三部分，第一辑写的是常见的事物，第二辑写的是自然现象，第三辑是《童话城》和《童话湖》两首故事诗。诗人以纤巧的手法描绘了一个充满梦幻、温暖和仁爱的儿童乐园，充满想象，具有文学价值和教育价值。该诗集奠定了台湾儿童诗的基础。

该书 1967 年 4 月初版，1970 年重印，1974 年 6 月再版，1986 年 5 月三版，2009 年四版。

2027. 童话城 / 王蓉子文；赵国宗图 . -- 再版 . -- 南投县：台湾省教育厅，台湾书店，1976. --60 页：彩图；21cm. --（中华儿童丛书）. --TWD45.00　台北市立图书馆

2028. 童话城 / 王蓉子文；赵国宗图 . -- 三版 . -- 台北市：台湾省教育厅，1986. --60 页：彩图；21cm. --（中华儿童丛书）. --TWD45.00　台中县立文化中心图书馆

2029. 童话城［海外中文图书］=Fairytale Castle/ 蓉子作；李泰祥简谱；王文欣，罗子媛插画绘制 . --4 版 . -- 新竹：台湾交通大学出版社，2009. --136页：图，乐谱；16×23cm+1 张光盘片 . --ISBN 978-957-9038 -94-2：957-9038-94-5（精装附光碟）：TWD180.00　海南省图书馆　台湾交通大学图书馆　台北市立图书馆

该书是《童话城》的第四版，由蓉子提供家藏孤本修订而成。书中童话诗采用国语注音，光盘片为 DVD 形式。该书以 1967 年初版的《童话城》诗集为底本，选取《童话城》《童话湖》两首儿童故事诗，加上《大母鸡》《为什么》《孩子们的四季》《风的长裙子》等 11 首儿童叙事诗，在李泰祥编曲基础上，由音乐老师谢顺慧、林于君新增编曲，同时也邀请《童话城》初版插画家赵国宗的学生王文欣与罗子媛再重新绘画，该儿童诗集集诗、歌、画于一体，呈现出全新又具有传承意味的少儿读物风貌。书中附录《作者简介》《李泰祥小传》，以及由蓉子撰写的《关于儿童诗——代序》和《后记——兼谈〈童话城〉的出版始末》，对研究童话诗在台湾的发展有参考价值。

编选诗集（2030）

2030. 青少年诗国之旅［海外中文图书］/ 蓉子编著 . -- 台北：业强出版社，

1990. --10，164 页：图；21cm. --（青少年图书馆；10）. --ISBN 957–683–166–0：TWD110.00　台北市立图书馆　台湾师范大学图书馆

该书是蓉子诗歌创作 40 年时，为青少年精心编写了这本诗歌鉴赏读物。全书分两部分，第一部分《诗是什么》，用浅显流畅的文字将诗的美感经验所引起的创作动机如何转化、孕育成熟，再藉语言、意象、律动和有机的形式，将它充分表现出来。第二部分《诗的鉴赏》，选录 44 家诗作，以策略的实例来印证前面诗的理论，引导青少年赏析。"选诗不仅重视诗的现实内容和生活意义，同时发挥诗的艺术，品味诗的风格，发明诗的创见，细致而深入，是优美之读物，可作为青少年之良伴，亦可作为爱好新诗者的益友"（上官予）。该书是蓉子的第 16 部著作，列入《青少年图书馆丛书》。

散文集（2031—2037）

2031. 欧游手记［海外中文图书］/蓉子著. -- 台北：德华出版社，1982. --240 页：彩图；21cm. --（爱书人文库；188）. --TWD200.00　基隆市文化局图书馆　台湾南华大学图书馆

该书是蓉子的第 12 本著作，也是第一部散文集，记录了蓉子在欧洲诸国的游历见闻，汇集图片和资料，对欧洲罗马、伦敦、巴黎、巴塞罗那、马德里等 20 座城市的历史、人物、风土进行了考察，并以诗心行文，亦诗亦画，是风格独具的游欧读物。诗人羊令野引用清代袁枚的诗句，评曰"景是众人同，情乃一人领"。

2032. 欧游手记［海外中文图书］/蓉子著. -- 台北：纯文学出版社，1984. --229 页：彩图；21cm. --（纯文学丛书；123）. --TWD150.00　台湾大学图书馆　台湾东吴大学图书馆

2033. 欧游手记［海外中文图书］/蓉子著. -- 台北：纯文学出版社，1984（1985 年 2 刷）. --229 页：彩图；21cm. --（纯文学丛书；123）. --TWD150.00　国家图书馆　上海图书馆

2034. 千泉之声：女诗人蓉子散文集［海外中文图书］/蓉子著. -- 台北：师大书苑有限公司，1991. --2 册；19cm. --（书苑文学丛书；3-4）. --TWD280.00

该书是蓉子的第 17 部著作，第二部散文集，全书分上下两册，收录了作者的抒情小品、游记和杂文约 22 万字。上册四卷，分别是"写不成的春天""你不是一株喧哗的树""茶香""我读花之梦"；下册两卷，分别是"千泉之声""广州往事"。散文《千泉之声》是蓉子游览罗马蒂莉里小镇"千泉宫"后而记，不仅记述大自然的形状，而且记述景观的精神灵韵，反映了蓉子的观景视野。

2035. 千泉之声 / 蓉子著 . -- 北京：群众出版社，1996. --188 页：肖像；19cm. --（台湾名家散文丛书）. --ISBN 7-5014-1373-8：CNY8.30　国家图书馆　上海图书馆　深圳图书馆　北京大学图书馆

该书是蓉子的第二部散文集《千泉之声》的简体字版。

2036. 蓉子散文选 / 蓉子著 . -- 北京：中国社会科学出版社，1995. --224 页；20cm. --（罗门、蓉子文学创作系列）. --ISBN 7-5004-1661-X：CNY10.00　国家图书馆　北京大学图书馆　海南省图书馆　海南大学图书馆　深圳图书馆　台湾交通大学图书馆

该书收录蓉子的《雨天的魅力》《夜与晨》《岁末余韵》《论闲暇》《谈心境》《语文情》《好的另一半》《茶香》等散文以及旅韩、旅欧的游记共 46 篇，语言隽永，文风淑和，可仔细品味。

2037. 游遍欧洲 / 蓉子著 . -- 西安：西北工业大学出版社，2002. --214 页；图；21cm. --（中国人环游世界丛书）. --ISBN 7-5612-1585-1：CNY12.50　海南省图书馆　南京大学图书馆　西安文理学院图书馆　海南医学院图书馆

该书汇集蓉子 2001 年参加欧洲美术考察团，游历了欧洲 10 余个国家 20 多座城市的旅游散文 20 篇。书中记录了当时的所见所闻，介绍了欧洲城市的人文风情和文物史迹，旁征博引以历史、艺术、地理文化，内容丰富，文笔流畅，是系统考察欧洲重要城市文化的旅游散文集。该书的台湾版题名为《欧游手记》。

译文集（2038—2045）

2038. 四个旅行音乐家［海外中文图书］/（德）格林兄弟原著；汉斯费舍绘图；蓉子译 . -- 台北：国语日报社，1965. --26 页：图；25cm. --（世界儿童

文学名著）. --TWD8.00　海南大学图书馆　台湾东华大学图书馆

　　蓉子早年的译作，第四部著作。

　　2039. 四个旅行音乐家［海外中文图书］/（德）格林兄弟原著；汉斯费舍绘图；蓉子译. -- 台北：国语日报社，1966. --1 册；24cm. --（世界儿童文学名著）. --［不详］台湾公共资讯图书馆

　　2040. 四个旅行音乐家［海外中文图书］/（德）格林兄弟原著；汉斯费舍绘图；蓉子译. -- 第四版. -- 台北：国语日报社，1967. --26 页：彩图；25 cm. --（世界儿童文学名著）. --TWD7.00　台北市立教育大学图书馆

　　2041. 四个旅行音乐家［海外中文图书］/格林兄弟原著；汉斯. 费舍绘图；蓉子译. -- 第七版. -- 台北：国语日报社，1978. --26 页：彩图；25cm. --TWD 29.00　台湾公共资讯图书馆

　　2042. 四个旅行音乐家［海外中文图书］/（德）格林兄弟原著；汉斯费舍绘图；蓉子译. -- 第八版. -- 台北：国语日报社，1984. --26 页：彩图；25 cm. --（世界儿童文学名著）. --TWD55.00　台湾东华大学图书馆

　　2043. 四个旅行音乐家［海外中文图书］/（德）格林兄弟原著；汉斯费舍绘图；蓉子译. -- 第九版. -- 台北：国语日报社，1986. --26 页：彩图；25 cm. --（世界儿童文学名著）. --TWD 29.00　台东大学图书馆

　　2044. 四个旅行音乐家［海外中文图书］/海德夫妇绘著；蓉子译. --第六版. -- 台北：国语日报社，1990 重印. --41 页：彩图；25cm. --TWD 60.00　台湾政治大学图书馆

　　2045. 四个旅行音乐家［海外中文图书］/（德）格林兄弟原著；汉斯费舍绘图；蓉子译. -- 第七版. -- 台北：国语日报社，1991 重印. --26 页：彩图；24cm. --（世界儿童文学名著）. --TWD55.00　台湾公共资讯图书馆

他人辑录书目（2046—2270）

新诗专集（2046—2049）

　　2046. 看你名字的繁卉［海外中文图书］：蓉子诗赏析/古远清著. -- 台北：

文史哲出版社，1998. --194 页；21cm. --（文学丛刊；83）. --ISBN 957-549-177-7：TWD200.00 国家图书馆 台湾交通大学图书馆 海南省图书馆 海南大学图书馆 海南师范大学图书馆

该诗选分六卷，作者重点从《青鸟集》和《这一站不到神话》中选录蓉子诗歌 80 首，对每首诗从意境、风格、思想内容、艺术特征等方面进行赏析，体现蓉子诗歌恬静、纯情、洁净的艺术特点。

2047. 青鸟的踪迹 [海外中文图书]：蓉子诗歌精选赏析 / 朱徽著 . -- 台北：尔雅出版社有限公司，1999. --13,225 页；19cm. --（尔雅丛书；115）. --ISBN 957-639-261-6：TWD200.00 国家图书馆 台湾"清华大学"图书馆 台湾交通大学图书馆

"蓉子是台湾现代诗歌的代表人物之一，她在台湾诗坛享有盛誉，在中国文学界和世界文学界也很有影响力，从 20 世纪 50 年代诗集至该书出版时，已出版诗集 12 种，评论集 6 种，诗作被翻译成多种外国语文"，作者以《蓉子的诗歌艺术》为序，宏观介绍了蓉子及其诗歌创作。全书收录诗歌 50 首，分青春篇、山水篇、都市篇、艺术篇、哲思篇、岁月篇、异域篇，从思想内容、艺术形式、语言技巧等逐一进行赏析和评论，以加强读者对海峡彼岸诗歌艺术的了解。

朱徽（1946— ），四川成都人，四川大学外国语学院教授，博士生导师，著有《中英比较诗艺》《罗门诗歌精选百首赏析》《世界文学名著解析丛书》等。

2048. 蓉子集 [海外中文图书] / 蓉子著；吴达芸编 . -- 台南县：台湾文学馆，2008. --13,145 页：照片；21cm. --（台湾诗人选集 .11）. --ISBN 978-986-01-6084-0：TWD200.00 国家图书馆 台湾交通大学图书馆

丛书《台湾诗人选集》计收 66 家诗人，呈现了自二次大战后至 21 世纪初台湾新诗多元而丰富的风貌。《蓉子集》是《台湾诗人选集》其中之一部。内容包括序文、编辑体例说明、目录、诗人小传、诗人影像、诗选、解说、诗人重要生平、文学简表、阅读进阶指引、诗人已出版诗集要目等内容。

2049. 蓉子诗选 / 蓉子著；陈素琰编 . -- 北京：中国友谊出版公司，1993. --[17]，182 页；21cm. --（台湾诗歌名家丛书）. --ISBN 7-5057-0439-7：CNY6.60 国家图书馆 北京大学图书馆 广东省立中山图书馆 台湾师范大学图书馆 海南大学图书馆

该书分为"寻找一颗星""七月的南方""自然的恋""只要我们有根"四部分，收录蓉子诗歌90首，该书以《从青鸟到弓背的猫》作序言，附录《千曲无声——蓉子》《蓉子小传及创作年表》《蓉子著作目录》，较全面地反映了蓉子的诗歌世界。

陈素琰（1934—　）笔名苏玉，女，江苏南通人，中国社会科学院文学研究所当代文学、香港及海外华文文学研究室研究员，著有《文学广角的女性视野》等。

新诗选集（2050—2220）

2050. 爱情新诗鉴赏辞典 / 谷辅林主编 . -- 西安：陕西师范大学出版社，1990. --971 页；20cm. --ISBN 7-5613-0296-7（精装）：CNY14.50，CNY12.00　国家图书馆　北京大学图书馆　广东省立中山图书馆　江苏大学图书馆　湖南图书馆

选取作品：为什么向我索取形象，第 805 页；白色的睡，第 807 页；青鸟，第 809 页；为寻找一颗星，第 811 页

2051. 八十九年诗选［海外中文图书］/ 萧萧主编 . -- 台北：台湾诗学季刊杂志社：尔雅出版社总经销，2001. --268　页；21cm. --（年度诗选；第 19 集）. --ISBN 957-30462-0-2：TWD240.00　台湾暨南国际大学图书馆　台湾交通大学图书馆

选取作品：长日将尽——描写廿世纪末端景象，第 191 页

2052. 八十年代诗选［海外中文图书］=An anthology of modern Chinese poetry 1966—1975/ 纪弦［等］编 . -- 台北：濂美出版社，1976. --[21]，471 页：像；22cm. --（精装）：TWD130.00，TWD100.00　台北市立图书馆　台北科技大学图书馆

选取作品：一朵青莲、未言之门、诗、伞、清明相思、荣华，第 384—391 页

2053. 八十年诗选［海外中文图书］/ 李瑞腾编 . -- 台北：尔雅出版社，1992. --274 页；19cm. --（年度诗选，第十集）. --ISBN 957-639-056-7：TWD160.00　北京大学图书馆　同济大学图书馆　苏州大学图书馆

选取作品：悲怆两贴，第 27 页

2054. 百年中国儿童诗选 / 谭五昌［等］选编 . -- 太原：北岳文艺出版社，2004. --297 页：图；20cm. --ISBN 7-5378-2535-1：CNY18.00 国家图书馆 上海图书馆 北京师范大学图书馆 广东省立中山图书馆

该书选入 230 余首儿童诗歌作品。谭五昌，时在北京大学中文系攻读博士，现任北京师范大学中文系主任、教授。书前有谭五昌、谭旭东所作《前言》，简要概述了中国儿童诗的创作和发展状况，

选取作品：青鸟，第 106 页

2055. 从甘蔗林到大都会 / 苗雨时编 . -- 西安：陕西人民教育出版社，1994. --215 页；20cm. --（开卷丛书 . 当代诗歌卷）. --ISBN 7-5419-4972-8：CNY6.00 国家图书馆 海南省图书馆 海南师范大学图书馆 深圳大学图书馆

为更好地增强海峡两岸同胞的亲和力与情感交流，作者选取了余光中、蓉子等 10 位台湾地区有代表性的诗人的作品供读者欣赏。

选取作品：晚秋的乡愁，第 197 页

2056. 大学语文 / 莫道才主编 . -- 长沙：国防科技大学出版社，2010. --289 页；26cm. --（21 世纪高职高专规划教材，公共基础课系列）. --ISBN 978-7-81099-741-6：CNY30.00 国家图书馆 天津师范大学图书馆

选取作品：晚秋的乡愁，第 104 页

2057. 当代爱情友情诗 300 首 / 弘征选编 . -- 长沙：湖南文艺出版社，1997. --296 页；20cm. --ISBN 7-5404-1681-5：CNY12.80 国家图书馆 湖南图书馆

选取作品：梦里的四月，第 70 页

2058. 当代台湾诗萃 . 上册 / 蓝海文选编 . -- 长沙：湖南文艺出版社，1988. --565 页；19cm. --（台湾佳作选粹）. --ISBN 7-5404-0318-7：CNY5.20 国家图书馆 海南省图书馆 加利福尼亚大学图书馆

选取作品：青鸟，第 258 页；晨的恋歌，第 258 页；一朵青莲，第 260 页；维纳丽莎组曲，第 261 页；伞，第 263 页；白色的睡，第 264 页；夏，在雨中，第 266 页；白露，第 267 页；霜降，第 267 页；当众生走过，第 268 页

2059. 第七度［海外中文图书］/ 余光中［等］著 . -- 台北：大林出版社，

1981. --186 页；[不详]. --（大林文库；61）. --[不详]：TWD70.00　北京大学图书馆　华侨大学图书馆　深圳大学图书馆　同济大学图书馆　斯坦福大学图书馆

　　本书从台湾《文星杂志》1961 至 1970 年间发表的新诗中选取名家张秀亚、胡品清、洛夫、痖弦、余光中、蓉子、周梦蝶、夐虹、向明、胡筠、施善继、吴望尧等 45 位诗人的代表作品 66 首，从中可以窥见现代诗的发展轨迹，这些诗歌不仅是诗人创作风格的展示，基本也代表了台湾现代诗的基本特征和面貌。

　　选取作品：我无以膜拜，第 9 页；落幕之后，第 11 页

2060. 电影歌曲 120 首. 第六集 / 弦音编. -- 兰州：甘肃人民出版社，1986. --274 页；19cm. --CNY1.20　国家图书馆

　　该书收录了电影、电视主题歌、插曲、电视节目选曲，其中收录了蓉子、罗大佑、三毛、罗青等人作词的台湾电影插曲。台湾影片《欢颜》插曲《青梦湖》由蓉子作词，李泰祥作曲。

　　选取作品：青梦湖，第 138 页

2061. 二十世纪台湾诗选 [海外中文图书] / 马悦然 [等] 主编. -- 台北：麦田出版，2001. --638 页；22cm. --（麦田诗；1）. --ISBN 957-469-578-6（精装）：TWD480.00　国家图书馆　台湾暨南国际大学图书馆

2062. 二十世纪台湾诗选 [海外中文图书] / 马悦然，奚密，向阳主编. --3 版. -- 台北：麦田出版，2008. --639 页；21cm. --（麦田文学；221）. --ISBN 978-986-173-445-3：TWD420.00（HKD140.00）　国家图书馆　广东省立中山图书馆　东莞图书馆

　　该书选录了 1920 年以后的 80 年里蓉子等 50 位诗人的诗作，2001 年以繁体中文形式在台湾出版，2005 年再版，2008 年三版，其中收录蓉子诗作 6 首。

　　选取作品：晨的恋歌，第 200 页；一朵青莲，第 201 页；我们的城不再飞花，第 202 页；伞，第 203 页；当众生走过，第 203 页；虫的世界：蚱蜢的画像，第 204 页

2063. 二十世纪台湾诗选 / 奚密编选. -- 北京：中国社会科学出版社，2003. --18，461 页；20cm. --ISBN 7-5004-3810-9：CNY33.00　国家图书馆　海南省图书馆　福建省图书馆

该书是马悦然、奚密、向明主编的《二十世纪台湾诗选》的简体中文版。

选取作品：晨的恋歌，第 104 页；一朵青莲，第 105 页；我们的城不再飞花，第 106 页；伞，第 107 页；当众生走过，第 108 页；虫的世界，第 108 页

2064. 二十世纪中国诗歌精选 / 沈庆利选编 . -- 修订版 . -- 北京：人民文学出版社，2006. --10，231 页；21cm. --（语文新课标必读丛书）. --ISBN 7-02-005568-0：CNY14.00　国家图书馆　天津图书馆　广东省立中山图书馆　湖北省图书馆　海南省图书馆

选取作品：伞，第 154 页

2065. 二十世纪中国新诗选 / 王彬，顾志成选编 . -- 北京：大众文艺出版社，1998. --13，811 页；20cm. --ISBN 7-80094-495-6（精装）：CNY49.00　国家图书馆　南京大学图书馆　浙江图书馆　华东师范大学图书馆　海南师范大学图书馆

选取作品：晚秋的乡愁，第 525 页

2066. 二十世纪中国文学作品选，诗歌卷 / 高永年主编 . -- 南京：江苏教育出版社，2003. --499 页；20cm. --ISBN 7-5343-5002-6：CNY25.10　国家图书馆　广东省立中山图书馆　江苏大学图书馆　浙江图书馆

选取作品：我们的城不再飞花，第 475 页

2067. 二十世纪中国文艺图文志，新诗卷 / 徐迺翔总主编；刘福春［卷］主编 . -- 沈阳：沈阳出版社，2002. --187 页：照片；29cm. --ISBN 7-5441-1524-0（精装）：CNY80.00　国家图书馆　北京大学图书馆　广东省立中山图书馆　海南师范大学图书馆　天津图书馆

选取作品：我的妆镜是一只弓背的猫，第 120 页

2068. 20 世纪汉语诗选 . 第 3 卷：1950—1976/ 姜耕玉选编 . -- 上海：上海教育出版社，1999. --27，22，582 页；21cm. --ISBN 7-5320-6359-3（精装）：CNY30.50　国家图书馆　海南师范大学图书馆

选取作品：小舟，第 68 页；我宁愿拥抱大理石的柱石，第 69 页；海语，第 70 页；海恋，第 70 页；我的妆镜是一只弓背的猫，第 71 页；古典留我，第 72 页；一朵青莲，第 73 页；端阳曲——纪念屈原，第 74 页；伞，第 75 页；红男绿女——花艺之九，第 76 页；回大海去——迷途幼鲸的悲歌，第 77 页；北美洲的天空，第 78 页

2069. 20 世纪中国新诗分类鉴赏大系 / 毛翰主编 . -- 广州：广东教育出版社，1998. --26，1367 页；20cm. --ISBN 7-5406-3249-6（精装）：CNY61.00　国家图书馆　北京大学图书馆　广东省立中山图书馆　海南省图书馆　海南大学图书馆　海南师范大学图书馆

选取作品：晚秋的乡愁，第 160 页

2070. 2002 中国年度最佳诗歌 / 中国作家协会《诗刊》选编 . -- 桂林：漓江出版社，2003. --279 页；21cm. --（中国年度最佳作品系列 . 2002 年选大系）. --ISBN 7-5407-2916-3：CNY15.00　国家图书馆　广东省立中山图书馆　深圳大学图书馆　海南大学图书馆　海南师范大学图书馆

选取作品：岁月的跫音，第 143 页

2071. 风柜上的演奏会：读新诗游台湾（自然篇）［海外中文图书］/ 余欣娟，林菁菁，陈沛琦著 . -- 台北：幼狮出版社，2007. --173 页：图；21cm. --（智慧文库）. --ISBN 978-957-547-664-3：TWD200.00（HKD67.00）　广东省立中山图书馆　台湾交通大学图书馆

选取作品：恳丁公园，第 97 页；礁溪的月色，第 111 页

2072. 风中站立：诗歌卷 / 牛汉主编 . -- 北京：大众文艺出版社，2000. --421 页；21cm. --（中国当代文化书系：1949—1999/ 季羡林总主编）. --ISBN 7-80094-661-4：CNY21.80　国家图书馆　广东省立中山图书馆　武汉大学图书馆　海南大学图书馆　海口经济学院图书馆

选取作品：夏，在雨中，第 229 页；碎镜，第 230 页；我的妆镜是一只弓背的猫，第 231 页

2073. 港澳台诗歌精品 / 郭银星选编 . -- 沈阳：春风文艺出版社，1994. --334 页；20cm. --（诗歌金库 / 刘烈恒主编）. --ISBN 7-5313-1103-8：CNY8.80　国家图书馆　河南理工大学图书馆　湖南图书馆　吉林省图书馆

选取作品：山就这样走来，第 279 页；伞，第 280 页；石榴，第 280 页；当众生走过，第 281 页；白露，第 281 页；霜降，第 282 页；意楼怨，第 282 页

2074. 古今中外哲理诗鉴赏辞典 / 孙鑫亭主编 . -- 郑州：中州古籍出版社，1997. --14，1044 页；20cm. --ISBN 7-5348-1546-0（精装）：CNY42.00　国家图书馆　淮阴师范学院图书馆　广州大学图书馆　南开大学图书馆　四川省

图书馆

哲理诗是蕴含着哲学色彩，读后发人深省的诗作。全书收录古今中外 329 位作家广义哲理诗 504 首，诗前有作家小传，简要介绍了作者的生平、主要作品和诗歌成就，诗后有鉴赏文字，基本每首诗一篇赏析，组诗因不可分割，合作一篇。全书分中国古代诗歌、现代诗歌和外国诗歌三部分。

选取作品：青鸟，第 588 页

2075. 故园遥望：台港澳及海外淮阴人特辑 / 江苏省政协文史资料委员会，淮阴市政协文史资料委员会编 . -- 南京：江苏文史数据编辑部，1995. --224 页；21cm（江苏文史资料选辑；83，淮阴文史资料；11）. --ISSN 1003-9473：CNY8.60

为了加深大陆淮阴人对生活在台港澳及海外淮阴人的了解，居住在台港澳及海外的淮阴人将自己的亲身经历、所见所闻、真实感受述诸笔端，表达对家乡和家乡风俗的思念之情，展现了淮阴人积极向上、自强不息的精神风貌。《序言》中说"司马中原先生的散文作品回味，蓉子等先生的诗歌境界都达到了相当的高度"。

选取作品：别情，第 217 页；旅途，第 218 页

2076. 过目难忘，爱情诗 / 易征，周文彬选析 . -- 广州：花城出版社，2000. --256 页：图；20cm. --ISBN 7-5360-3246-3：CNY11.80　国家图书馆　广东省立中山图书馆　江苏大学图书馆　湖南图书馆　海口经济学院图书馆

本书选取了中国现代爱情诗 100 多首，入选的诗人有郭沫若、冰心、刘大白、刘半农、闻一多、冯至、艾青等老一辈诗坛巨子，有邹荻帆、纪弦、闻捷、公刘、蔡其矫、流沙河、洛夫、痖弦、郑愁予、蓉子、席慕蓉、舒婷等著名诗人，还有一些诗坛新秀。他们以艺术的手法抒写了对爱的追求和期待，吟咏了爱情的甜蜜和痛苦，表达了对爱的错失的遗憾和惆怅……这些诗作真情动人，表现手法多样，感情上给人震撼，思想上给人启发，艺术上给人借鉴。

选取作品：看你名字的繁卉，第 147 页

2077. 海峡两岸朦胧诗品赏 / 古远清著 . -- 武汉：长江文艺出版社，1991. --325 页：照片；20cm. --ISBN 7-5354-0506-1：CNY4.50

2078. 海峡两岸朦胧诗品赏 / 古远清著 . -- 武汉：长江文艺出版社，1991.

--325 页：照片；20cm. --ISBN 7-5354-0507-X（精装）：CNY6.50　国家图书馆　海南大学图书馆　海南师范大学图书馆　山东省图书馆　斯坦福大学图书馆

选取作品：我的妆镜是一只弓背的猫，第 228 页

2079. 红得发紫［海外中文图书］：台湾现代女性诗选 / 李元贞主编 . --台北：女书文化事业有限公司，2000. --620 页：肖像；21cm. --（女书系列；18）. --ISBN 957-8233-18-3：TWD400.00　国家图书馆

选取作品：为什么向我索取形象、青鸟、白色的睡、我的妆镜是一只弓背的猫、维纳丽莎之超越、伞、金阁寺，第 62—76 页

2080. 话语诗魂 / 未凡著 . -- 沈阳：沈阳出版社，2000. --283 页；21cm. --（诗人文丛）. --ISBN 7-5441-1554-2：CNY10.00　沈阳市图书馆

全套 12 册，分诗魂的使命意识、诗艺简浅谈、诗是什么、台湾籍女诗人抒情诗赏析四部分，在赏析部分简短赏析了胡品清、三毛、琼瑶、蓉子等数十人的诗作，不附录原文。

赏析作品：虫的世界，第 204 页；白露，第 204 页；笑，第 205 页；一个季节的推移，第 205 页；惜夏，第 206 页；一朵又美又真的山水仙，第 206 页；红男绿女，第 206 页；看你名字的繁卉，第 207 页；金山·金山，第 207 页；邀，第 207 页；肖像，第 208 页；孔雀扇，第 208 页

2081. 活水诗萃［海外中文图书］/ 余光中［等］著；郑明娳释义；林耀德主编 . -- 台北：活水文化双周报社，1993. --ISBN 957-8740-01-8，TWD190.00　台湾元智大学图书馆　台湾佛光人文社会科学院图书馆

选取作品：海棠红，第 18 页

2082. 剪成碧玉叶层层［海外中文图书］：现代女诗人选集 / 张默编 . --台北：尔雅出版社，1981. --［13］，308 页：图；19cm. --（尔雅丛书；97）. --TWD120.00　四川大学图书馆　汕头大学图书馆

本书内容包括："张秀亚诗选""蓉子诗选""林泠诗选""李政乃诗选"等 26 位诗人的诗选。

选取作品：白色的睡，第 13 页；一朵青莲，第 15 页；我的妆镜是一只弓背的猫，第 16 页；古典留我，第 18 页；伞，第 19 页；艺术家，第 20 页；您的名字——献给祖国的诗，第 23 页

2083. 精短新诗 200 首 / 苗雨时，张雪杉编 . -- 天津：百花文艺出版社，2001. --18，212 页；20cm. --ISBN 7-5306-3195-0：CNY15.00　国家图书馆　南京大学图书馆　浙江图书馆　洛阳师范学院图书馆　上海社会科学院图书馆

选取作品：青鸟，第 151 页

2084. 九十年代台湾诗选 / 沈奇编 . -- 沈阳：春风文艺出版社，1998. --[11]，413 页；20cm. --ISBN 7-5313-1850-4：CNY20.00　国家图书馆　广东省立中山图书馆　南京大学图书馆　同济大学图书馆　山东省图书馆

选取作品：曾经江南，第 372 页；水流花放，第 373 页

2085. 李旦初文集 . 第四卷，旧瓶新酒集：嘤鸣斋诗集 / 李旦初著；刘玉平，阎保平，姜丽主编 . -- 北京：人民日报出版社，2004（2005 重印）. --15，303 页：照片；21cm. --ISBN 7-80208-063-0（精装）：CNY620.00（全 12 卷）　国家图书馆　海南省图书馆

赏析：读蓉子《晚秋的乡愁》，第 113 页

2086. 两岸女性诗歌三十家［海外中文图书］/ 王禄松，文晓村主编 . -- 台北县：诗艺文出版社，1999. --529 页：彩图；21cm. --（诗歌书坊；21）. --ISBN 957-03-7902-2：TWD400.00　台湾大学图书馆

该书是海峡两岸老中青三代著名女诗人 30 家的诗歌总集。1999 年，为配合"两岸女性诗歌研讨会"召开而出版。书中入选的台湾著名女诗人 15 家，分别是胡品清、蓉子、晶晶、李政乃、张香华、夐虹、涂静怡、席慕蓉、尹玲、钟玲、诗薇、叶红、雪柔、洪淑玲、庄云惠；大陆著名女诗人 15 家，分别是：郑敏、郑玲、刘畅园、傅天琳、张烨、梅绍静、陆萍、萨仁图娅、李小雨、舒婷、李琦、顾艳、巴莫曲布嫫、娜夜、梅卓。

选取作品：［不详］

2087. 流转 /《台港文学选刊》编辑部编 . -- 杭州：浙江文艺出版社，1996. --226 页；21cm. --（台港文学 . 诗歌卷）. --ISBN 7-5339-0639-X：CNY9.30　国家图书馆　海南省图书馆　广东省立中山图书馆　山东省图书馆　海南师范大学图书馆

选取作品：维纳丽莎的世界，第 20 页；为什么向我索取形象，第 21 页；一朵青莲，第 22 页；我的妆镜是一只弓背的猫，第 23 页；白色的睡，第 24 页

2088. 六十年诗歌选［海外中文图书］/ 王志健等编 . -- 台北：正中书局，1973. --[48]，776页，21cm. --CNY6.30

选取作品：到南方澳去，［不详］

2089. 罗洛文集，诗论卷 / 罗洛著 . -- 上海：上海社会科学院出版社，1999. --842页；21cm. --ISBN 7-80618-535-6：CNY39.80　国家图书馆　海南大学图书馆　广东省立中山图书馆　深圳图书馆　湖北省图书馆

评论作品：伞，第729页

2090. 猫咪文学馆　［海外中文图书］=Cats Literary Library/ 陈慧文著；小P绘 . -- 台北：秀威资讯科技股份有限公司，2004. --213页：图；21cm. --（个人著作系列 . 语言文学类）. --ISBN 986-7614-73-9：TWD250.00　国家图书馆

赏析作品：迷离静淑——蓉子《我的妆镜是一只弓背的猫》，第26页

2091. 美哉海南岛 / 海南历史文化研究会主编；王春煜，周延琬选编 . -- 增订本 . -- 北京：长征出版社，2003. --428页：照片；20cm. --（海南风丛书）. --ISBN 7-80015-816-0：CNY21.80　海南省图书馆　广东省立中山图书馆　海南大学图书馆　海南师范大学图书馆　海口经济学院图书馆

该书以歌咏海南岛为主题，选录现代吟咏海南的新诗和旧体诗词500多首，作者有老一辈无产阶级革命家朱德、董必武，也有国内著名诗人郭沫若、艾青等，还收录了居住台湾、美国、泰国、印尼、新加坡、马来西亚的海南籍海外诗人罗门、蓉子、非马、岭南人等歌咏海南的诗作。

选取作品：山和海都在期待——琼岛一瞥，第287页

2092. 名人诗词选［海外中文图书］：中国·二十世纪·100年 / 江树生编著 . -- 香港：天马出版有限公司，2004. --51，1094页：照片；21cm. --ISBN 962-450-570-5（精装）：HKD98.00（CNY98.00）　国家图书馆　广东省立中山图书馆　湖南图书馆　武汉大学图书馆　四川省图书馆

选取作品：我的妆镜是一只弓背的猫，第1018页

2093. 年度诗选［海外中文图书］/ 张默［等］编 . -- 台北：尔雅出版社，1982—2010. --28册

2093. 1. 七十一年诗选［海外中文图书］/ 张默编 . -- 台北：尔雅出版社，1983. --[27]，354页；19 cm. --（年度诗选；第一集）. --TWD130.00　北京

大学图书馆

　　选取作品：一种季节的推移，第 85 页

2093. 2. 七十二年诗选［海外中文图书］/萧萧编. -- 台北：尔雅出版社，1984. --［14］，241 页；19cm. --（年度诗选；第二集）. --TWD90.00　国家图书馆　北京大学图书馆

　　选取作品：白露，第 167 页；霜降，第 168 页

2093. 3. 七十三年诗选［海外中文图书］/向明编. -- 台北：尔雅出版社，1985. --［15］，245 页；19cm. --（年度诗选；第三集）. --TWD100.00　国家图书馆　苏州大学图书馆

　　选取作品：时间，第 91 页

2093. 4. 七十四年诗选［海外中文图书］/李瑞腾编. -- 台北：尔雅出版社，1986. --［13］，394 页；19 cm. --（年度诗选；第四集）. --TWD160.00　武汉大学图书馆　苏州大学图书馆

　　选取作品：彻夜不熄灯火的小巷，第 261 页

2093. 5. 七十六年诗选［海外中文图书］/张汉良编. -- 台北：尔雅出版社，1988. --233 页；19cm. --（年度诗选；第六集）. --TWD110.00　苏州大学图书馆

　　选取作品：孔雀扇，第 34 页

2093. 6. 七十九年诗选［海外中文图书］/向明编. -- 台北：尔雅出版社，1991. --［20］，234 页；19cm. --（年度诗选；第 9 集）. --ISBN 957-639-024-9：TWD130.00　福建师范大学图书馆　苏州大学图书馆

　　选取作品：黑海上的晨曦，第 126 页

2094. 七十年代诗选［海外中文图书］=Anthology of the Seventies/ 张默，洛夫，痖弦主编. -- 高雄：大业书店,1967. --350 页：像；21cm. --TWD50.00　台北市立图书馆　台湾大学图书馆

　　选取作品：梦的荒原，［不详］

2095. 千曲之岛：台湾现代诗选 =The Isle Full of Noises：Modern Chinese Poetry From Taiwan ［海外中英文图书］/张错编. -- 台北：尔雅出版社，1987. --［52］，504 页：图；19cm. --（尔雅丛书；89）. --［不详］：TWD210.00　深圳图书馆

选取作品：清明相思，第 168 页；维纳丽莎的世界，第 170 页

2096. 青青草原：现代小诗赏析［海外中文图书］/ 落蒂编著 . -- 台北：青草地杂志出版社，1980. --236 页；［不详］. --（青草地丛书；1）. --TWD70.00

选取作品：温泉小镇，第 55 页

2097. 青少年诗话［海外中文图书］/ 萧萧著 . -- 台北：尔雅出版社有限公司，1989（2002 年七印）. --151 页；19 cm. --（尔雅丛书；226）. --ISBN 957-639-033-8：TWD130.00　台湾暨南国际大学图书馆

选取作品：只要我们有根，第 115 页

2098. 秋的思索［海外中文图书］：张诗剑诗选 / 张诗剑著 . -- 香港：香港文学报社出版公司，2000. --241 页：照片；21cm. --（龙香文学丛书）. --ISBN 962-962-053-3：HKD58.00　国家图书馆　广东省立中山图书馆　香港大学图书馆　同济大学图书馆　深圳大学图书馆

该书是香港诗人张诗剑的个人诗集。书中第七部分"和韵"，收录的是作者和台湾、香港等地诗人的唱和之作，作者《和蓉子的〈城市不衰·给香港〉》诗后附录了蓉子的作品。

选取作品：城市不衰·给香港，第 215 页

2099. 柔美的爱情：台湾女诗人十四家 / 古继堂著 . -- 沈阳：春风文艺出版社，1987. --324 页；20cm. --ISBN 7-5313-0011-7：CNY2.35　国家图书馆　北京大学图书馆　上海图书馆　海南省图书馆

评论：展翅的青鸟——蓉子，第 28 页

选取作品：到南方奥去，第 54 页；白色的睡，第 55 页；一朵青莲，第 56 页；我的妆镜是一只弓背的猫，第 57 页；古典留我，第 58 页；蝶与花，第 59 页；风筝节，第 59 页；青鸟，第 61 页；石榴，第 61 页；艺术家，第 62 页；我们的城不再飞花，第 63 页

2100. 如歌：瞬间的永恒 / 岳洪治主编 . -- 北京：中国华侨出版社，1996. --420 页；20cm. --（名家抒情诗精品大系）. --ISBN 7-80120-100-0：CNY21.00　广东省立中山图书馆　海南省图书馆　海南师范大学图书馆　首都图书馆　东莞图书馆

选取作品：我的妆镜是一只弓背的猫，第 266 页

2101. 如画：林下的轻歌 / 岳洪治主编 . -- 北京：中国华侨出版社，1996.

--396 页；20cm. --（名家抒情诗精品大系）. --ISBN 7-80120-099-3：CNY19.50

广东省立中山图书馆　海南省图书馆　海南师范大学图书馆　首都图书馆
东莞图书馆

　　选取作品：艺术家，第 256 页

　　2102. 深入课文的一把钥匙［海外中文图书］：章法教学／仇小屏著. --
台北：万卷楼图书有限公司，2001. --312 页；21cm. --（教学类；K061）. --ISBN
957-739-337-3：TWD300.00　国家图书馆　台湾交通大学图书馆

　　选取作品：小舟，第 243 页

　　2103. 诗道／伍学寅主编. -- 北京：作家出版社，2007. --492 页；21cm.
--ISBN 7-5063-3301-5：CNY35.60　海南大学图书馆　四川理工学院图书馆

　　选取作品：我的妆镜是一只弓背的猫，第 317 页

　　2104. 诗的播种者［海外中文图书］／落蒂著. -- 台北：尔雅出版社有限
公司，2003. --245 页；19cm. --（尔雅丛书；396）. --ISBN 957-639-353-1：
TWD200.00　国家图书馆　台湾交通大学图书馆

　　赏析作品：困居者的心境——析蓉子《我的妆镜是一只弓背的猫》，第 32 页

　　2105. 诗体寓言／高景轩，陈东编. -- 北京：红旗出版社，1996. --110 页；
21cm. --（寓言王国的故事丛书；之七）. --ISBN 7-80068-833-X：CNY40.00
（全 8 册）　宁波市图书馆　天津市少年儿童图书馆　同济大学图书馆

　　选取作品：青鸟，第 87 页

　　2106. 世界儿童诗选／婴草选编. -- 合肥：安徽少年儿童出版社，1986.
--199 页；19cm. --CNY1.05　国家图书馆　杭州市图书馆　首都图书馆　广
西壮族自治区图书馆　同济大学图书馆

　　该书收录包括中国在内的 19 个国家 66 位诗人的 98 首儿童诗佳作，展现
了诗人们无瑕的童心、圣洁的诗心、博大的爱心。深圳图书馆藏有该书 1970
年南宁接力出版社版和 2002 年安徽少年儿童出版社版。

　　选取作品：童话湖，第 38 页

　　2107. 世界儿童诗选／婴草选编. -- 合肥：安徽少年儿童出版社；南宁：接
力出版社，1995. --177 页：插图；19cm. --（小学生图书精品库；17）. --ISBN
7-80581-891-6：CNY160.00（全套）　国家图书馆　上海图书馆

　　选取作品：童话湖，第 38 页

2108. 世界华人诗歌鉴赏大辞典 / 高巍主编 . -- 太原：书海出版社，1993. --1388 页；20cm. --ISBN 7-80550-136-X（精装）：CNY45.00　国家图书馆　北京大学图书馆　暨南大学图书馆　浙江图书馆　海南师范大学图书馆

选取作品：霜降，第 162 页；夏，在雨中，第 163 页；当众生走过，第 165 页；白露，第 166 页

2109. 水仙的心情：台湾女性抒情诗 / 梁以墀编 . -- 广州：花城出版社，1989. --234 页；19cm. --（八方丛书；第一辑）. --ISBN 7-5360-0324-2：CNY2.65　国家图书馆　海南省图书馆　海南大学图书馆　中山大学图书馆　深圳图书馆

20 世纪 80 年代末，台湾诗坛一片繁荣，诗刊有十数家，经常发表诗歌的诗人有数千，其中有不少女性诗人，她们"美妙的声音"，风格各异的诗篇，编织了女诗人"自己的梦"，该书汇集了台湾杨笛、琼虹、蓉子等 34 位女诗人的 150 首代表作，入选诗人都有简短的介绍，这些诗人诗作几乎覆盖了台湾新诗发展的各个阶段。

选取作品：晚秋的乡愁，第 207 页；霜降，第 207 页；吟罢苔痕深，第 208 页；乱梦，第 209 页；心每，第 212 页；冬日遐思，第 213 页；一朵青莲，第 214 页

2110. 水仙花季：台湾女诗人爱情诗赏析 / 桂汉标，阿难著 . -- 广州：广东高等教育出版社，1991. --208 页；19cm. --ISBN 7-5361-0623-8：CNY2.95　广东省立中山图书馆　浙江师范大学图书馆　韶关图书馆

台湾女诗人的爱情诗多姿多彩、美不胜收。本书是国内第一部荟萃台湾女诗人爱情诗佳作的选本，精选了林泠、张香华、蓉子、席慕蓉、涂静怡、冯青、庄云惠等 36 位老中青女诗人的情诗精品 80 多首，并从思想、感情、艺术诸方面作了精当的赏析，既可领略到爱的温馨，又可学到诗的技巧，是献给读者尤其是年轻人的不可多得的礼物。

选取作品：看你名字的繁卉，第 26 页；一种季节的推移，第 28 页；为什么向我索取形象，第 30 页

2111. 水中之月：中国现代禅诗精选 / 李天靖，张海宁主编 . -- 上海：上海文化出版社，2009. --149 页；22cm. --ISBN 978-7-80740-383-8：CNY18.00　国家图书馆　北京大学图书馆　深圳图书馆　三亚学院图书馆　江阴市图书馆

禅诗有两类，一是禅师写的诗，寓禅于诗，把诗当作宣传佛理的工具；一是诗人写的禅诗，以简单明确的意象显示禅意或禅趣。该书收集海峡两岸诗人的禅诗进行分类编排，并作简要解读，评语出没于诗学和佛学之间，融诗意和禅意于一体，是不可多得的现代禅诗读本。书前有序言两篇，一是洛夫撰写的《禅诗的现代美学意义》，一是孙琴安撰写的《现代与传统的契合点》，对于引导读者欣赏禅诗有参考意义。

选取作品：一朵青莲，第 177 页

2112. 她们的世界［海外中文图书］：当代中国女作家及作品 / 夏祖丽编著 . --9 版 . -- 台北：纯文学出版社发行，1981. --［5］，332 页，图 16 页：像；19cm. --（纯文学丛书；49）. --TWD 110.00

该书汇集了作者对台湾琼瑶、蓉子、罗兰等 16 位女作家的采访，并介绍了她们的代表作。作者描写蓉子说："她的诗里有热诚自然的诗人生活，有宁静和谐的家庭生活，有辛苦忙碌的职业生活，有热闹有趣的社交生活，她的生活也是一首成功的诗，追求梦想、理想而不脱离现实。"夏祖丽，林海音之女，书前有林海音序。

简介：灯屋里的诗人蓉子，第 241 页

选取作品：维纳丽莎组曲，第 249 页

2113. 她们的世界［海外中文图书］：当代中国女作家及作品 / 夏祖丽编著 . -- 台北：纯文学出版社，1973（1984 年 10 次印刷）. --332 页：照片；19cm. --（纯文学丛书；49）. --TWD150.00 上海图书馆 海南省图书馆

2114. 她们的抒情诗 / 阎纯德主编 . -- 福州：福建人民出版社，1984. --542 页；21cm. --CNY1.90 国家图书馆 海南省图书馆 广东省立中山图书馆 北京大学图书馆

简介：蓉子，第 518 页

选取作品：晚秋的乡愁，第 519 页；到南方澳去，第 520 页；我的妆镜是一只弓背的猫，第 521 页；伞，第 522 页；我们的城不再飞花，第 523 页

2115. 台岛现代乡愁诗选 / 张新泉选编 . -- 成都：四川文艺出版社，1989. --114 页；19cm. --ISBN 7-5411-0330-6：CNY1.50 国家图书馆 海南省图书馆

选取作品：晚秋的乡愁，第 96 页

2116. 台港澳文学作品选 / 江少川选评 . -- 武汉：华中师范大学出版社，2000. --468 页；20cm. --ISBN7-5622-2183-9：CNY22.00　国家图书馆　海南省图书馆

选取作品：伞，第 437 页

2117. 台港百家诗选 / 葛乃福编 . --南京：江苏文艺出版社，1990. --427 页；19cm. --ISBN 7-5399-0229-9：CNY5.90　国家图书馆　海南省图书馆

选取作品：白色的睡，第 110 页；晚秋的乡愁，第 111 页；肖像，第 112 页；我们的城不再飞花，第 113 页

简介：蓉子，第 114 页

2118. 台港抒情短诗精品鉴赏 / 司徒杰编著 . -- 郑州：河南文艺出版社，1996. --10，296 页；20cm. --（台港文学艺术丛书）. --ISBN 7-80623-005-X：CNY14.60　国家图书馆　上海图书馆　广东省立中山图书馆　海南省图书馆

选取作品：看你名字的繁卉，第 144 页；晚秋的乡愁，第 146 页

2119. 台港文学精品赏读 / 李旭初等编著 . -- 武汉：长江文艺出版社，1996. --828 页；20cm. --ISBN7-5354-1390-0（精装）：CNY40.00，CNY35.00　国家图书馆　中南民族大学图书馆　南阳师范学院图书馆

选取作品：伞，第 762 页

2120. 台港现代诗赏析 / 古远清编著 . -- 郑州：河南人民出版社，1991. --284 页；19cm. --ISBN 7-215-01345-6：CNY3.75　国家图书馆　上海图书馆　广东省立中山图书馆　武汉大学图书馆

选取作品：古典留我，第 66 页；伞，第 68 页；当众生走过，第 70 页

2121. 台湾儿童诗选 . 下 / 蓝海文选编 . -- 长沙：湖南文艺出版社，1988. --10，203 页；19cm. --ISBN 7-5404-0317-9：CNY2.30　国家图书馆　首都图书馆　吉林省图书馆

人民文学出版社于 20 世纪 80 年代初推出的《台湾诗选》，在介绍台湾诗歌方面迈出了可贵的第一步。随海峡两岸的诗艺交流日益频繁，介绍台湾新诗的集子逐渐增多，出现了综合诗选、个人诗选、社团诗选、流派诗选、专题诗选。但这些选本中儿童诗占分量很少。该书介绍了台湾儿童诗的创作，填补了儿童诗选的空白。上册是儿童们的创作，下册是成人为儿童写的诗，蓉子是较早写儿童诗的老诗人。

选取作品：小顽皮，第 163 页；大母鸡，第 164 页；小木马，第 164 页；为什么，第 165 页；小白兔，第 166 页；寂寞的咪咪，第 167 页；井，第 168 页；中秋节，第 168 页；星，第 170 页；风的长裙子，第 170 页

2122. 台湾朦胧诗赏析 / 古远清著 . -- 广州：花城出版社，1989. --186 页；19cm. --ISBN 7-5360-0413-3：CNY2.95　上海图书馆　广东省立中山图书馆　海南大学图书馆　南京大学图书馆　湖南图书馆　斯坦福大学图书馆

选取作品：晨的恋歌，第 60 页；晚秋的乡愁，第 62 页

2123. 台湾女诗人三十家 / 古继堂编 . -- 长沙：湖南文艺出版社，1987. --204 页；19cm. --ISBN 7-5404-0019-6：CNY1.15　国家图书馆　中国社会科学院图书馆　上海图书馆　广东省立中山图书馆　海南省图书馆　海南师范大学图书馆

该书选录了台湾诗人叶翠苹、梁翠梅、蓉子、夏宇、席慕蓉等 30 家女诗人的诗作，进行介绍和欣赏。书中对蓉子的评论是：蓉子，一只美丽的青鸟。

选取作品：虫的世界，第 190 页；白露，第 191 页；霜降，第 192 页；一种季节的推移，第 192 页；惜夏，第 193 页；一朵又美又真的山水仙，第 194 页；红男绿女，第 194 页；看你名字的繁卉，第 195 页；金山·金山，第 196 页；邀，第 197 页；肖像，第 197 页

2124. 台湾女诗人五十家 / 古继堂编著 . -- 长沙：湖南文艺出版社，1991. --397 页；19cm. --ISBN 7-5404-0745-X：CNY4.15　国家图书馆　湖南图书馆　武汉大学图书馆　广东省立中山图书馆　福州大学图书馆

本书是 1987 年湖南文艺出版社出版《台湾女诗人三十家》的补充本。除由原来的 30 家增加到 50 家外，还增加了原入选诗人的新作。读者可从中领略到台湾女诗人创作的沿革和发展，也可看到台湾诗坛女诗人的创作风貌，从中感受到五代女诗人之间的时空差距、艺术风格和情趣。

评论：蓉子，一只美丽的青鸟，第 238 页

选取作品：虫的世界，第 238 页；白露，第 239 页；霜降，第 239 页；一种季节的推移，第 240 页；惜夏，第 241 页；一朵又美又真的山水仙，第 242 页

红男绿女，第 242 页；看你名字的繁卉，第 243 页；金山·金山，第 244 页；邀，第 245 页；肖像，第 245 页

2125. 台湾诗选（二）/ 人民文学出版社编辑部编 . -- 北京：人民文学出版社，1982. --236 页；19cm. --（精装）：CNY1.55，CNY0.70　国家图书馆　海南省图书馆　广东省立中山图书馆　山东省图书馆　湖南图书馆

选取作品：晚秋的乡愁，第 22 页；青鸟，第 23 页；未言之门，第 24 页；我们的城不再飞花，第 25 页

2126. 台湾诗选 / 非马编 . -- 广州：花城出版社，1990. --175 页；20cm. --ISBN 7-5360-0761-2：CNY3.10　国家图书馆　首都图书馆　浙江图书馆　广州大学图书馆　复旦大学图书馆

选取作品：一朵青莲，第 51 页；虽说伞是一庭花树，第 52 页；碎镜，第 53 页；夏，在雨中，第 54 页

2127. 台湾文学读本［海外中文图书］/ 田启文［等］编著 . -- 台湾：五南出版图书有限公司，2005. --10，359 页：照片；23cm. --ISBN 957-11-3850-9：TWD350.00　国家图书馆　北京大学图书馆　北京师范大学图书馆　广东省立中山图书馆

该书收录了台湾400年来的文学作品，既包括古代文学，也包括现代文学，涵盖了诗、词、散文、小说等文体。2006 年二版，国家图书馆有藏。

选取作品：我的妆镜是一只弓背的猫，第 198 页

2128. 台湾现代百家诗 / 犁青主编 . -- 桂林：漓江出版社，1990. --334 页；19cm. --（台湾诗析丛）. --ISBN 7-5407-0550-7：CNY3.90　国家图书馆　海南省图书馆

选取作品：温泉小镇——记四重溪，第 43 页

2129. 台湾现代诗拔萃 / 陶梁选编 . -- 桂林：漓江出版社，1989. --466 页；19cm. --（台湾诗析丛）. --ISBN 7-5407-0392-X：CNY4.80　国家图书馆　广东省立中山图书馆　海南省图书馆　江西省图书馆　海南师范大学图书馆

选取作品：一朵青莲，第 76 页；我的妆镜是一只弓背的猫，第 77 页；伞，第 78 页

2130. 台湾现代诗歌赏析 / 耿建华，章亚昕编著 . -- 济南：明天出版社，1989. --247 页；19cm. --ISBN 7-5332-0668-1：CNY2.80　国家图书馆　同济大学图书馆　海南省图书馆　南京大学图书馆

选取赏析：伞，第 103 页；古典留我，第 106 页

2131. 台湾现代诗四十家 / 非马编 . -- 北京：人民文学出版社，1989.
--276 页；19cm. --ISBN 7-02-000343-5：CNY2.80　国家图书馆　海南省图书馆　海南大学图书馆　海南师范大学图书馆　集美大学图书馆

选取作品：青鸟，第 96 页；我的妆镜是一只弓背的猫，第 97 页；天堂鸟，第 98 页；伞，第 99 页；艺术家，第 100 页

2132. 台湾现代诗选 / 刘登翰选编 . -- 沈阳：春风文艺出版社，1987. --636，37 页；20cm. --CNY4.80　国家图书馆　上海图书馆　广东省立中山图书馆　海南省图书馆　海南大学图书馆　海南师范大学图书馆

选取作品：晨的恋歌，第 169 页；我从季节走过，第 170 页；三月无诗，第 171 页；夏，在雨中，第 172 页；晚秋的乡愁，第 173 页；看你名字的繁卉，第 174 页；我们的城不再飞花，第 175 页；一朵青莲，第 177 页；维纳丽莎组曲（十二首选四），第 178 页；到南方澳去（宝岛风光组曲选二），第 181 页；众树歌唱，第 183 页；古典留我——访韩诗束，第 184 页；牡丹花园——对我生长故土的眷恋，第 186 页

2133. 台湾现代抒情诗选 / 培贵编著 . -- 武汉：长江文艺出版社，1990. --236 页；20cm. --ISBN 7-5354-0344-1：CNY3.35　国家图书馆　北京大学图书馆　海南省图书馆　湖北省图书馆　山东省图书馆

选取作品：一朵青莲，第 214 页

2134. 台湾现代文选 [海外中文图书]，新诗卷 / 向阳编著 . -- 台北：三民书局股份有限公司，2005. --29，37 页；23cm. --ISBN 957-14-4274-7：TWD310.00　国家图书馆

选取赏析：我的妆镜是一只弓背的猫，第 53 页；伞，第 54 页

2135. 台湾现代文学教程 [海外中文图书]：新诗读本 / 萧萧，白灵主编 . -- 台北：二鱼文化事业公司，2002. --491 页；21cm. --（二鱼文化人文工程；E003）. --ISBN 986-80441-9-7：TWD380.00　国家图书馆

选取作品：维纳丽莎，第 148 页；旭海草原，第 149 页

2136. 台湾小诗五百首 / 培贵编 . -- 武汉：长江文艺出版社，1992. --346 页；20cm. --ISBN 7-5354-0765-X：CNY7.00　国家图书馆　深圳图书馆　北京大学图书馆　广西师范学院图书馆

选取作品：青鸟、天堂鸟、白露、霜降、当众生走过、一朵又美又真的山水仙、为寻找一颗星，第315—318页

2137. 台湾小诗选萃 / 黄振展选编 . -- 桂林：漓江出版社，1990. --188页；19cm. --（台湾诗析丛）. --ISBN 7-5407-0551-5：CNY2.60　国家图书馆　海南省图书馆　浙江图书馆　广西壮族自治区图书馆　华东师范大学图书馆

选取作品：白露，第35页；霜降，第35页；生命，第36页；日历，第36页；纳凉，第37页

2138. 台湾新诗 / 翁光宇选析 . -- 广州：花城出版社，1985. --282页；13cm. --（花城袖珍诗丛）. --CNY0.99　国家图书馆　海南省图书馆

选取作品：晨的恋歌，第73页

2139. 台湾新诗鉴赏辞典/陶本一，王宇鸿主编 . -- 太原：北岳文艺出版社，1991. --1062页；19cm. --ISBN 7-5378-0524-5（精装）：CNY21.00　国家图书馆　海南省图书馆

选取作品：青鸟，第318页；我的妆镜是一只弓背的猫，第321页；伞，第323页；夏，在雨中，第325页；晚秋的乡愁，第328页；艺术家，第331页

2140. 天下诗选［海外中文图书］：1923—1999台湾.1/痖弦主编 . -- 台北：天下远见出版公司，1999. --250页；21cm. --（文学人生；19）. --ISBN 978-957-621-610-9：TWD250.00　国家图书馆　台湾暨南国际大学图书馆　台湾交通大学图书馆

选取作品：阿里山有鸟鸣，第207页

2141. 童诗百首［海外中文图书］/林焕章编 . -- 台北：尔雅出版社，民国69［1980］. --222页，19cm. --（尔雅丛书）. --TWD90.00　广东省立中山图书馆　四川省图书馆　上海大学图书馆

该书1993年由尔雅出版社再版。林焕章（1939—　），笔名牧云、多佛，台湾著名儿童诗人。

选取作品：风的长裙子、童话湖，［不详］

2142. 伟人的愚蠢：中外情诗情书精选 / 贺雄飞主编 . -- 太原：北岳文艺出版社，1991. --199页；19cm. --（消遣精萃系列丛书；4）. --ISBN 7-5378-0673-X：CNY4.50　国家图书馆　湖北省图书馆　山东省图书馆

选取作品：白色的睡，第 29 页；看你名字的繁卉，第 30 页

2143. 温馨的玫瑰（A）：台湾爱情诗选 / 舒广宇编选 . -- 西安：陕西旅游出版社，1999. --692 页，21cm. --ISBN 7-5418 -1099 -3：CNY19.80 首都图书馆 东莞图书馆 福建师范大学图书馆 宁波市图书馆

选取作品：晨的恋歌，第 106 页；看你的名片繁卉（应为"看你名字的繁卉"），第 107 页；我们的城不再飞花，第 108 页；一朵青莲，第 110 页；为什么向我索取形象，第 111 页；为寻找一颗星，第 112 页

2144. 我和春天有一个约会：台湾现代、后现代诗选 / 余光中［等］著；力践选编 . -- 北京：中国友谊出版公司，1990. --220 页；19cm. --ISBN 7-5057-0272-6：CNY3.00 国家图书馆 广东省立中山图书馆 华中师范大学图书馆 琼州学院图书馆 海南经贸职业技术学院图书馆

选取作品：孔雀扇，第 25 页

2145. 我心中的歌［海外中文图书］：现代文学星空 / 许俊雅著 . -- 台北：文史哲出版社，2006. --416 页；21cm. --（现代文学研究丛刊；22）. --ISBN 957-549-656-6：TWD420.00 国家图书馆 广东省立中山图书馆 上海大学图书馆 北京师范大学图书馆

选取作品：伞，第 52 页

2146. 下在我眼眸里的雪［海外中文图书］：新诗教学 / 仇小屏著 . -- 台北：万卷楼图书有限公司，2001. --349 页；21cm. --ISBN 957-739-336-5：TWD320.00 国家图书馆 首都图书馆 东莞图书馆 台湾交通大学图书馆

该书是探讨高中新诗教学的参考书。从读新诗、锻炼佳句、转为诗句、诗句续写、构思角度、组诗撰写等角度，引导中学生逐步开始新诗写作。2002 年再版，2005 年重印。

选取作品：伞，第 223 页

2147. 现代诗导读［海外中文图书］/ 张汉良，萧萧编选 . -- 台北：故乡出版社，1979. --5 册；21cm. --TWD600.00

选取作品：一朵青莲，第 81 页；我的妆镜是一只弓背的猫，第 84 页

2148. 现代诗歌在作文中的应用 / 赵国惠著 . -- 沈阳：辽宁人民出版社，2002. --22，341 页；20cm. --（课外语文应用系列：中学生版 / 刘心武）. --课外工程 . --ISBN 7-205-05328-5：CNY15.00 国家图书馆 湖南图书馆 浙

江图书馆 江阴市图书馆 福建师范大学图书馆

赏析作品：晨的恋歌，第 61 页；我们的城不再飞花，第 173 页；小舟，第 220 页；晚秋的乡愁，第 270 页

2149. 现代诗新版图［海外中文图书］/ 洪淑苓著 . -- 台北：秀威资讯科技股份有限公司，2004. --251 页；21cm. --（学术著作系列 . 语言文学；AG0018）. --ISBN 986-7614-42-9：TWD300.00 国家图书馆 台湾"国家图书馆" 台湾暨南国际大学图书馆

评析：时间美学：蓉子《这一站不到神话》评介，洪淑苓，第 13 页

2150. 现代诗欣赏与创作 / 戴达奎著 . -- 上海：上海大学出版社，2010. --10，367 页；21cm. --（上海市高校教育高地建设项目）. --ISBN 978-7-81118-631-4：CNY30.00 国家图书馆 上海图书馆 广东省立中山图书馆 海南大学图书馆 海南师范大学图书馆

本书是高校公共选修课教材，全书分为七讲，每讲设上下两篇，上篇勾勒和阐述现代诗特征与创作要领，下篇讲述怎样欣赏单个的诗歌文本，所选作品为中外著名诗人的名篇佳作，有北岛、罗门、冯至、闻一多、詹姆士·梅利尔、顾城、蓉子、舒婷、公刘、洛夫等。

评析：蓉子《晚秋的乡愁》解析：踩痛乡思的弦，第 165 页

2151. 现代同题新诗荟萃 / 丘山编 . -- 长沙：湖南文艺出版社，1991. --347 页；20cm. --ISBN 7-5404-0808-1：CNY4.70 国家图书馆 海南省图书馆 山东省图书馆 武汉大学图书馆 深圳图书馆

选取作品：伞，第 185 页

2152. 现代小诗 300 首 / 沈奇编选 . -- 济南：山东文艺出版社，2006. --316 页；21cm. --ISBN 7-5329-2507-2：CNY16.00 国家图书馆 海南省图书馆 山东省图书馆 海南师范大学图书馆 杭州市图书馆

选取作品：霜降，第 78 页；青鸟，第 80 页

2153. 现代新诗读本［海外中文图书］/ 方群［等］主编 . -- 台北：扬智文化事业股份有限公司，2004. --11，328 页；23cm. --（扬智读本系列；03）. --ISBN 957-818-652-5：TWD400.00 国家图书馆 台湾暨南国际大学图书馆

选取作品：青鸟，第 96 页；伞，第 172 页

2154. 乡愁：台湾与海外华人抒情诗选 / 柳易冰选编 . -- 石家庄：河北人

民出版社，1990. --454 页：照片；19cm. --ISBN 7-202-00607-3：CNY5.10
国家图书馆　海南省图书馆　山东省图书馆　四川省图书馆

　　选取作品：晚秋的乡愁，第 62 页

2155. 向岁月致敬［海外中文图书］：台湾前辈诗人摄影集 =A Tribute To Time: A Photo Gallery of Taiwan's Senior Poets/ 张默执笔，陈文发摄影 . -- 台北：台北市政府文化局，2001. --214 页；26cm. --［不详］　国家图书馆

　　诗人的面容：蓉子（1928），第 070 页；简介，第 071 页；剪影，第 073 页
　　选取作品：到南方澳去，第 072 页

2156. 小诗森林［海外中文图书］/陈幸蕙编著 . -- 台北：幼狮文化事业股份有限公司，2003. --253 页；21cm. --（现代小诗选；1）--ISBN 957-574-466-7：TWD220.00　国家图书馆　台湾暨南国际大学图书馆

　　选取赏析：伞，第 67 页；虫世界：蚱蜢的画像，第 68 页

2157. 小诗星河［海外中文图书］/陈幸蕙编著 . -- 台北：幼狮文化事业股份有限公司，2007. --219 页；21cm. --（现代小诗选；2）. --ISBN 978-957-574-619-3：TWD250.00（HKD83.00）　国家图书馆　台湾暨南国际大学图书馆

　　选取赏析：小舟，第 65 页；白露，第 65 页

2158. 小学生诗歌鉴赏辞典 / 邓魁英主编 . -- 北京：大百科全书出版社，2005（2007 重印）. --（订书器鉴赏辞典书系）. --ISBN 978-7-50000-7252-2：CNY48.00　首都师范大学图书馆　上海宝山区图书馆　河南省图书馆　绍兴市图书馆　珠海市图书馆

　　该书从我国《诗经》始精选历代名诗和近现代新诗共 300 首，供小学生诵读鉴赏。通过对情感、意境、意象及文学常识的解读，供学生、家长、老师理解记忆。书后附录篇目、作者、佳句、主题词和关键词索引。

　　选取作品：晚秋的乡愁，第 584 页

2159. 新华文学·世华文学［海外中文图书］：评论与史料选辑/黄孟文著 . -- 新加坡：云南园雅舍出版；马来西亚：大将出版社，2008. --237 页；［不详］. --ISBN 978-981-08-1244-7：SGD14.00；MYR28.00　海南省图书馆

　　赏析作品：王蓉子的《童话城》赏析

2160. 新诗鉴赏辞典（重编本）/孙光萱，张新，戴达编 . -- 上海：上海辞书出版社，上海世纪出版股份有限公司，2013. --1312 页；19cm. --（中国

文学鉴赏辞典系列）. --ISBN 978-7-5326-3851-2（精装）: CNY88.00   国家图书馆   首都图书馆   闽南师范大学图书馆   东莞图书馆   宁波市图书馆

选取作品：晨的恋歌，第 819 页

诗人小传：蓉子，第 1148 页

2161. 新诗评析一百首［海外中文图书］：写给青少年的 / 文晓村著 . -- 台北：布谷出版社，1980. --2 册（412 页）; 19cm. --（布谷丛书; 1）. --TWD140.00

该书上册分动物、植物、人物、风景、亲情等，下册分青春之歌、乡土吟、山水颂以及童话等，选取思想健康，富有情趣，语言明了，技巧完美的新诗 100 首进行评析，以提高中小学生的诗歌阅读能力，为新诗教学提供参考。该书同年增订再版，次年列入黎明书库第三次出版。

选取作品：到南方澳去，第 275 页

2162. 新诗评析一百首［海外中文图书］：写给青少年的 / 文晓村著 . -- 台北：黎明文化事业股份有限公司，1981. --2 册（484 页）; 19cm. --（黎明书库; 13）. --TWD150.00（CNY12.00）   广东省立中山图书馆   福建省图书馆

选取作品：到南方澳去，第 327 页

2163. 新诗谱：新诗格式创制研究 / 冯国荣著 . -- 北京：人民出版社，2010. --11，364 页; 24cm. --ISBN 978-7-01-008216-5: CNY49.80   国家图书馆   海南省图书馆

选取作品：端阳曲，第 170 页

2164. 新诗三百首［海外中文图书］：1917—1995. 下 / 张默，萧萧编 . -- 台北：九歌出版社，1995. --704 页; 21cm. --（九歌文库; 423）. --ISBN 957-560-387-7: TWD450.00   国家图书馆   台湾暨南国际大学图书馆

选取作品：我的妆镜是一只弓背的猫，第 351 页; 伞，第 353 页

2165. 新诗三百首［海外中文图书］：一九一七——一九九五 / 张默，萧萧编 . -- 增订版 . -- 台北：九歌出版社，2007. --2 册; 19cm. --（九歌文库; 423）. --ISBN 957-444-378-7（上册）: TWD450.00, ISBN 957-444-379-5（下册）: TWD450.00

选取作品：我的妆镜是一只弓背的猫、伞，［不详］

2166. 新诗三百首 / 牛汉，谢冕主编 . -- 北京：中国青年出版社，2000. --3 册（729 页）; 20cm. --ISBN 7-5006-3711-X: CNY48.00（全三册）   国家图书

馆　上海图书馆　湖南图书馆　安阳市图书馆　广东警官学院图书馆

选取作品：我们的城不再飞花，第 426 页

2167. 新诗选［海外中文图书］/ 罗洛编. —— 香港：中华书局（香港）有限公司，1991. —339 页：图；21cm. ——（中国诗歌宝库）. —ISBN 962-231-424-4：CNY35.75　国家图书馆　广东省立中山图书馆　汕头大学图书馆　山东大学图书馆　海南师范大学图书馆

《中国诗歌宝库》收录了我国从《诗经》时期至新诗时代诗歌史上的精品诗作。该书是《中国诗歌宝库》第十三分册。

选取作品：伞，第 166 页

2168. 新诗选 / 罗洛编著. —— 上海：上海书店，1993. —290 页；图；19cm. ——（中国诗歌宝库 / 钱伯城主编）. —— 据中华书局（香港）有限公司版重排. —ISBN 7-80569-703-5：CNY7.40　国家图书馆　上海图书馆　洛阳市图书馆

版权页著者写作"罗济"，应为"罗洛"

选取作品：伞，第 145 页

2169. 星空无限蓝［海外中文图书］：蓝星诗选 / 覃子豪［等］著；罗门，张健主编. —— 台北：九歌出版社，1986. —490 页：照片；19cm. ——（九歌文库）. —TWD190.00　国家图书馆

选取作品：［不详］

2170. 寻你的名字在绿中：台港抒情小诗精选 200 首 / 国岚编选. —— 石家庄：河北人民出版社，1991. —238 页；19cm. —ISBN 7-202-00862-9：CNY2.95　首都师范大学图书馆　中山大学图书馆　海南省图书馆

选取作品：晨的恋歌，第 16 页；一朵青莲，第 108 页；白露，第 126 页

2171. 一生必读的名家诗歌 / 彬彬主编. —2 版. —— 呼伦贝尔：内蒙古文化出版社，2009. —197 页；23cm. ——（当代学生经典必读）. —ISBN 978-7-80675-368-2：CNY25.80　国家图书馆　首都图书馆　海口经济学院图书馆

选取作品：海语，第 116 页

2172. 1916—2008 经典新诗解读 / 邓荫柯编著. —— 北京：中国青年出版社，2009. —517 页；23cm. —ISBN 978-7-5006-8685-9：CNY32.00　国家图书馆　北京大学图书馆　广东省立中山图书馆　海南经贸职业学院图书馆　暨南大学图书馆

选取作品：晨的恋歌，第 139 页

2173. 1990—1992 三年诗选 / 人民文学出版社编辑部编 . -- 北京：人民文学出版社，1994. --528 页；20cm. --ISBN 7-02-001785-1：CNY11.50　国家图书馆　北京大学图书馆　广东省立中山图书馆　江苏大学图书馆　武汉大学图书馆

本书以抒情诗为主，共收蓉子、陈去非、阿坚、阿来等 200 余位诗人三年间发表的 300 余首诗。

选取作品：悲怆两帖，第 225 页

2174. 盈盈秋水 / 阎座编 . -- 北京：中央民族学院出版社，1993. --268 页；19cm. --（台湾当代新诗星群系列丛书 . 秋水星群）. -- 台湾秋水诗社 20 周年纪念 . --ISBN 7-81001-081-6：CNY5.40　国家图书馆　北京大学图书馆　广东省立中山图书馆　琼台师范高等专科学校图书馆

选取作品：忙如奔蝗，第 126 页；虫的世界，第 127 页；花之颂，第 128 页；岁月流水，第 128 页

2175. 有翅膀的歌声：台湾儿童诗选 / 刘登翰辑 . -- 福州：福建人民出版社，1984. --135 页；18cm. --CNY0.36　福建省图书馆　山东省图书馆　同济大学图书馆　宁波市图书馆

选取作品：风的长裙子，第 88 页；童话湖，第 90 页

2176. 中国百家爱情诗选 / 李发模，陈春琼选编 . -- 贵阳：贵州人民出版社，1989. --287 页；20cm. --ISBN 7-221-01151-6：CNY3.60　国家图书馆　海南省图书馆

选取作品：青鸟，第 190 页

2177. 中国悲情诗精选 / 高洪波主编 . -- 厦门：鹭江出版社，2004. --15，366 页；20cm. --（大学生枕边书）. --ISBN 7-80671-371-9：CNY19.80　国家图书馆　北京大学图书馆　上海图书馆　南宁市图书馆　洛阳师范学院图书馆

选取作品：海语，第 208 页；海恋，第 209 页

2178. 中国当代名诗 100 首 / 古远清编著 . -- 武汉：湖北教育出版社，1996. --234 页；19cm. --（青橄榄诗库）. --ISBN 7-5351-1931-X：CNY7.90　国家图书馆　上海图书馆　山东省图书馆　同济大学图书馆　湖北省图书馆

选取作品：伞，第 74 页

2179. 中国当代女诗人诗选 / 钟文选编 . -- 贵阳：贵州人民出版社，1984. --280 页；20cm. --CNY1.00 国家图书馆 广东省立中山图书馆 浙江图书馆 贵州大学图书馆 海南省委党校图书馆

女性诗人，在我国古代文学史上寥若晨星，"五四"运动以后的 60 年里，《中国新文学大系》也仅收录一位女诗人的作品。1976 年以后，女诗人创作引起了文坛重视，该书精选了六年来中国女诗人发表在各报刊的代表性诗作，女性诗人在观察、体验、研究生活和社会的视角与男性诗人有别，其感情浓度和思想高度也与男性不同，该书集中展示了 1978 至 1984 年间女性诗人和诗作的成就，为读者和诗歌研究人员提供参考。

选取作品：晚秋的乡愁，第 255 页；一朵青莲，第 256 页；我们的城不再飞花，第 257 页

2180. 中国当代文学作品精选：1949—1999，诗歌卷 / 谢冕主编 . -- 北京：北京十月文艺出版社，1999. --28，958 页；20cm. --ISBN 7-5302-0592-7（精装）：CNY50.00，CNY42.00 国家图书馆 上海图书馆 北京大学图书馆 广东省立中山图书馆 海南师范大学图书馆 琼州学院图书馆

选取作品：我的妆镜是一只弓背的猫，第 510 页；伞，第 511 页

2181. 中国当代文学作品选，台港澳卷 / 王庆生主编；江少川选评 . -- 武汉：华中师范大学出版社，2002. --345 页；19cm. --ISBN 7-5622-2183-9：CNY22.00 华中师范大学图书馆 海南师范大学图书馆

选取作品：伞，第 437 页

2182. 中国海洋文学大系［海外中文图书］：二十世纪海洋诗精品赏析选集 / 朱学恕，汪启疆主编 . -- 台北：诗艺文出版社，2002. --641 页：肖像；21cm. --（诗歌书坊；43）. --ISBN 978-957-0379-38-3：TWD600.00 国家图书馆 华中师范大学图书馆 渤海大学图书馆 高雄市立图书馆

本书收录了海峡两岸及海外共 132 位华人海洋诗，60 多人参与评点，较为完整地反映了 20 世纪中国海洋诗的全貌。余光中以《被诱于那一泓魔幻的蓝》作序，张永健以《心声的合鸣，诗情的结晶》作序。

选取作品：海语，第 218 页；海恋，第 219 页

赏析：诗人心中神秘的海——蓉子"海恋""海语"赏析，第 220 页

2183. 中国海洋诗选［海外中文图书］/ 中国海洋诗选编委会 . -- 高雄市：大海洋文艺杂志社，1994. --521 页：图，像；21cm. --（精装）：TWD450.00，TWD350.00

选取作品：出海、海语、在金色海岸、岛外的岛、从海上归来、海恋，第057-071 页

简介：蓉子和她的诗观，［不详］

2184. 中国诗歌选［海外中文图书］，1995 年版 / 周伯乃主编 . -- 台北：文史哲出版社 . --1995. --[14]，425 页；21cm. --（文史哲诗丛；14）. --ISBN 957-547- 961-0：TWD380.00　台湾暨南国际大学图书馆

选取作品：杜甫草堂，第 233 页

2185. 中国诗歌选［海外中文图书］，1999 年版 / 刘建化，庄云惠主编 . -- 台北县：诗艺文出版社 . --1999. --（诗歌书坊；20）. --504 页；21cm. --ISBN 957-983-719-8：TWD350.00　香港大学图书馆

选取作品：哑壶，第 183 页；

简介：蓉子，第 455 页

2186. 中国诗歌选［海外中文图书］，2001 年版 / 文晓村主编 . -- 台北县：诗艺文出版社 . --2001. --[14]，425 页；21cm. --（诗歌书坊；37）. --ISBN 957-0379-30-8：TWD300.00　台湾交通大学图书馆

选取作品：沙漠挽歌，第 255 页

2187. 中国现代爱国诗歌精品 / 陆耀东编 . -- 武汉：武汉大学出版社，1994. --346 页；19cm. --（爱国主义教育文库 . 文学）. --ISBN7-307-01884-5：CNY4.80　国家图书馆　广东省立中山图书馆　湖北省图书馆　海南省图书馆　海南大学图书馆

爱国是蕴藏在最广泛人群中的崇高情感，爱国诗是诗人的爱国热忱与特定的事件和环境交融、碰撞的火花，是诗人将抒写对象诗化的结晶。爱国诗的创作与国家诞生同步，至少有两千年的历史，它强烈的情绪、崇高的情感将通过读者的诵读代代传承，中国现当代爱国诗歌出现在三个时期：一是"五四"至"五卅"时期，代表诗人有郭沫若、闻一多等；二是抗日战争时期，代表诗人有田间、艾青、戴望舒；三是新时期。该书以爱国诗为主题，收录郭沫若、胡适、闻一多、蒋光慈、光未然、艾青、田间、冯至等著名诗人爱

国诗歌约 150 首，其中台港诗人有覃子豪、余光中、钟鼎文、蓉子、文晓村、非马等。

选取作品：晚秋的乡愁，第 225 页

2188. 中国现代名诗三百首 / 文鹏，姜凌主编 . -- 北京：北京出版社，1998. --10，604 页；20cm. --ISBN 7-200-03609-9：CNY26.00　国家图书馆　广东省立中山图书馆　上海外国语学院图书馆　南京大学图书馆

选取作品：伞，第 492 页

2189. 中国现代千家短诗萃 / 岳军主编 . -- 桂林：广西师范大学出版社，1991. --544 页；19cm. --ISBN 7-5633-1048-7：CNY7.00　国家图书馆　广西壮族自治区图书馆　南京大学图书馆　同济大学图书馆　暨南大学图书馆

选取作品：小舟，第 453 页

2190. 中国现代诗［海外中文图书］/ 张健编著 . -- 再版 . -- 台北：五南图书出版公司，1989. --330 页；21cm. --（大学用书）. --ISBN 957-11-0911-8：TWD4.45　国家图书馆　海南省图书馆　广东省立中山图书馆　浙江图书馆

选取作品：我的妆镜是一只弓背的猫，第 152 页；梦的荒原，第 152 页；肖像，第 155 页

2191. 中国现代文学大系［海外中文图书］. 诗 / 中国现代文学大系编辑委员会编辑 . -- 台北：巨人出版社，1972. --2 册；21cm. --（精装）：TWD140.00　台湾师范大学图书馆

2192. 中国现代文学大系［海外中文图书］. 诗 / 中国现代文学大系编辑委员会编辑 . -- 再版 . -- 台北：巨人出版社，1974. --2 册；22cm. --（精装）：TWD160.00　台湾中山大学图书馆　上海图书馆　广东省立中山图书馆　福建省图书馆

选取作品：看你名字的繁卉，第 63 页；我的妆镜是一只弓背的猫，第 63 页；梦的荒原，第 64 页；夏，在雨中，第 66 页；肖像，第 67 页；朗诵会，第 67 页；千曲无声，第 68 页；未言之门，第 69 页；一朵青莲，第 69 页

2193. 中国现代文学选集［海外中文图书］/ 中国现代文学编辑委员会主编 . -- 台北：书评书目出版社，1976. --2 册；22cm. --（精装）：TWD270.00　台湾"清华大学"图书馆　台北市立图书馆

选取作品：灯节，第 89 页；被挂的面影，第 92 页；我的妆镜是一只弓背的猫，第 94 页；未言之门，第 96 页

2194. 中国现当代诗歌赏析 / 刘树元主编 . -- 杭州：浙江大学出版社，2005. --286 页；23cm. --（普通高校通识教育丛书）. --ISBN 7-308-04289-8：CNY24.00　国家图书馆　北京大学图书馆　广东省立中山图书馆　海南省图书馆　海南师范大学图书馆

选取作品：为什么向我索取形象，第 273 页

2195. 中国现当代抒情诗 . 学生版 / 彭燕郊主编；谭菁菁编选 . --2 版 . -- 长沙：湖南少年儿童出版社，2008. --217 页；17 cm. --ISBN 978-7-5358-3995-4：CNY12.80　上海图书馆　湖南图书馆

该书为《美的教育·经典诵读》丛书之一。彭燕郊，我国著名诗人、学者、编辑家，在诗歌创作和研究、编辑出版、民间文学、教育等诸多方面取得了杰出成绩，他提升了湖南诗歌和"湘军"文学的品位与境界，被评论家誉为"中国新诗的南岳"。

选取作品：晚秋的乡愁，第 170 页

2196. 中国新诗萃，台港澳卷 / 谢冕，杨匡汉主编 . -- 北京：人民文学出版社，2001. --11，427 页；20cm. --ISBN 7-02-003209-5：CNY20.00　国家图书馆　北京大学图书馆　广东省立中山图书馆　浙江图书馆　海南师范大学图书馆

选取作品：青鸟，第 89 页；我的妆镜是一只弓背的猫，第 158 页

2197. 中国新诗鉴赏大辞典 / 吴奔星主编；范伯群［等］撰稿 . -- 南京：江苏文艺出版社，1988. --1572 页；19cm. --（中国文学鉴赏系列丛书）. --ISBN 7-5399-0112-8（精装）：CNY16.95　国家图书馆　北京大学图书馆　湖南图书馆　南京大学图书馆　海南大学图书馆

选取作品：晚秋的乡愁，第 1039 页

2198. 中国新诗 300 首 / 谭五昌选编 . -- 北京：北京出版社，1999. --21，13，508 页；20cm. --ISBN 7-200-03816-4：CNY26.00　国家图书馆　北京大学图书馆　武汉大学图书馆　深圳图书馆　天津图书馆

选取作品：青鸟、晨的恋歌、我的妆镜是一只弓背的猫、伞，第 187—190 页

2199. 中国新诗赏析［海外中文图书］/ 林明德［等］编著 . -- 台北：长安出版社，1981. --3 册；21cm. --TWD400.00　国家图书馆　山东省图书馆　同济大学图书馆　新疆大学图书馆

选取作品：古典留我，第 173 页；伞，第 177 页

2200. 中国新诗选读 / 沈庆利编选 . -- 北京：人民文学出版社，2005. --10，231 页；21cm. --（高中语文选修课程资源系列 . 诗歌与散文）. --ISBN 7-02-004621-5：CNY15.00　国家图书馆　香港城市大学图书馆　天津图书馆　斯坦福大学图书馆

选取作品：伞，第 154 页

2201. 中国新诗总系 . 4，1949—1959/ 谢冕总主编；谢冕卷主编 . -- 北京：人民文学出版社，2010. --38，536 页；21cm. --ISBN 978-7-02-007553-9（精装）：CNY600.00（全 10 册）　国家图书馆　北京大学图书馆　上海图书馆　广东省立中山图书馆　海南省图书馆　琼台师范高等专科学校图书馆

选取作品：青鸟，第 394 页；碎镜，第 395 页；石榴，第 396 页

2202. 中国新诗总系 . 5，1959—1969/ 谢冕总主编；洪子诚分册主编 . -- 北京：人民文学出版社，2010. --25，485 页；21cm. --ISBN 978-7-02-007553-9（精装）：CNY600.00（全 10 册）　国家图书馆　北京大学图书馆　上海图书馆　广东省立中山图书馆　海南省图书馆

选取作品：我从季节走过，第 225 页；三月无诗，第 226 页；一朵青莲，第 227 页；我们的城不再飞花，第 229 页；伞，第 230 页；维纳丽莎组曲（十二首选四），第 231 页；温泉小镇——记四重溪，第 234 页；我的妆镜是一只弓背的猫，第 235 页；古典留我，第 236 页

2203. 中国新诗总系 . 6，1969—1979/ 谢冕总主编；程光炜卷主编 . -- 北京：人民文学出版社，2010. --21，546 页；21cm. --ISBN 978-7-02-007553-9（精装）：CNY600.00（全 10 册）　国家图书馆　上海图书馆　北京大学图书馆　广东省立中山图书馆　海南省图书馆

选取作品：山就这样走来，第 193 页

2204. 中国新文学大系：1949—1976. 第十四集，诗卷 =Chinese New Literature Series：1949—1976. Vol. ⅩⅣ，Poetry/ 江曾培主编；邹荻帆，谢冕［卷］主编 . -- 上海：上海文艺出版社，1997. --47，686 页；20cm. --ISBN 7-5321-

1570–4（精装）：CNY37.00　国家图书馆　北京大学图书馆　上海图书馆　广东省立中山图书馆　海南省图书馆

选取作品：我的妆镜是一只弓背的猫，第630页；伞，第631页；三角形的窗，第632页

2205. 中国新文学大系：1976—2000. 第二十二集，诗卷 / 王蒙，王元化 [总] 主编；谢冕 [卷] 主编 . -- 上海：上海文艺出版社，2009. --17，628页；21cm. -- 上海文化发展基金会资助出版 . --ISBN 978–7–5321–3475–5（精装）：CNY58.00　国家图书馆　北京大学图书馆　上海图书馆　湖南图书馆　海南省图书馆

选取作品：探亲，第367页；悲怆两贴，第368页；黑海上的晨曦，第369页

2206. 中华诗歌百年精华 /《诗刊》编辑部选编 . -- 北京：人民文学出版社，2002. --22，631页；21cm. --ISBN 7–02–003576–0：CNY29.80　国家图书馆　天津图书馆　黑龙江省图书馆　海南省图书馆　海口经济学院图书馆

选取作品：我们的城不再飞花，第289页；夏，在雨中，第290页

2207. 中华现代文学大系 [海外中文图书]. 1—2，台湾一九七〇—一九八九. 诗卷 / 张默 [等] 主编 . -- 台北：九歌出版社有限公司，1989. --2册；21cm. --（中华现代文学大系：台湾，一九七〇——一九八九 / 余光中总主编）. --（精装）：TWD960.00，TWD840.00　国家图书馆　广东省立中山图书馆

2208. 中华现代文学大系 [海外中文图书]. 壹：台湾一九七〇——一九八九. 1，诗卷（壹）/ 张默主编 . -- 台北：九歌出版社有限公司，1989（1998年重印）. --20，638页；21cm. --ISBN 957–560–389–3（精装）：TWD480.00　北京大学图书馆

选取作品：山就这样走过来—花艺之四，第113页，伞，第113页；石榴，第114页；当众生走过，第114页；白露，第115页；霜降，第115页；意楼怨，第115页；紫葡萄之死，第119页

小传：蓉子，第111页

2209. 中华现代文学大系 [海外中文图书]. 贰：台湾一九八九—二〇〇三，诗卷 . 一 =A Comprehensive Anthology of Contemporary Chinese Literature in Taiwan. 1989—2003，Poetry. 1/ 余光中总编辑；白灵 [卷] 主编 . -- 台北：九

歌出版社有限公司，2003. --14，426 页：照片；21cm. --ISBN 957-444-062-1
（精装）：TWD480；ISBN 957-444-063-X：TWD380　国家图书馆　北京大学图
书馆　广东省立中山图书馆　福建师范大学图书馆

选取作品：黑海上的晨曦，第 66 页；纸上岁月，第 66 页；弃圣绝智，第
67 页；老，第 68 页；灰领人——兼送别一九九八年的时尚，第 69 页

2210. 中华新诗选［海外中文图书］/［台湾］新诗学会编选. -- 台北：文
史哲出版社，1996. --432 页：像；21cm. --（文学丛刊；61）. --ISBN 957-
549-003-7：TWD380.00　国家图书馆　台湾暨南国际大学图书馆

选取作品：伞，第 109 页；维纳丽莎组曲，第 110 页；紫色裙影，第 111 页；
夏，在雨中，第 112 页

2211. 中外女诗人佳作选 / 周庆荣选编. -- 杭州：浙江文艺出版社，1989.
--225 页；19cm. --ISBN7-5339-008-8：CNY1.30　国家图书馆　首都图书
馆　同济大学图书馆　海南省图书馆　海南大学图书馆

女性诗歌温馨纯净，感情委婉细腻，表达了对生命和自然的热爱，既有
深闺幽思的抒写，也有女性自我意识的觉醒的呼唤，以细腻的笔触表现了女
性生命的坚韧，以及对美和真理的追求。本书选取 15 个国家，72 位女诗人的
115 首作品，以突出女性诗歌特点，唤起读者对女性诗歌的感悟。

选取作品：我的妆镜是一只弓背的猫，第 69 页

2212. 中外诗歌精选 / 吕秋艳选编. -- 长春：吉林出版集团有限责任公司，
2010. --282 页；22cm. --（大语文丛书. 初中部分）. --ISBN 978-7-5463-
2548-4：CNY16.80　国家图书馆　上海图书馆　东莞图书馆

选取作品：伞，第 122 页

2213. 中外抒情诗 100 首 / 沈国平主编. -- 南京：南京出版社，1990. --276
页；19cm. --（青少年世界文学名著导读丛书）. --ISBN 7-80560-149-6：
CNY2.70　同济大学图书馆　山东省图书馆　海南省图书馆

选取作品：晨的恋歌，第 161 页

2214. 中外四季诗歌赏析，春之歌 / 吴宝良［等］编. -- 北京：中国华侨
出版公司，1991. --126 页；19cm. --ISBN 7-80074-512-0：CNY2.20　首都图
书馆　厦门市图书馆　广东省立中山图书馆　海南省图书馆　海南大学图书
馆

选取作品：古典留我，第 56 页

2215. 中外现当代女诗人诗歌鉴赏辞典 / 高巍主编 . -- 北京：民族出版社，1992. --18，20，1309 页：图；19cm. --ISBN 7-105-01602-7（精装）：CNY36.00　国家图书馆　广东省立中山图书馆　集美大学图书馆　江苏大学图书馆　海南大学图书馆

公元前七世纪古希腊女诗人萨福是目前国外文献中可见的最早的女诗人，其出现的年代恰好相当于我国的《诗经》时期。《诗经》是我国最早的诗歌总集，其中有不少诗歌是女性口吻的抒情之作。我国历史上的女性诗人还有蔡文姬、李清照等知名女诗人，但在女性地位低下的旧时代，女诗人数量可谓寥若晨星。20 世纪后西方女权运动逐渐深入，中国的新文化运动的兴起，女性的生命意识逐渐觉醒，女诗人数量和写作质量呈现出新的风貌，成为 20 世纪文学中不可忽视的文学现象。为适应对女诗人现象的研究，关于女诗人的诗歌选本也开始出现，1978 年，英国出版的《企鹅世界女诗人选集》是较早的女性诗歌选集。为了全面展现女性诗歌的状况，该书汇集了 20 世纪中外优秀的女性诗歌作品，全书分三部分，收录了中国及世界各国如美国、加拿大、墨西哥、古巴、波多黎各、巴西、秘鲁、智利、阿根廷、俄国、苏联、英国、法国、瑞典、罗马尼亚、南斯拉夫、日本、韩国等 50 多个国家的著名女诗人的代表作品，反映了当代世界女性诗歌的创作光彩。

高巍，笔名斯人、司马苍凉、鲁愚等，山西人，诗人、评论家。

选取作品：晨的恋歌，第 532 页；乱梦，第 534 页；晚秋的乡愁，第 537 页；一朵青莲，第 538 页；夏，在雨中，第 541 页；为什么向我索取形象，第 543 页；白色的睡，第 545 页；看你名字的繁卉，第 547 页

2216. 中外影视歌曲 200 首 / 关锦云责编 . -- 北京：中国电影出版社，1987. --308 页；19cm. --ISBN 7-106- 00052-3：CNY2.50　国家图书馆　海南省图书馆

选取作品：青梦湖（台湾影片《欢颜》插曲）（蓉子词 李泰祥曲），第 220 页

2217. 中外著名情诗选 / 郁金选编 . -- 北京：新华出版社，1996. --187 页；19cm. --（新婚礼品珍藏）. --ISBN 7-5011-2962-2：CNY11.80　国家图书馆　广东省立中山图书馆

选取作品：看你名字的繁卉，第 31 页

2218. 中学白话诗选 [海外中文图书] / 萧萧，杨子涧编著 . -- 台北：故乡出版社，1980. --373 页：图；19cm. --TWD80.00

选取作品：维纳丽莎，第 112 页；温泉小镇，第 115 页

评论：一朵不凋的青莲——蓉子，第 108 页

2219. 中学课本上的作家 [海外中文图书] / 张堂锜主编 . -- 台北：幼狮文化事业公司，1994. --163 页；21cm. --（智库文库）. --ISBN 957-530-578-7：TWD100.00　国家图书馆　台湾暨南国际大学图书馆

选取作品：只要我们有根、您的名字：献给祖国的诗，第 50—54 页

2220. 中学生现代诗手册 [海外中文图书] / 萧萧编著 . -- 台南：翰林出版社，1999. --334 页；22cm. --ISBN 957-790-315-0：TWD300.00　台湾交通大学图书馆

选取作品：青鸟，第 109 页

散文选集（2221—2270）

2221. 百家散文 [海外中文图书] / 蓉子 [等] 著 . -- 台湾：彩虹出版社，1973. --426 页；18cm. --TWD25.00　密歇根大学图书馆

选取作品：写不成的春天，第 325 页

2222. 抱一把胡琴 / 聂华苓 [等] 著 . -- 哈尔滨：北方文艺出版社，2008. --269 页；23cm. --（台湾百年散文大系 / 祝勇主编）. --ISBN 978-7-5317-2249-6：CNY29.80　国家图书馆　北京大学图书馆　广东省立中山图书馆　吉林省图书馆　琼台师范高等专科学校图书馆

选取作品：雨天的魅力，第 176 页；牧童梦，第 178 页；你不是一株喧哗的树，第 179 页

2223. 博物观止 / 黎先耀主编 . -- 北京：经济日报出版社，2001. --420 页：照片；20cm. --（文化游学丛书）. --ISBN 7-80127-768-6：CNY26.00　国家图书馆

该书是关于中外著名博物馆的导游手册，既有综合性的不列颠博物馆（大英博物馆）、大都会博物馆、梵蒂冈博物馆、故宫博物院、上海博物馆等，也有专题性博物馆，如陕西兵马俑博物馆和敦煌博物馆等，作者多是诗人和博

物馆学者。

选取作品：比萨斜塔登临记，第 254 页

2224. 不可不读的美文 =Beautiful Articles One Must Read/ 喻娟主编 . -- 北京：光明日报出版社，2005. --189 页：照片，肖像；21cm. --（彩色读书之旅）. --ISBN 7-80145-974-1：CNY20.00　国家图书馆　广东省立中山图书馆　天津图书馆　河南省图书馆　海南政法职业学院图书馆

本书精选 40 多篇文辞优美、艺术性强的名篇佳作，包括朱自清的《扬州的夏日》、郁达夫的《故都的秋》、张洁的《我的四季》、卢梭的《生活在大自然的怀抱里》等。

选取作品：雨天的魅力

2225. 春 / 玉西水编 . -- 太原：北岳文艺出版社，1997. --241 页；20cm. --（世界名家散文经典）. --ISBN 7-5378-0545-4：CNY16.80　国家图书馆　深圳大学图书馆　江阴市图书馆

选取作品：写不成的春天，第 100 页

2226. 春天的话语 / 杨敏编 . -- 昆明：云南人民出版社，2000. -- 468 页；21cm. --ISBN 7-222-02595-2：CNY 20.00　浙江图书馆　海南大学图书馆　深圳大学图书馆　上海宝山区图书馆　广东金融学院图书馆

选取作品：雨天的魅力，第 158 页

2227. 二十世纪中国散文诗大观 / 陈容，张品兴编 . -- 北京：同心出版社，1998. --2 册（23，681，609 页）；20cm. -- 封面题：老品编 . --ISBN 7-80593-283-2：CNY50.00　国家图书馆　中山大学图书馆　海口经济学院图书馆　兰州大学图书馆

选取作品：雨天的魅力，第 648 页

2228. 放逐自然 / 金建陵，冯晏主编 . -- 长春：时代文艺出版社，2004. --308 页：图；21cm. --（4K 极品散文学生读本：阅读新势力；1）. -- 丛书封面题：极品散文 4K 学生读本 . --ISBN 7-5387-1871-0：CNY90.00（全五册）　国家图书馆　首都图书馆　山东省图书馆　上海交通大学图书馆

选取作品：雨天的魅力，第 179 页

2229. 寂寞的人坐着看花 / 余光中［等］著 . -- 北京：中国书籍出版社，1998. --362 页；20cm. --（台湾经典散文珍藏版）. --ISBN 7-5068-0735-1：

CNY98.00（全套）　国家图书馆

该书是台湾知名作家的散文选集，收录了季薇、夏菁、王鼎均、聂华苓、余光中、洛夫、蓉子、向明等作家的经典散文。

选取作品：雨天的魅力，第 200 页；牧童梦，第 202 页；你不是一株喧哗的树，第 203 页

2230. 精美散文，文化哲理 / 施德庆主编 . -- 乌鲁木齐：新疆人民出版社，2003. --217 页：图；21cm. --ISBN 7-228-07936-1：CNY96.00（全 8 册）　国家图书馆　湖北省图书馆　东莞图书馆　海南琼州学院图书馆　洛阳理工学院图书馆

本册收录了徐志摩、钱钟书、老舍、周作人、台静农、叶延滨、萧乾、蓉子、李清弦等作家的散文。

选取作品：雨天的魅力，第 90 页

2231. 隽永小品 / 金永彪选编 . -- 延吉：延边大学出版社，2001. --[5 册]412 页；20cm. --（读者珍藏版）. --ISBN 7-5634-1426-6：CNY99.00　国家图书馆　南京邮电大学图书馆　淮阴师范学院图书馆　杭州市图书馆

选取作品：雨天的魅力，第 54 页

2232. 快乐尘埃 / 陈芳［等］选编 . -- 武汉：长江文艺出版社，1998. --212 页；19cm. --（白桦林：校园精品文摘 . 第二辑）. --ISBN 7-5354-1690-X：CNY9.80　国家图书馆　广东省立中山图书馆　海南师范大学图书馆　海口经济学院图书馆

选取作品：雨天的魅力，第 159 页

2233. 梨子的味道自己尝，初中 . 第 3 卷 / 刘娜编 . -- 石家庄：花山文艺出版社，2005. --195 页，21cm. --（"读品悟"中学生分级阅读系列 . 人与社会）. --ISBN 7-80673-615-8：CNY16.80　河北省图书馆

选取作品：巴塞罗那看斗牛，第 87 页

2234. 联珠缀玉［海外中文图书］：11 位女作家的笔墨生涯 / 封德屏编 . -- 台北：文讯杂志社，1988. --210 页：照片；21cm. --（文讯丛刊；6）. --TWD120.00　国家图书馆　海南省图书馆

该书收集郑明娳、萧传文、王明书、蓉子等 11 位女作家笔墨生涯自传、著作目录、评论索引、文选各一篇，具有阅读欣赏和史传、史料的价值。这

些台湾女作家共同的特点是具有传统美德，不以作家自居，视写作为神圣工作，创作量相当大。书中著录蓉子诗集、散文集共13种。

生涯自传：诗的火焰总在心中燃烧，第75页

作品研究：蓉子作品目录，第84页；蓉子作品评论索引，第85页

选取作品：旅梦成真，第88页

2235. 流行哲理小品，中国卷 / 姚娟编选 . -- 北京：中国三峡出版社，2007. --242 页；23cm. --ISBN 978-7-80223-317-1：CNY25.00　国家图书馆　海南师范大学图书馆　海南工商职业学院图书馆　广东省立中山图书馆　深圳图书馆　浙江图书馆

选取作品：雨天的魅力，第241页

2236. 流行哲理小品，中国卷：珍藏版 / 贺茵主编 . -- 珠海：珠海出版社，2001. --491 页；21cm. --ISBN 7-80607-768-5：CNY40.00（二册）　河南省图书馆　四川省图书馆　中山大学图书馆　海南大学图书馆

本卷收录了当代深受国内外读者喜爱而且流行的中国小品文精品作品数百篇。

选取作品：雨天的魅力，第432页

2237. 名家说乐 / 唐大斌编 . -- 武汉：湖北人民出版社，2004. --312 页：插图；21cm. --（东方情调书系）. --ISBN 7-216-03972-6：CNY22.00　国家图书馆　海南省图书馆

选取作品：雨天的魅力，第167页

2238. 名家写景 100 篇 / 方洲主编 . -- 北京：华语教学出版社，2001. --374 页；23cm. --（方洲新概念）. --ISBN 7-80052-781-6：CNY14.00　国家图书馆　北京大学图书馆　东莞图书馆　江西省图书馆　洛阳师范学院图书馆

该书选用了最新最好的散文，运用方洲教学方法，使学生在有趣轻松的阅读中领略散文大家的情趣和驾驭语言的能力，以提高学生的认知力和写作水平。

选取作品：雨天的魅力，第252页

2239. 名家写景 100 篇 / 方洲主编 . -- 北京：华语教学出版社，2005. --290 页；26cm. --（方洲新概念）. --ISBN 978-7-80200-052-1：CNY19.00　国家图书馆　首都图书馆　天津市少年儿童图书馆

选取作品：雨天的魅力，第 199 页

2240. 名家写景 100 篇 / 方洲主编 . -- 北京：华语教学出版社，2008. --200 页：图；23cm + 1 光盘 . --（方洲新概念）. -- 附光盘：ISBN 978-7-88717-081-1 ISRC-CN-M19-08-303-00，ISBN 978-7-80200-052-0：CNY22.80 国家图书馆 上海图书馆

按照初高中教学大纲的要求，精选可提高学生阅读和认知能力的优秀作品汇编成册。通过分析作家思路，提高学生整体感知文意的能力；通过精讲好句好段，使学生深入领会词句在语言环境中的意义和作用；通过传授名师写作方法，使学生在举一反三中提高写作水平。配 MP3 光盘一张，使学生在聆听经典中，感受语言魅力。

选取作品：雨天的魅力，第 199 页

2241. 名人笔下的风雨雷电 / 陶铠，刘燕编 . -- 郑州：海燕出版社，1994. --285 页；19cm. --（大手笔小文章丛书）. --ISBN 7-5350-0851-8：CNY5.85 国家图书馆 河南省图书馆 江苏大学图书馆 东莞图书馆 首都师范大学图书馆

选取作品：雨天的魅力，第 249 页

2242. 你也是不纯洁的，絮语篇 / 冰心，斯妤主编 . -- 北京：北京师范大学出版社，1993. --263 页；19cm. --（海峡两岸女性散文精品文库）. --ISBN 7-303-03225-8：CNY6.20 国家图书馆 广东省立中山图书馆 南京大学图书馆 海南大学图书馆 海南师范大学图书馆

当代海峡两岸女性散文取得了可喜的成绩，她们的创作在题材、内涵、形式、手法诸方面都进行了多方位的拓展，已经不仅写闺阁、哀怨，而是更多表达了对社会、对自然、对人生的思考和对个体心灵的审视，更多地宣扬慈爱与美感。该书收录海峡两岸女性作家散文 60 余篇，呈现了海峡两岸女性散文创作的实景。

选取作品：雨天的魅力，第 262 页

2243. 女性的张爱玲 / 刘琅，桂苓编 . -- 北京：中国友谊出版公司，2005. --412 页；23cm. --ISBN 7-5057-2075-9：CNY35.00 国家图书馆 北京大学图书馆 上海图书馆 广东省立中山图书馆 海南医学院图书馆

该书是研究张爱玲的专著。分浮世嘉绘、落英缤纷、临水照花、华丽影

沉四章，评述了文学的张爱玲，回忆了生活的张爱玲。

选取作品：惆怅旧欢如梦——评《十八春》，第 178 页

2244. 飘：多一份飘逸浪漫 / 叶之飘编 . -- 南宁：广西人民出版社，1993. --243 页；19cm. --（人生的滋味丛书 / 凡尼，江北主编）. --ISBN 7-219-02494-0：CNY4.80　国家图书馆　上海外国语大学图书馆　宁波市图书馆　温州市图书馆　广西壮族自治区图书馆

该书收入中外散文作品约 60 篇，分为风飘飘、雨飘飘、雪飘飘、云雾烟霞飘飘、箫声哨声歌声飘飘、思绪飘飘、逍遥游、浪漫兮兮八部分，分别描写了自然界、声音、思绪、人的动感之美。

选取作品：雨天的魅力，第 26 页

2245. 散文精品，情感·温馨卷 / 冯化平选编 . -- 奎屯：伊犁人民出版社，2001. --376 页；18cm. --ISBN 7-5425-0617-X：CNY72.00（全 6 册）　国家图书馆　同济大学图书馆　宁波市图书馆　江西省图书馆

选取作品：雨天的魅力，第 320 页

2246. 山水清音 / 马学生主编 . -- 天津：天津人民出版社，2007. --210 页；23cm. --（美文美读 / 张田田主编）. --ISBN 978-7-201-05483-4：CNY18.80　国家图书馆　广东省立中山图书馆　吉林省图书馆　海南省图书馆　江阴市图书馆

选取作品：雨天的魅力，第 104 页

2247. 少女散文，温情卷 / 张宇冰，庞慧敏编 . -- 南宁：广西人民出版社，1996. --167 页；19cm. --（少女心声丛书 . 第三辑）. --ISBN 7-219-03163-7：CNY4.80　国家图书馆　广西壮族自治区图书馆　广东省立中山图书馆

选取作品：雨天的魅力，第 154 页

2248. 深蓝色的守望 / 徐英时主编，锦春［等］著 . -- 北京：学苑音像出版社，2004. --243 页，21cm. --（校园文学丛书）. --附光碟 1 片 . --ISBN 7-89998-977-9：CNY16.80　海南大学图书馆　海南琼州学院图书馆　南京交通职业技术学院图书馆　新疆医科大学图书馆

选取作品：雨天的魅力，第 15 页

2249. 诗人与酒 / 楚戈［等］著 . --2 版 . -- 北京：中国书籍出版社，2000. --362 页；20cm. --（台湾经典散文珍藏版；2）. --ISBN 7-5068-0546-4：

CNY18.00 国家图书馆 海南大学图书馆 海南师范大学图书馆 广东省立中山图书馆 深圳图书馆

该书是台湾著名作家经典散文选，收入楚戈、蓉子、洛夫、赵淑侠、余光中、郑愁予等人的散文代表作，"诗人与酒"，是洛夫的一篇散文。楚戈（1931— ），原名袁德星，台湾当代诗人、散文家、画家。

选取作品：雨天的魅力，第 200 页；牧童梦，第 202 页；你不是一株喧哗的树，第 203 页

2250. 守候烟雨 / 刘敬业，景振东主编 . -- 长春：吉林人民出版社，2001.--328 页；19cm. --（中学美文读本 / 温儒敏，王富仁主编）. --ISBN 7-206-03828-X：CNY13.00 国家图书馆 广东省立中山图书馆 河南省图书馆 黑龙江省图书馆 海口经济学院图书馆

本书是提高中学生阅读欣赏能力的优秀读本。书中收录描写春、夏、秋、冬自然景色精美短文和随笔100多篇，这些散文具有可读性、独创性和哲理性。温儒敏，北京大学中文系教授。

选取作品：雨天的魅力，第 189 页

2251. 台湾女作家爱情散文选 / 徐学编 . -- 天津：百花文艺出版社，1992.--272 页；19cm. --ISBN 7-5306-0960-2：CNY5.20 国家图书馆 广东省立中山图书馆 南京大学图书馆 吉林省图书馆 首都师范大学图书馆

本书精选 37 位台湾女作家的爱情散文 49 篇。

选取作品：好的另一半，第 44 页

2252. 台湾散文选萃 . 上 / 蓝海文选编 . -- 长沙：湖南文艺出版社，1988.--435 页；19cm. --（台湾佳作选粹）. --ISBN 7-5404-0324-1：CNY4.05 国家图书馆 海南省图书馆

选取作品：雨天的魅力，第 228 页

2253. 温情茶馆 / 刘敬余主编 . -- 呼和浩特：远方出版社，2000. --313 页；20cm. --（少男少女珍藏本）. --ISBN 7-80595-688-X：CNY16.00 国家图书馆 广东省立中山图书馆 上海师范大学图书馆 淮海工学院图书馆 江西省图书馆

本书精选青春散文近百篇，适合年轻读者阅览珍藏。

选取作品：雨天的魅力，第 166 页

2254. 文化·哲理 / 李兵，李蓉编 . -- 乌鲁木齐：新疆人民出版社，2004. --186 页；21cm. --（精致小品）. --ISBN 7-228-08196-X：CNY48.00（全4册）同济大学图书馆

选取作品：雨天的魅力，第 50 页

2255. 我的另一半：台湾作家的伴侣情 / 徐学编选 . -- 广州：花城出版社，1994. --218 页；20cm. --ISBN 7-5360-1372-8：CNY5.80　北京大学图书馆　山东省图书馆　金华市图书馆　广西财经学院图书馆

选取作品：好的另一半，第 181 页

2256. 夏 / 玉西水著 . -- 山西：北岳文艺出版社，1997. --241 页：21cm. --（世界名家散文经典）. --ISBN 7-5378-0564-2：CNY16.80　江阴市图书馆　深圳大学图书馆

选取作品：雨天的魅力，第 161 页

2257. 消闲四品 / 沈从文［等］著；张文宽，唐治平编选 . -- 长沙：湖南出版社，1993. --692 页；20cm. --ISBN 7-5438-0618-5：CNY13.10　国家图书馆　广东省立中山图书馆　杭州市图书馆　海南省图书馆　海南师范大学图书馆

本书精选了沈从文、林语堂、梁实秋、周作人、胡适、丰子恺、蓉子等名家的有关消闲的散文作品，分为品吃、品酒、品玩等四编。

选取作品：雨天的魅力，第 686 页

2258. 小学生作文好词好句好段一本全 / 季小兵主编 . -- 北京：首都师范大学出版社，2007. --242 页；16 开 . --（波波乌彩图工具王）. --ISBN 978-7-81119-091：CNY19.80　国家图书馆　首都图书馆　宁波市图书馆　同济大学图书馆

该书是为培养小学生作文能力而编写的初级辅助教学用书。分写人篇、写事篇、写景篇、状物篇、想象篇。蓉子散文作为描写雨的名家名段，编选在写景篇。

选取作品：雨天的魅力，第 140 页

2259. 心灵的回声：我与自然 / 逸夫编 . -- 成都：四川民族出版社，1992. --120 页；19cm. -- 美文精品 . --ISBN 7-5409-0903-X：CNY3.65　国家图书馆　四川省图书馆　江苏大学图书馆　扬州大学图书馆　宁波市图书馆

作者选取 40 多篇国内外描写大自然美丽景色的精品散文汇集成书，使读

者在阅读中体验自然，感悟人生，并学习作家文笔的清新、优美和深邃。

选取作品：雨天的魅力，第 63 页

2260. 叶叶心心［海外中文图书］：当代中国女作家散文精选 / 琦君［等］著 . -- 台北：林白出版社，1984. --303 页；21cm. --（岛屿文库；3）. --TWD100.00　国家图书馆

选取作品：千泉之歌，第 10 页

2261. 影响当代中国人的哲理美文 / 贾平凹主编 . -- 北京：人民日报出版社，2005（2007 重印）. --3 册（10，460 页）；21cm. --（当代阅读经典）. --ISBN7-80153-882-X：CNY480.00（全套）　国家图书馆　中山大学图书馆　海南大学图书馆

选取作品：雨天的魅力，第 355 页

2262. 永远的橄榄枝 / 张爱玲［等］著；常君实主编 . -- 北京：中国社会科学出版社，1994. --285 页；20cm. --（台湾散文名家名品丛编）. --ISBN7-5004-1525-7：CNY 8.00　国家图书馆　北京大学图书馆　广东省立中山图书馆　南京大学图书馆　海南大学图书馆　海南师范大学图书馆

本书收有张爱玲、张漱涵、毕璞、蓉子、雪韵等 6 位台湾作家的散文 90 余篇，收录蓉子散文 20 篇。

选取作品：写不成的春天，第 205 页；春天的颂歌，第 207 页；探春，第 209 页；夏就这样来到，第 211 页；我心似泉，第 213 页；雨天的魅力，第 214 页；夜与晨，第 215 页；溪头组曲，第 217 页；牧童梦，第 219 页；鸽群的联想，第 219 页；岁末余韵，第 220 页；青鸟远去，第 221 页；你不是一株喧哗的树，第 223 页；论闲暇，第 224 页；谈心境，第 226 页；语文情，第 228 页；溪头钟声，第 230 页；母亲的记忆，第 233 页；好的另一半，第 236 页；时间长河中的离合悲欢，第 238 页

2263. 雨中的紫丁香：台湾女性抒情散文 / 席慕蓉［等］著，水湄编选 . -- 广州：花城出版社，1990. --253 页；19cm. --ISBN7-5360-0572-5：CNY3.25　国家图书馆　广东省立中山图书馆　南京大学图书馆　扬州大学图书馆　海南师范大学图书馆

选取作品：雨天的魅力，第 151 页

2264. 阅读大综合，高中一年级 . 上 /《阅读大综合》编写组 . -- 江苏教

育出版社，2002. --233页，［不详］. --ISBN 7-5343-4665-7：CNY9.60　同济大学图书馆

选取作品：雨天的魅力，第185页

2265. 哲理小品·中国卷 / 史为昆主编 . -- 北京：人民日报出版社，2007. --276页；23cm. --（当代文学作品阅读经典）. --ISBN 978-7-80208-326-4：CNY28.00　江西财经大学图书馆　嘉兴市图书馆

选取作品：雨天的魅力，第93页

2266. 智者心语 / 林黎［等］著 . -- 南宁：广西人民出版社，1999. --225页；19cm. --（围炉夜话系列）. --ISBN 7-219-03870-4：CNY12.00　国家图书馆　南宁市图书馆

该书由台湾电视台的读书系列节目"围炉夜话"进行编辑而成，由广西万达版权代理公司版权代理。

选取作品：取舍，第130页

2267. 中国当代散文大展［海外中文图书］.4/ 蔡丰安，黄劲连，陈宁贵编 . -- 台北：德华出版社，1982. --401页；19cm. --（爱书人文库；147）. --TWD200.00

台湾当代散文采用白话文的形式，在语言文字和章法结构上，继承了古代散文的特点，又接受了西方国家（欧美诸国）的语法布局，以强烈的面貌，颠覆了数千年的散文传统。该书收集台湾诗人、散文家罗门、蓉子、萧萧、王灏、吴敏显、林文煌、渡也、向阳等人的散文作品，供读者欣赏，杨牧作序，黄劲连跋。

选取作品：夏就这样来到，第10页；雨天的魅力，第12页；千泉之歌，第14页

2268. 中国流行·哲理小品 / 贾平凹主编；《美文》杂志社编选 . -- 北京：人民日报出版社，2005. --385页：图；23cm. --（当代阅读经典）. --ISBN 7-80153-882-X：CNY28.00　国家图书馆　河南省图书馆　杭州市图书馆　西安体育学院图书馆　海南政法职业学院图书馆

从《美文》杂志创刊13年来发表过的作品中，精选受到读者欢迎的小品文编辑而成。

选取作品：雨天的魅力，第169页

2269. 中国著名女性人生谈 / 宁人选编 . -- 北京：文化艺术出版社，1994. -- 2 册（12，871 页）：插图；20cm. -- ISBN 7-5039-1383-5：CNY29.80　国家图书馆　上海图书馆　江阴市图书馆　新疆财经大学图书馆　海南大学图书馆

书中收录中国各行业有成就的著名女性用她们睿智的思考与精美的语言，阐述关于女性和人生的哲理和方法。全书分：何谓人之生死；人生的乐趣在于努力和奋斗中；真正的做人其实是灵魂和筋肉直面世界的一种冶炼；友谊是人我关系中最宝贵的因缘；生命是一朵花，爱是花的蜜汁；我对于女人的看法；书本是人类精神的营养剂；尘世是我们的天堂；娱乐是工作的一部分等内容。这些人生哲理是中国妇女界献给第四届世界妇女代表大会的女性人生宝典。

选取作品：闲暇是文化的基础，第 789 页

2270. 中外散文诗精品 / 偶然，雨之编 . -- 西安：陕西旅游出版社，1992（1996 重印）. -- 12，304 页；20cm. -- ISBN 7-5418-0572-6：CNY 14　国家图书馆　中山大学图书馆　西安财经学院图书馆　武汉大学图书馆　海南省图书馆

选取作品：雨天的魅力，第 54 页

评论蓉子书目（2271—2353）

专论（2271—2273）

2271. 蓉子 [海外影音资料] / 黄明川电影视讯制作；台湾文学馆监制 . -- 台南：台湾文学馆，2004. -- 2 张：有声，彩色；$4\frac{3}{4}$ 寸 . -- （台湾诗人一百影音计划 [录像 DVD]：第三阶段）. -- [不详]　台湾交通大学图书馆

自 2000 年起台湾"国家艺术基金会"董事长黄明川，推动"台湾诗人一百影音"计划，拍摄台湾 100 位诗人访谈纪录片，采访诗人生平、创作理念等珍贵画面，耗时 9 年完成。该项目运用一流的电影拍摄手法、深度刻画了台湾文学，把百位台湾诗人的身影留在了影像里。诗人们年少时的遭遇，思乡时的痛苦，伴随着各具风格的朗读，走进了镜头。2009 年在台北捷运长达 2 公里的地下街空间开设的诗歌长廊，展示百位诗人影像、资料及诗作，

是计划的一部分。

该光碟是关于蓉子的纪录类电影光碟，出版年取自馆藏登录年。

2272. 蓉子论 / 余光中［等］著 . -- 北京：中国社会科学出版社，1995. --239 页；20cm. --（罗门、蓉子文学创作系列）. --ISBN 7-5004-1662-8：CNY10.00　国家图书馆　北京大学图书馆　海南省图书馆　台湾交通大学图书馆

该书是研究蓉子的专题资料。台湾诗人余光中评价说："蓉子是现代的，也是古典的"，"现代的是她的作品，古典的是她的为人"。该书收录了两岸文学评论家余光中、钟玲、郑明娳、陈宁贵、林耀德、周伯乃、刘登翰、陈素琰、古继堂、唐玲玲、王一桃、黄伟宗、陈贤茂等人评论蓉子的论文 30 余篇，蓉子诗歌世界宽阔、自然、宁静、恬美，具有女性意识，似一朵青莲；题材广泛，内容涉及国家甚至国际大事，诗句"声谐而句警"，如《七月的南方》《伞》《一朵青莲》《青鸟》《我的妆镜是一只弓背的猫》《童话城》等都引起了评论家的关注，从评论家的论述中可见诗人蓉子的诗品和人品。

2273. 永远的青鸟［海外中文图书］：蓉子诗作评论集 / 萧萧主编 . -- 台北：文史哲出版社，1995. --577 页；21cm. --ISBN 957-547-940-8：TWD 480.00　国家图书馆　海南省图书馆　海南大学图书馆　台湾交通大学图书馆

蓉子，20 世纪 50 年代崛起于台湾诗坛的女诗人，以《青鸟集》初现诗坛，其诗温柔委婉，宽厚博爱，保留了《诗经》温柔敦厚的风格，开阔了女性诗人的视域，为女性诗人的创作树立了新典范，赢得了诗坛赞誉。40 年诗歌创作经历各个不同的时期，能与时俱进，创作不衰，被誉为"诗坛的常青树""不凋的青莲"、"永远的青鸟"。该书是关于蓉子诗作的评论集，分诗作总论、诗集评鉴、诗篇赏析、诗人印象四部分，既有覃子豪、纪弦的印象批评，也有余光中、林野等关于蓉子的诗作总论和学院风格的学术论文，附录：1. 蓉子作品评论索引；2. 蓉子著作书目；3. 蓉子写作年表，全面反映了蓉子创作 40 余年的诗歌成就。

萧萧（1947—　），本名萧水顺，台湾彰化人，辅仁大学中文系毕业，台湾师范大学国文研究所硕士，现为明道管理学院中文系副教授，台湾著名诗人、散文家、评论家。

兼论（2274—2353）

2274. 艾青研究与访问记 / 周红兴著 . -- 北京：文化艺术出版社，1991. --470 页：照片；20cm. --ISBN 7-5039-0827-0：CNY8.60 国家图书馆 北京大学图书馆 广东省立中山图书馆 海南省图书馆 海南大学图书馆

本书收录了作者研究艾青的九篇重要论文，对诗人进行采访的七篇访问记，六十余篇艾青谈话录，及艾青年表、艾青著作与研究的目录索引等。周红兴（1936— ），诗歌评论家、中国人民大学副教授、中国作家协会会员。

史料：一九八三年二月十六日春节茶会上与胡乔木的交谈：谈台湾女诗人蓉子和她的诗，第 282 页

2275. 彼岸的缪斯：台湾诗歌论 / 刘登翰，朱双一著 . -- 南昌：百花洲文艺出版社，1996. --510 页；20cm. --ISBN 7-80579-741-2：CNY19.00 北京大学图书馆 中山大学图书馆 湖南图书馆 吉林省图书馆 海南师范大学图书馆

评论：蓉子论"看你名字的繁卉"，第 202 页

2276. 陈贤茂自选集 / 陈贤茂著 . -- 汕头：汕头大学出版社，2005. --2 册（319；312 页）；24cm. --（汕头大学学术丛书；04）. --ISBN 7-81036-946-6：CNY88.00 国家图书馆 广东省立中山图书馆 海口经济学院图书馆

评论：论蓉子的创作，第 138 页；罗门与蓉子诗歌之比较，第 291 页

2277. 当代台湾人物辞典 / 崔之清主编 . -- 郑州：河南人民出版社，1994. --30，566 页；20cm. --ISBN 7-215-02326-5（精装）：CNY25.00 国家图书馆 海南大学图书馆

词条：蓉子，第 296 页

2278. 当代台湾作家编目［海外中文图书］：1949—1993，尔雅篇 / 张默，隐地编 . -- 台北：尔雅出版社，1994. --21，412 页：照片；21cm. --ISBN 957-639-121-0：TWD400.00 国家图书馆

对蓉子等台湾作家的诗集、文集进行简要编目，并有诗人小传。至 1993 年，蓉子撰写诗集《青鸟集》等 13 种，散文集《千泉之声》《欧游手记》两种，论评《青少年诗国之旅》一种，儿童文学《童话城》一种。书中插有诗人的经典诗句，选取蓉子的三句经典诗句是：尽管荷盖上盛满水珠，但你从不哭泣；

梦在北国，汉家陵阙，鹰隼飞渡无云的高空；祖国，您是不死之木，根深千尺。

诗人及著作：蓉子，第 58 页；蓉子书目，第 59 页

2279. 电波里的艺术世界 / 江苏人民广播电台《文艺天地》编辑组编 . -- 北京：广播电视出版社，1990. --248 页；19cm. --ISBN 7-5043-0559-6：CNY3.40 南京图书馆

介绍：台岛诗坛三秀——介绍台湾女诗人林泠、蓉子、琼虹，第 156 页

2280. 二十年来的台湾妇女［海外中文图书］/《二十年来的台湾妇女》编辑委员会编 . -- 台北：台湾省妇女写作协会，1965. --6, 374 页；21cm. --（精装）：TWD60.00，TWD40.00

妇女活动史：第十一章妇女与文学，第 250 页；第 252 页

2281. 二十世纪台湾诗歌史 / 章亚昕著 . -- 北京：人民文学出版社，2010. --273 页；21cm. --ISBN 978-7-02-006746-6：CNY22.00 国家图书馆 北京大学图书馆 广东省立中山图书馆 海南师范大学图书馆 陕西省图书馆

诗史：第七章蓝星诗社与余光中，第 122 页

2282. 二十世纪中国诗人辞典 / 李德和主编 . -- 北京：作家出版社，2006. --497 页；20cm. --ISBN 7-5063-3775-8：CNY30.00 国家图书馆 南京图书馆 广东省立中山图书馆 福建省图书馆 黑龙江省图书馆

该书收录 20 世纪中国诗人 1234 位，词条包括誉称、原名和笔名、生卒年、籍贯或出生地、简历和作品等。霍松林和谢冕任该书顾问。

词条：蓉子，第 469 页

2283. 二十世纪中华文学辞典 / 秦亢宗主编 . -- 北京：中国国际广播出版社，1992. --59, 1121 页；20cm. --ISBN 7-5078-0210-8（精装）：CNY23.00 国家图书馆 北京大学图书馆 广东省立中山图书馆 上海师范大学图书馆 山东省图书馆

词条：蓉子，第 963 页；蓉子诗抄，第 1022 页；维纳丽莎组曲，第 1023 页；蓉子自选集，第 1056 页；蓝星诗社，第 1085 页；蓝星诗刊，第 1093 页

2284. 20 世纪中国文学流派 / 江边著 . -- 青岛：青岛出版社，1992（1993印）. --261 页；19cm. --（中华 20 世纪丛书 / 许力以主编）. --ISBN 7-5436-0858-8：CNY4.75 国家图书馆 广东省立中山图书馆 浙江图书馆 贵州省图书馆 海南省图书馆

该书对 20 世纪中国文学史上较有影响的 18 个文学流派进行了比较评析。该书系国家"八五"重点图书。

文学史：蓉子，第 230 页

2285. 20 世纪中国文学通史 / 唐金海，周斌主编 . -- 上海：东方出版中心，2003（2006 重印）. --11，746 页；23cm. --ISBN 7-80186-097-7：CNY60.00 国家图书馆 广东省立中山图书馆 海南大学图书馆 海南师范大学图书馆

文学史：第十一章，第 578 页

2286. 飞花时节 / 邝海星著 . -- 香港：天马图书有限公司，2000. --144 页：图；21cm. --ISBN 962-450-649-3：HKD15.00（CNY15.00） 广东省立中山图书馆 海南大学图书馆 海南医学院图书馆 琼州学院图书馆 海南省图书馆

诗歌：明天，你们就要回到彼岸的那边——欢送罗门、蓉子，第 99 页

2287. 非花之花［海外中文图书］：当代作家别传 / 刘枋撰 . -- 台北：采风出版社，1985（2007 年增订重刷）. --242 页：图；19cm. --（报导文学；81）. --［不详］：TWD90.00（HKD23.00，USD3.00） 高雄市立图书馆 台湾交通大学图书馆

别传：一朵青莲天堂鸟——记蓉子，第 75 页

2288. 海南名人传略 . 上 / 朱逸辉主编 . -- 广州：中山大学出版社，1992.6. --582 页：照片；19cm. --ISBN 7-306-00514-6（精装）：CNY19.8 国家图书馆 广东省立中山图书馆 海南省图书馆 海南大学图书馆 海南师范大学图书馆

词条：蓉子，第 515 页

2289. 海外华文文学名家 / 潘亚暾，汪义生著 . -- 广州：暨南大学出版社，1994. --427，14 页；20cm. --（华侨华人丛书）. --ISBN 7-81029-353-2：CNY24.00 国家图书馆 海南师范大学图书馆 广东省立中山图书馆 北京大学图书馆 华东师范大学图书馆

散文：蓉子，第 390 页

2290. 淮上风流 / 赵云主编 . -- 苏州：古吴轩出版社，2008. --281 页；21cm. --ISBN 978-7-80733-217-6：CNY120.00（全 5 册） 国家图书馆

本书主要介绍江苏地区的名人情况，收录了赵恺、宋长荣、张贤亮、蓉子、杨秀英、陈白尘、陈铎、司马中原、吴承恩、刘鹗等人的研究资料和回忆文章。

介绍：寻找蓉子，第 55 页

2290. 基督教文化与中国当代文学 / 丛新强著 . -- 济南：山东文艺出版社，2009. --294 页；21cm. -- （山东大学人文社会科学青年成长基金项目文库）. --ISBN 978-7-5329-2994-8：CNY23.00　国家图书馆　广东省立中山图书馆　山东大学图书馆　湖北省图书馆　北京师范大学图书馆　海南师范大学图书馆

介绍：第三章第一节蓉子：信与爱的情感追求，第 134 页

2292. 七十七年文学批评选［海外中文图书］：年度批评第五集 / 陈幸蕙编 . -- 台北：尔雅出版社，1989. --385 页：照片；19cm. --TWD160.00　海南省图书馆　同济大学图书馆　华侨大学图书馆　苏州大学图书馆

1988 年台湾文学批评出现了女性主义文学批评。该书收录的钟玲诠释蓉子的诗、吴达芸诠释陈若曦的小说、张惠娟评钟晓阳的小说等评论，均全部或局部采用了以女性为中心的批评观点，终于在男性批评主导的文学批评界开辟了一块女性的天空，使本年度批评呈现出女性主义的光彩。

评论：都市女性与大地之母：论蓉子的诗歌，钟玲，第 59 页

2293. 全国中学生最喜欢的精美散文 / 张健主编 . -- 郑州：文心出版社，2007. --180 页；26cm. --ISBN 978-7-80683-550-0：CNY 19.80　首都图书馆　天津市少年儿童图书馆　杭州市图书馆　宁波大学园区图书馆

该书选取中学生喜欢的精彩时文，进行解析，以便提高学生的写作能力，罗门献给蓉子的诗歌，也收录其中，从中可见罗门对蓉子的挚爱。

诗作：诗的岁月——给蓉子，罗门，第 104 页

2294. 山河恋［海外中文图书］：朱逸辉选集 . 上 / 朱逸辉著 . -- 香港：银河出版社，2001. --1148 页：照片；21cm. -- 英文并列题名 Love for my Native Land. --ISBN 962-475-546-9（精装）：HKD85.00　国家图书馆　台湾交通大学图书馆

评论：诗坛的青鸟——蓉子，第 704 页

2295. 沈奇诗学论集 =Shenqi Collected Essays on Poetry and Poets. 卷三，台湾诗人论评 / 沈奇著 . -- 北京：中国社会科学出版社，2005. --3 册（305，330，328 页）：照片；21cm. --ISBN 7-5004-5205-5：CNY75.00（全 3 册）　国家图书馆　北京大学图书馆　陕西师范大学图书馆　海南师范大学图书馆

本书中作者总结 20 世纪 80 年来中国新诗史，认为中国新诗分三大板块即 20 至 40 年代的新诗拓荒期，50 年代至 70 年代的台湾诗坛，祖国大陆自 70 年代到 90 年代的现代主义诗歌大潮。作者描述："台湾诗歌自五十年代起，形成了近 800 位诗人，1300 多部个人诗集，100 多部个人诗论，200 多部诗评论集，先后有 150 多家诗刊诗报的多元共生，诗才代出的宏大局面。"本书以洛夫《谈沈奇台湾现代诗研究》作序，收录了《中国新诗的历史定位与两岸诗歌交流》《误接之误——谈两岸诗歌的交流与对接》等关于台湾诗歌的宏观论述，还有如《青莲之美——蓉子论》《与天同游——罗门诗歌精神散论》等研究台湾诗人的诗评论文。沈奇（1951—　），陕西勉县人，中国作家协会会员，西安财经学院文艺系教授，研究台湾现代诗歌的诗学理论家。出版诗与诗学著作 6 种，率先编选了《台湾诗论精华》《九十年代台湾诗选》等 6 种，影响广泛。

评论：青莲之美——蓉子论，第 200 页

2296. 诗潮回响 / 澄蓝著 . -- 北京：华龄出版社，1997. --［不详］；32 开 . --ISBN 80082-581-7：CNY10.00　台湾交通大学图书馆

评论：静观天宇而不事喧嚷——试评蓉子的诗《一朵青莲》，第 121 页；附《一朵青莲》，第 123 页

2297. 诗的回音壁［海外中文图书］/ 王一桃著 . -- 香港：当代文艺出版社，2003. --22，183 页；21cm. --ISBN 962-278-230-2：HKD50.00　国家图书馆　北京大学图书馆　广东省立中山图书馆　广西民族大学图书馆

存目：赠文艺家：蓉子（1928—　），诗见《诗的纪念册》132 页

2298. 诗歌辞典 / 陈绍伟编 . -- 广州：花城出版社，1986. --437 页；19cm. --（精装）：CNY4.10　海南师范大学图书馆　琼台师范高等专科学校图书馆　洛阳市图书馆

词条：蓉子，第 168 页

2299. 诗歌通典 / 杨镰，薛天纬主编 . -- 北京：解放军文艺出版社，1999. --59，1057，31 页；23cm. --（中国文学通典）. --ISBN 7-5033-1047-2（精装）：CNY125.00　国家图书馆　北京大学图书馆　广东省立中山图书馆　海南省图书馆　海南大学图书馆

词条：蓉子，第 901 页

2300. 世界华人文化名人传略 . 文学卷 / 杨羽仪主编 . 香港：中华文化出版社，1992. --9，762 页；28cm. --ISBN 962-7681-01-6：HKD180.00　香港城市大学图书馆　东莞图书馆　西南大学图书馆　华南理工大学图书馆

词条：蓉子，第 748 页

2301. 世界华文女作家素描 / 潘亚暾著 . -- 广州：暨南大学出版社，1993. --463 页；照片；20cm. --ISBN 7-81029-157-2：CNY9.50　国家图书馆　广东省立中山图书馆　海南师范大学图书馆　北方民族大学图书馆　斯坦福大学图书馆

该书是关于华文女作家的学术性散文汇编，是作者负责的国家教委"七五"社科研究项目"台港暨海外华文文学研究"项目之一种，该书是对 56 名女作家的专访散文，文章融学术性、资料性、趣味性于一体，学、识、情、文兼具。潘亚暾（1931—　）曾任暨南大学台港暨海外华文文学研究中心主任、中文系教授，长期研究台港海外华文文学，出版 24 部著作。

专访："台湾首席女诗人"——蓉子，第 185 页

2302. 世界华文文学概要 / 公仲主编 . -- 北京：人民文学出版社，2000. --11，615 页；20cm. --ISBN 7-02-003124-2：CNY25.00　国家图书馆　北京大学图书馆　广东省立中山图书馆　海南师范大学图书馆　海南大学图书馆

本书是一部世界华文文学简史。它全面地论述了世界范围内华文文学的发生发展情况，重点论述了 20 世纪的华文文学，介绍了重要的文学现象和作家。

文学史：蓉子，第 114 页

2303. 世界著名华文女作家传，台湾卷 . 2/ 邓光东，陈公仲主编；陈公仲 [卷] 主编 . -- 南昌：百花洲文艺出版社，1999. --318 页；照片；20cm. --ISBN 7-80647-058-1：CNY17.50　国家图书馆　中山大学图书馆　海南省图书馆　海南师范大学图书馆　海南医学院图书馆

该书收录朱秀娟、张晓风、苏雪林、施叔青、席慕蓉、琼瑶、蓉子七位女作家的传记。

传记：蓉子：诗坛永远的"青鸟"，唐玲玲著，第 250 页

2304. 水是故乡甜：台湾乡愁文学 / 陈冬梅编著 . -- 福州：福建教育出版社，2008. --131 页；照片；23cm. --（图文台湾）. --ISBN 978-7-5334-5178-3：CNY22.00　国家图书馆　北京大学图书馆　广东省立中山图书馆　深圳图书

馆　琼台师范高等专科学校图书馆

散文："永远的青鸟"：蓉子，第 117 页

2305. 台港澳暨海外华文文学大辞典 / 秦牧［等］主编 . -- 广州：花城出版社，1998. --13，124，1132 页；20cm. --ISBN 7-5360-2896-2（精装）：CNY80.00　国家图书馆　广东省立中山图书馆　南开大学图书馆　南宁市图书馆　斯坦福大学图书馆

词条：蓉子，第 115 页

2306. 台港澳暨海外华文新诗大辞典 / 古继堂主编 . -- 沈阳：沈阳出版社，1994. --815 页；26cm. --ISBN 7-80556-980-0（精装）：CNY98.00　国家图书馆　北京大学图书馆　华东师范大学图书馆　广东省立中山图书馆　海南师范大学图书馆　斯坦福大学图书馆

词条：蓉子，第 234 页

诗集词条：只要我们有根，第 299 页；这一站不到童话，第 339 页；青鸟集，第 351 页；维纳丽莎组曲，第 398 页；雪是我的童年，第 402 页；童话城，第 412 页；蓉子诗抄，第 419 页；蓉子自选集，第 419 页；横笛与竖琴的晌午，第 434 页；青少年诗国之旅，第 472 页

诗歌名篇：古典留我，第 498 页；我的妆镜是一只弓背的猫，第 505 页；晚秋的乡愁，第 519 页

诗坛轶事：冰心第二，第 677 页；我的箭在台风之夜射入青鸟的心房——诗人罗门、蓉子之恋，第 679 页；罗门、蓉子三轮车上定终身，第 680 页；罗门诗路上的两位启蒙老师，第 680 页；诗的婚礼，第 681 页；诗一般的"灯屋"，第 683 页

2307. 台港澳暨海外华文作家辞典 / 王景山主编 . -- 北京：人民文学出版社，1992. --500 页；20cm. --ISBN 7-02-001348-1：CNY8.60　国家图书馆　北京大学图书馆　南京大学图书馆　海南大学图书馆　海南师范大学图书馆

词条：蓉子，第 466 页

2308. 台港澳暨海外华文作家辞典 / 王景山编 . -- 北京：人民文学出版社，2003. --891 页；21cm. --ISBN 7-02-004001-2：CNY54.00　北京大学图书馆　深圳图书馆　四川省图书馆　郑州大学图书馆　天津图书馆

词条：蓉子，第 491-493 页

2309. 台港澳文学教程 / 曹惠民主编 . -- 上海：汉语大词典出版社，2000. --496 页；20cm. --ISBN 7-5432-0445-2：CNY23.00　国家图书馆　北京大学图书馆　上海图书馆　海南省图书馆　西安交通大学图书馆

　　文学史：蓉子——台湾诗坛飞的"青鸟"，第 148 页

2310. 台湾当代诗人简介［海外中文图书］/ 吴天才编著 . -- 马来西亚：蕉风出版社，1981. --179 页：照片；19cm. --（蕉风文丛）. --MYR6.00（USD3.00）国家图书馆

　　词条：蓉子，第 155 页

2311. 台湾港澳与海外华文文学辞典 / 陈辽主编 . -- 太原：山西教育出版社，1990. --560 页；19cm. --ISBN 7-80578-292-X：CNY11.00　国家图书馆　北京大学图书馆　广东省立中山图书馆　海南师范大学图书馆

　　词条：蓉子，第 336 页；罗门蓉子短诗精选，第 437 页

2312. 台湾手册 / 王文祥主编 . -- 北京：中国展望出版社，1990. --1084 页：地图；20cm. --ISBN 7-5050-0757-2（精装）：CNY28.50　国家图书馆　北京大学图书馆　南京大学图书馆　上海大学图书馆　斯坦福大学图书馆

　　词条：蓉子，第 947 页

2313. 台湾文学家辞典 / 王晋民主编 . -- 南宁：广西教育出版社，1991. --661 页；20cm. --ISBN 7-5435-1353-6（精装）：CNY14.00　国家图书馆　深圳图书馆　广东省立中山图书馆　河南省图书馆　斯坦福大学图书馆

　　词条：蓉子，第 630 页

2314. 台湾文学研究参考资料 . 第 1 辑 / 厦门大学台湾研究所台湾文学研究室，福建社会科学院文学研究所台湾文学研究室编著 . --［不详］，1983. --168 页；20cm. -- 内部资料　厦门大学图书馆　深圳大学图书馆　宁波大学园区图书馆

　　随着两岸互相交往的不断扩大，台湾文学作为祖国文学的重要组成部分，越来越引起各方面重视。该书收集了台湾作家赖和、张我军、吴浊流、覃子豪、余光中、蓉子、痖弦、洛夫、杨牧、叶维廉等人的生平资料，以小传、创作年表的形式呈现给读者。

　　年谱：蓉子创作年表，第 131 页

2315. 台湾现代诗集编目：一九四九—二〇〇〇［海外中文图书］：

二〇〇一台北国际诗歌节诗展手册 / 张默著 . -- 台北：台北市政府文化局，2001. --155 页；21cm. --（文化丛书）——［不详］ 国家图书馆 台湾交通大学图书馆 浩然艺文数位典藏博物馆

条目：1949—1960 青鸟集，第 14 页；1961—1970 七月的南方，第 26 页；蓉子诗抄，第 31 页；维纳丽莎组曲，第 39 页；1971—1980 横笛与竖琴的晌午，第 47 页；蓉子自选集，第 55 页；1981—1990 这一站不到神话，第 82 页；罗门蓉子短诗精选，第 87 页；天堂鸟，第 91 页；只要我们有根，第 92 页；1991—2000 千曲之声（蓉子诗作精选），第 119 页；黑海上的晨曦，第 132 页

2316. 台湾现代诗史论［海外中文图书］：台湾现代诗史研讨会实录 / 文讯杂志社，封德屏主编 . -- 台北：文讯杂志社，1996. --736 页；24cm. --（文讯丛刊；26）. --ISBN 957-99944-3-9：TWD600.00 国家图书馆 北京大学图书馆 深圳大学图书馆

诗史论：五十年代新诗论战述评，第 108 页；追逐太阳步伐——六十年代台湾女诗人作品风貌，第 229 页

2317. 台湾新诗发展史 / 古继堂著 . -- 北京：人民文学出版社，1989. --427 页：肖像；20cm. --ISBN 7-02-000699-X：CNY5.10 国家图书馆 北京大学图书馆 广东省立中山图书馆 河南省图书馆 海南师范大学图书馆

新诗史：第五节蓉子，第 193 页

2318. 台湾新诗发展史［海外中文图书］/ 古继堂著 . -- 台北：文史哲出版社，1989. --506 页；21cm. --（文学丛刊；29）. --TWD350.00 国家图书馆 北京大学图书馆 上海图书馆 华中师范大学图书馆 福建省图书馆 台湾成功大学图书馆

诗史：第五节蓉子，第 193 页

2319. 台湾新诗发展史［海外中文图书］/ 古继堂著 . -- 台北：文史哲出版社，1997. --6614 页：图版；21cm. --ISBN 957-549-040-1：TWD 440.00 中山大学图书馆 中国社会科学院图书馆

诗史：第五节蓉子

2320. 台湾新文学辞典：1919—1986/ 徐逎翔主编 . -- 成都：四川人民出版社，1989. --900 页；19cm. --ISBN 7-220-00714-0（精装）：CNY14.60 国家图书馆 郑州大学图书馆 海南大学图书馆 琼台师范高等专科学校图书馆

词条：蓉子，第 248 页

诗集：天堂鸟，第 466 页；七月的南方，第 461 页；青鸟集，第 485 页；雪是我的童年，第 501 页；维纳丽莎组曲，第 503 页；蓉子诗抄，第 510 页

新诗：晨的恋歌，第 718 页

诗刊：蓝星诗刊，第 772 页

诗社：蓝星诗社，第 804 页

2321. 涂静怡自选集［海外中文图书］/涂静怡著 . -- 台北：黎明文化事业公司，1986. --299 页；19cm. --（中国新文学丛刊；153）. --（精装）：TWD150.00，TWD120.00　海南省图书馆

评论：蓉子与诗，第 251 页

2322. 王一桃文论选［海外中文图书］/王一桃著 . -- 香港：奔马出版社，1998. --431 页；21cm. --ISBN 962-278-148-9：HKD60.00　国家图书馆　广东省立中山图书馆　同济大学图书馆　四川省图书馆　广西民族大学图书馆　海南大学图书馆

评论：从蓉子诗看其诗观——［罗门、蓉子的文学世界］讨论会论文，第 309 页

2323. 文晓村自传［海外中文图书］：从河洛到台湾/文晓村著 . -- 台北县：诗艺文出版社，2000. --603 页：照片；21cm. --（文化书坊；06）. -- 含人名索引 . --ISBN 957-03797-3-1：TWD500.00　国家图书馆　海南省图书馆

评论：枝繁叶茂论蓉子，第 380 页

2324. 文学四论［海外中文图书］. 上册，新诗论、戏剧论/王志健著 . -- 台北：文史哲出版社，1988. --408 页；21cm. --TWD210.00　国家图书馆　海南省图书馆

文学史：第七章新诗的再出发，第 297 页

2325. 现代诗技艺透析［海外中文图书］/陈仲义著 . -- 台北：文史哲出版社，2003. --262 页；21cm. --（文学丛刊；164）. --ISBN 957-549-540-3：TWD280.00　国家图书馆　台湾交通大学图书馆

写作技巧：十五变形：主观的心灵化表现，第 98 页；二十五 瞬间绽放：情景之间的逆挽，第 166 页

2326. 现代诗学［海外中文图书］/潘丽珠著 . -- 台北：五南图书出版公

司，1997. --8，297 页；21cm. --ISBN 957-11-1445-6：TWD320.00　国家图书馆　广东省立中山图书馆　南京大学图书馆　华东师范大学图书馆

评论：蓉子自然诗美学探究，第 137 页

2327. 现代诗学［海外中文图书］/潘丽珠著. --2 版. -- 台北：五南图书出版公司，2004. --381 页；21cm. --ISBN 957-11-3561-5：TWD320.00　广东省立中山图书馆　南京大学图书馆　华东师范大学图书馆

评论：蓉子自然诗美学探究，第 137 页

2328. 现代中国缪司［海外中文图书］：台湾女诗人作品析论 / 钟玲著. -- 台北：联经出版公司，1989. --424 页；21cm. --（联经评论；10）. --ISBN 957-08-1265-6：TWD200.00　国家图书馆　北京大学图书馆　上海图书馆　广东省立中山图书馆

该书是首部专论台湾现代女诗人作品的论文集，从女性诗歌文学 1953 至 1988 年在中国台湾的崛起，分析了台湾文学史上女性作家的创作及其风格，认为台湾女性诗人群体的涌现是中国文学史上的一个特别现象，她们承继中国古典文学传统，映现西方现代文明，形成了有别于男性的多姿多彩的文学感情。《前言》中论述了"女性文体"及其存在形式，书后附《台湾女诗人小传》。该书在 1994 年初版二刷。

评论：第五章五十年代清越的女高音，第 141 页

2329. 现代中国诗选［海外中文图书］，第 2 卷 / 杨牧，郑树森编. -- 台北：洪范出版社，1989. --2 册（［35］，901 页）；21cm. --（洪范文学丛著；195）. --（精装）：TWD 260.00，TWD200.00　国家图书馆　华侨大学图书馆　斯坦福大学图书馆　海南省图书馆

诗集存目：蓉子，第 897 页

2330. 萧乾全集. 第七卷，书信卷 / 萧乾著；文洁若，傅光明，黄友文主编. -- 武汉：湖北人民出版社，2005. --36，929 页：照片；21cm. --ISBN 7-216-04434-7（精装）：CNY420.00（全 7 册）　国家图书馆　广东省立中山图书馆　厦门市图书馆　河南大学图书馆　湖北省图书馆

本书收辑了作者致 107 位受信人的书信。包括致巴金、致冰心、致蓉子等人的书信。

信札：致蓉子，第 365 页

2331. 新诗纪事 / 刘福春撰 . -- 北京：学苑出版社，2004. --601页；21cm. --（中国诗歌研究中心学术；8）. --ISBN 7-80060-180-3：CNY36.00　国家图书馆　海南省图书馆　海南师范大学图书馆

本纪事所纪为1917年1月至2000年12月发生的有关新诗创作、出版、活动等史事，地域包括大陆、台湾、香港和澳门，书中简要记录了蓉子1951年至2000年的诗歌活动。

2332. 新诗鉴赏辞典 / 公木主编 . -- 上海：上海辞书出版社，1991. --1190页；19cm. --ISBN 7-5326-0115-3（精装）：CNY39.00　国家图书馆　上海图书馆　海南省图书馆　海南大学图书馆　洛阳市图书馆

《新诗书目》中收录蓉子诗集《青鸟集》《七月的南方》《蓉子诗抄》《童话城》《维纳丽莎组曲》《横笛与竖琴的晌午》《天堂鸟》《雪是我的童年》《这一站不到神话》和与罗门的合集《日月集》（台北蓝星诗社1968年版）等词条。至2005年，该辞典已22印。

2333. 知道 . 第一季［海外影音资料］/ 人间电视股份有限公司制作 . -- 台北：人间卫视，2012. --27张数位激光视盘：有声，彩色；$4\frac{3}{4}$ 吋 . --（DVD，国语发音，中文字幕）

专题片：蓉子——现代李清照，第四集

2334. 中国当代文学辞典 / 王庆生主编 . -- 武汉：武汉出版社，1996. --16，59，1148 页：照片；26cm. --ISBN 7-5430-0904-8（精装）：CNY100.00　北京大学图书馆　湖北省图书馆　四川省图书馆　海南大学图书馆　海南师范大学图书馆

词条：蓉子，第739页

2335. 中国当代新诗史 / 洪子诚，刘登翰著 . -- 北京：人民文学出版社，1993. --550页；20cm. --ISBN 7-02-001595-6：CNY9.95　国家图书馆　北京大学图书馆　广东省立中山图书馆　扬州大学图书馆　海南大学图书馆

新诗史："蓝星"的诗人群——蓉子，第502页

2336. 中国当代新诗史 / 洪子诚，刘登翰著 . -- 修订版 . -- 北京：北京大学出版社，2005. --421页；23cm. --（新诗研究丛书）. --ISBN 7-301-08356-4：CNY33.00　北京大学图书馆　中山大学图书馆　南京大学图书馆　海南大学图书馆　海南师范大学图书馆　四川省图书馆

新诗史：第十五章（台湾）现代主义诗潮及诗人，第330页

2337. 中国当代新诗史 / 洪子诚，刘登翰著 . -- 北京：北京大学出版社，2010. --12，511页；23cm. --（洪子诚学术作品集）. --ISBN 978-7-301-16945-2：CNY60.00　国家图书馆　北京大学图书馆　上海图书馆　深圳图书馆　海南大学图书馆　海南师范大学图书馆

新诗史：第十五章现代主义诗潮及诗人，第394页

2338. 中国诗歌大辞典 / 侯健主编 . -- 北京：作家出版社，1990. --116，1420页；20cm. --ISBN 7-5063-0210-1（精装）：CNY29.50　国家图书馆　北京大学图书馆　广东省立中山图书馆　南京大学图书馆　湖南图书馆

该辞典是我国第一部大型诗歌辞书，共收我国自先秦至1987年词目一万一千多条，所有条目都以中国诗歌领域的固定概念和独立的知识单元为主题，并按照内容或理论体系排序。附录《中国当代诗歌评奖概览》等。

词条：第四集女诗人及诗集卷，现当代女诗人，蓉子，第451页

2339. 中国诗歌通史 . 当代卷 / 吴思敬主编 . -- 北京：人民文学出版社，2012. --706页，24cm. --（中国诗歌通史 / 赵敏俐，吴思敬主编）. --ISBN 978-7-02-009060-0：CNY98.00　国家图书馆　首都图书馆　首都师范大学图书馆　上海大学图书馆　海南大学图书馆

诗史：第十五章当代台湾诗歌，［不详］

2340. 中国文学答问总汇 / 王德宽［等］撰稿；《中国文学答问总汇》编委会编 . -- 北京：北京十月文艺出版社，1994. --97，817页；26cm. --ISBN 7-5302-0303-7（精装）：CNY46.20　国家图书馆　北京大学图书馆　广东省立中山图书馆　四川省图书馆　海南大学图书馆　海南师范大学图书馆

问答：蓉子的生平与创作怎样？第667页；蓉子为什么被称为"冰心第二"？第667页；蓝星诗社何时成立，主要成员有哪些？第690页

2341. 中国现代派文学史论 / 谭楚良著 . -- 上海：学林出版社，1996（1997年二次印刷）. --401页；20cm. --ISBN 7-80616-219-4：CNY16.00　国家图书馆

诗论：第三章蓝星诗社及其代表人物，第243页

2342. 中国现代文学词典 / 鄂基瑞著 . -- 上海：上海辞书出版社，1990. --983页；20cm. --ISBN 7-5326-0019-X（精装）：CNY20.00　国家图书馆　上海图书馆　北京大学图书馆　广东省立中山图书馆　上海师范大学图书馆

词条：蓉子，第 425 页

2343. 中国现代主义文学史论 / 李林展著 . -- 北京：中国书籍出版社，2004. --26，432 页；20cm. --ISBN 7-5068-1126-X：CNY30.00　国家图书馆　北京大学图书馆　台湾大学图书馆　复旦大学图书馆　海南省图书馆

诗论：蓉子的诗歌，第 215 页

2344. 中国现当代文学 . 第 1 卷 / 黄万华著 . -- 济南：山东文艺出版社，2006. --12，529 页；21cm. --ISBN 7-5329-2536-6：CNY27.00　国家图书馆　首都师范大学图书馆　广东省立中山图书馆　同济大学图书馆　海南经贸职业技术学院图书馆

评论：蓉子——战后第一位台湾女诗人，第 431 页

2345. 中国新诗大辞典 / 黄邦君，邹建军编著 . -- 长春：时代文艺出版社，1988. --838 页；19cm. --ISBN 7-5387-0155-9（精装）：CNY10.35　国家图书馆　上海图书馆　广东省立中山图书馆　北京大学图书馆　山东省图书馆　海南师范大学图书馆

词条：蓉子，第 291 页

2346. 中国新诗渊薮［海外中文图书］：中国现代诗人与诗作 . 中 / 王志健著 . -- 台北：正中书局，1993. --2438 页，22cm. --ISBN 957-09-0826-2（精装）：TWD675.00

新诗史：第四编第十八章飞越天河的青鸟，第 2149 页

2347. 中华古今女杰谱 / 高魁祥，申建国编 . -- 北京：中国社会出版社，1991. --473 页；20cm. --ISBN 7-80088- 179-2：CNY8.00　国家图书馆　北京大学图书馆　中山大学图书馆　海南省图书馆　海南师范大学图书馆

本书收录 1160 名有代表性的中华古今女性英杰人物的事迹。

介绍：蓉子，第 316 页

2348. 中华文学发展史，近世史 / 张炯主编 . -- 武汉：长江文艺出版社，2003. --10，792 页；21cm. --ISBN 7-5354-2661-1：CNY95.00（全三册）　国家图书馆　台湾交通大学图书馆　海南省图书馆　海南大学图书馆

本书介绍了从鸦片战争至 20 世纪末中华各民族、各地区（包括台、港、澳地区）的文学，包括对神话、碑铭、诗歌、小说、散文等各种文体和文学的理论批评，并介绍了作家和作品等。张炯，曾任中国社科院文学所所长。

文学史：第四十九章第二节纪弦余光中等"现代派"诗人，第691、第五十四章第一节台湾的文化散文，第774页

2349. 中华文学通史．第八卷—第十卷，当代文学编 / 张炯，邓绍基，樊骏主编；中国社会科学院文学研究所，中国社会科学院少数民族文学研究所〔编〕．-- 北京：华艺出版社，1997．--3册（463；736；632）；20cm．--ISBN 7-80039-196-5（精装）：CNY550.00 国家图书馆 海南省图书馆 苏州大学图书馆 海口经济学院图书馆

该书是"九五"国家社会科学规划重点项目成果。中华当代文学是指1949年以后中国版图内各民族各地区的文学。该阶段大陆文学一直是以马克思主义、毛泽东思想占主导地位的推进社会主义的现实主义文学，经历了初步向荣阶段（1945—1956年）、艰难发展阶段（1957—1966）、严重挫折阶段（1967—1976）、恢复发展阶段（1977年迄今）四个时期；由于政治背景的差异，台湾文学40年来与大陆文学发展状况有所不同，可分为"战斗文学"主导阶段（1949—1960）、"现代主义文学"鼎兴时期（1961—1970）、"乡土文学"崛起阶段（1971—1980）、文学多元发展阶段（1981迄今）四个阶段。台湾和香港地区文学的共同特点是受商业化影响较大，更多地受西方文化的影响，文学色彩杂驳。

文学史：第十四章覃子豪余光中等"蓝星"诗人群，第376页

2350. 中外现代抒情名诗鉴赏辞典 / 陈敬容主编．-- 北京：学苑出版社，1989．--774页；19cm．--ISBN 7-80060-464-0（精装）：CNY15.00 国家图书馆 天津图书馆 武汉大学图书馆 同济大学图书馆 浙江图书馆

纪事诗：蓉子回家日记，第692页

2351. 中外文化与文论．4/ 钱中文〔等〕主编．-- 成都：四川大学出版社，1997．--281cm；20cm．--ISBN 7-5614-1653-9：CNY 9.80 天津图书馆 浙江图书馆 兰州大学图书馆 湖北省图书馆 海南师范大学图书馆

评论：蓉子诗歌的文本互涉——关于一组"伞诗"的解读，第222页

2352. 紫色的书简〔海外中文图书〕/ 小民著．-- 台北：道声出版社，1981．--201页；19cm．--（道声百合文库；125）．--TWD65.00 国家图书馆 海南省图书馆 同济大学图书馆 华侨大学图书馆

紫色书简，是作者致他所敬爱的人物的信，也是优美的散文，信中表达

了他对收信人的敬慕，对人物的评价和作家作品的喜好，还回顾了他和收信人交往的细节。这些收信人，多是台湾文坛作家。

信札：给女诗人蓉子，第 60 页

2353. 走向新世纪：第六届世界华文文学国际研讨会论文集 / 公仲，江冰主编. -- 北京：人民文学出版社，1994. --405 页：照片；20cm. --ISBN 7-02-002028-3：CNY11.20　国家图书馆　北京大学图书馆　广东省立中山图书馆　南昌大学图书馆　海南大学图书馆　海南师范大学图书馆

评论：面对现代化："心的变换"——台湾女诗人诗风景探幽，第 346 页

未见图书（2354— 2406）

海外中文图书（2354—2379）

2354. 半流质的太阳 / 幼狮文化公司，1994

2355. 宝岛颂 / 台湾省新闻处，1968

2356. 当代诗人情诗选 / 王牌主编. -- 台北：濂美出版社，1976

2357. 当代中国名作家选集 /［不详］，文光图书公司印行，1959

2358. 当代中国新文学大系 / 当代中国新文学大系编辑委员会. -- 台北：天视出版公司，1980

2359. 儿童文学诗歌选集 / 幼狮文化事业公司，1989

2360. 二十世纪中国现代诗大展 / 沙灵编. -- 台湾：大升出版社，1976

2361. 海是地球的第一个名字：中国现代海洋诗选 / 林耀德编. -- 台北：号角出版社，1987

2362. 海外诗笺 / "中央日报社"出版，1987

2363. 己酉端午诗集 / 台北市文献委员会，1969

2364. 镜头中的新诗 / 汉光文化公司，1987

2365. 可爱小诗选 / 尔雅出版社，1997

2366. 两岸书声 / 王鼎钧著，尔雅出版社，1990

2367. 葡萄园卅周年诗选 / 文史哲出版社，1992

2368. 葡萄园诗选 / 自强出版社，1982

2369. 抒情传说：联副卅年文学大系诗卷 / 联合报出版，1981

2370. 现代名诗品赏集 / 萧萧编 . -- 台北：联亚出版社，1979

2371. 现代女诗人选集：一九五二—二〇一一：新编 / 张默编 . -- 台北：尔雅出版社有限公司，2011

2372. 诗选 / 洛夫编撰 . -- 台北：仙人掌出版社，1971

2373. 中国当代新诗大展：1970—1979/ 萧萧，陈宁贵，向阳编选 . -- 台北：德华，1981

2374. 中国古今名诗三百首 / 高准主编 . -- 华冈出版社，1973 年

2375. 中国文学大辞典 . 第 3 卷 / 天津人民出版社，百川书局出版部主编 . -- 台北：百川书局，1994

2376. 中国现代文学的回顾 / 丘为君，陈连顺编 . -- 台北：龙田出版社，1978

2377. 中国现代文学年选：文学史料 / 中国现代文学年选编辑委员会编 . -- 台北：巨人出版社，1976

2378. 中国新诗选 / 绿蒂主编 . -- 台北：长歌出版社，1970

2379. "中华民国" 出版年鉴 / 中国出版公司编 . -- 台北：中国出版公司，1977

英文版（2380—2393）

2380. 当代中国诗人评论集 =Essays On Comtemporary Chinese Poetry/ 林明辉博士 Dr.Julia C. Lin 著，1985

2381. 当代中国文学选集 =An Anthology Of Contemporary Chinese Poetry/ 台湾编译馆编译，1975

2382. 廿世纪中国女诗人诗选集 /（美）林明晖编译 . -- 纽约：M.E.Sharpe INC，2009.

2383. 世界诗人辞典 =International Who's Who In Poetry/ 伦敦剑桥国际传记中心选编，1970

2384. 台湾现代诗选 =Modern Chinese Poetry From Taiwan/ 张错编译，1985

2385. 台湾现代诗选集 =Mordern Verse From Taiwan/ 荣之颖编译，美国加州大学出版社，1972

2386. 夏照——中国当代诗选 =Summer Glory Contemporary Chinese Poetry/ 殷张兰熙编译，台湾笔会，1982

2387. 亚洲新声 =VOICE OF MORDEN ASIA/ 美国图书出版公司，1971

2388. 一九九〇年世界诗选 =World Poetry 1990/Dr.Krishna Srinivas 主编，印度出版，1990

2389. 一九九二文学的奥林匹亚选集——国际诗选 =Literary Olympians 1992-An International Anthology/Elizabeth Barllett 主编，美国波斯顿出版社 Ford-Brown & Co.1992

2390. 中国女诗人选集——兰舟 =The Orehid Boatwomen Poets Of China/ 王红公，钟玲合译 . 美国 McGraw.Hill Book Company 出版，1972

2391. 中国现代诗选（Anthology of Mordern Chinese Poetry）/ 奚密编译，美国耶鲁大学出版社，1992

2392. 中国现代文学选集 =An Anthology of Contemporary Chinese Literature/ 台湾编译馆，1975

2393. 中国新诗集锦 =New Chinese Poetry/ 余光中编译，台北 Heritage Press，1960

法文版（2394）

2394. 中国当代新诗选集 =La Poesie Chinoise Contemporaine/ 胡品清编译，1962

日文版（2395—2396）

2395. 华丽岛诗诗集 · "中华民国"现代诗选 / 笠编委会企划编辑，日本东京若树书房，1971

2396. 台湾诗选 / 日本土曜美术社，1986

韩文版（2397—2403）

2397. 二十世纪世界诗选 /（韩）李昌培编译

2398. 湖西文学：中国现代代表诗人五人选 / 湖西文学会编著，韩国湖西文化社，1987

2399. 廿世纪诗选 /（韩）李昌培，尹永春编译，韩国乙酉文化出版社，1971

2400. 现代中国文学史 /（韩）尹永春编，韩国瑞文堂出版，1974

2401. 亚洲现代诗集 / 亚洲现代诗编委会，Dong Hwa Publishing Co. 出版，1984

2402. 中国文学史 /（韩）尹永春编，韩国汉城白映社，1965

2403. 中国现代诗选 /（韩）许世旭编译，韩国乙酉文化出版社，1976

塞尔维亚文版（2404—2405）

2404. 环球女诗人之声 /Ajsa Zahirovie 主编，Ivo Soljan 译 . -- 南斯拉夫出版，1991

2405. 中国诗选 / 张香华主编；普舍奇译 . -- 南国 Filip Visnjic，Beograd 出版，1994.

罗马尼亚文版（2406）

2406. 当代中国诗选集 / 张香华主编，杜山拜士奇（Dusan Baiaki）译 . -- 罗马尼亚出版，1996

蓉子自选诗十首

（蓉子选于 2011 年）

青 鸟

从久远的年代里——
　　人类就追寻青鸟，
青鸟，你在哪里？

青年人说：
　　青鸟在丘比特的箭镞上。
中年人说：
　　青鸟伴随着"玛门"。
老年人说：
　　别忘了，青鸟是有着一对

会飞的翅膀啊……

1950 年

一朵青莲

有一种低低的回响也成过往　仰瞻
只有沉寒的星光　照亮天边
有一朵青莲　在水之田
在星月之下独自思吟。

可观赏的是本体
可传诵的是芬美　一朵青莲

有一种月色的朦胧　有一种星沉荷池的古典
越过这儿那儿的潮湿和泥泞而如此馨美！

幽思辽阔　面纱面纱
陌生而不能相望
影中有形　水中有影
一朵静观天宇而不事喧嚷的莲。

紫色向晚　向夕阳的长窗
尽管荷盖上承满了水珠　但你从不哭泣
仍旧有蓊郁的青翠　仍旧有妍婉的红焰
从澹澹的寒波　擎起。

1968 年

维纳丽莎组曲

（一）维纳丽莎
维纳丽莎
你不是一株喧哗的树
不需用彩带装饰自己。

你静静地走着
让浮动的眼神将你遗落
因你不需在炫耀和烘托里完成
——你完成自己于无边的寂静之中。

（二）亲爱的维纳丽莎
亲爱的维纳丽莎
已经是正午了
当日光像滑梯缓缓倾斜……

怀想年少的裙裾　青春的步容
扬起在绿色的国度
在岁月的那边。

维纳丽莎
此刻竟长伴扰攘、喧嚣
任欢悦和光华在烦琐里剥落！

（三）肖像
过往的维纳丽莎
是一朵雏菊　似有若无地金黄
浸溢在晨初醒的清流之中
没有任何藻饰的原始的浑朴的雏菊

春天的维纳丽莎
是一簇凤仙花　父亲庭园内
多彩变异的凤仙花　在肃穆的钟架旁

而夏日有喧闹
黄昏有檀香木的气息
你在雏菊与檀香木之间打着秋千
在过往与未来间缓缓地形成自己

1986 年

伞

鸟翅初扑
幅幅相连　以蝙蝠弧形的双翼
连成一个无懈可击的圆

一把绿色小伞是一顶荷盖
红色朝暾　黑色晚云
各种颜色的伞是载花的树
而且能够行走……

一柄顶天
顶着艳阳　顶着雨
顶着单纯儿歌的透明音符
自在自适的小小世界

一伞在握　开阖自如
阖则为竿为杖　开则为花为亭
亭中藏一个宁静的我

1975 年

我的妆镜是一只弓背的猫

我的妆镜是一只弓背的猫
不住地变换它的眼瞳
致令我的形像变异如水流

一只弓背的猫　一只无语的猫
一只寂寞的猫　我的妆镜
睁圆惊异的眼是一镜不醒的梦
波动在其间的是
时间？　是光辉？　是忧愁？

我的妆镜是一只命运的猫
如限制的脸容　锁我的丰美于
它的单调　我的静淑

于它的粗糙　步态遂倦慵了
慵困如长夏!

舍弃它有韵律的步履　在此困居
我的妆镜是一只蹲居的猫
我的猫是一迷离的梦　无光　无影
也从未正确的反映我形像。

1964 年

碎镜

谁知我们能登陆明天——
明天与明天　是丛生在我们航线上的
一些不知名的岛群!

哦! 从碎裂的宁静里:
有多光散光的投影? 有多少烦琐的分尸!
有多少海在域内、溺毙了颜色和形像?

(从满坛杂色的鸡尾酒
我如何能一掬醇芬!)

总是零　总是负数
总是逆风而行
且不住地死亡
这种持续的死、使我衰弱!

日子是跛脚的
因在不甚透明的夜里
我不悉你的笑容属于那一种花卉

我仅知我丢失了　啊！太多
每当风声走过
就落下很多尘的波影　很多梦的虚幻！

1960 年

夏，在雨中

纵我心中有雨滴　夏却茂密　在雨中
每一次雨后更清冷　枝条润泽而青翠
夏就如此地伸苗枝叶　铺展藤蔓　垂下浓荫
等待着花季来临　纵我心中有雨滴

如此茂密的夏的翠枝
一天天迅快地伸长　我多么渴望晴朗
但每一次雨打纱窗　我心发出预知的回响
就感知青青的繁茂又添加

心形的叶子阔如手掌
须藤缱绻　百花垂庇　在我南窗
啊、他们说：夏真该有光耀的晴朗
我也曾如此渴望

但我常有雨滴　在子夜　在心中
那被踩响了的寂寞
系一种纯净的雨的音响——
哦、我的夏在雨中　丰美而凄凉！

1963 年

[注] 此诗由名作曲家韩正浩谱曲，多次演出。

看你名字的繁卉

讶异于一粒幽渺落在泥土　垂实成穗
看你名字的繁卉!

倘若你能窥知。

假如你偶然地闲步来此
你就听见温柔的风中正充满
你的名字的回音⋯⋯

从春到夏每一梦魇
都有你名字静美的回馨
从二月的水仙到川流的六月莲菱

在绿荫深处　在丁香垂挂
不为什么地芬芳，不为结果
不为什么地叮叮当当

真的，缘何遍处皆有
你名字叮当的繁响　在晨与暮
以片片绿叶交互的窣窣
如此闪耀在露珠和星辉之间
如此地走过紫色的繁花!

1964 年

我们的城不再飞花

我们的城不再飞花　在三月

到处蹲踞着那庞然建筑物的兽——
沙漠中的司芬克斯　以嘲讽的眼神窥你
而市虎成群地呼啸
自晨迄暮

自晨迄暮
煤烟的雨　市声的雷
齿轮与齿轮的龃龉
机器与机器的倾轧
时间片片碎裂　生命刻刻消褪……

入夜，我们的城像一枚有毒的大蜘蛛
张开它闪漾的诱惑的网子
网行人的脚步
网心的寂寞
夜的空无

我常在无梦的夜原上寂坐
看夜底的都市　像
一枚硕大无朋的水钻扣花
正陈列在委托行的玻璃橱窗里
高价待沽

1964 年

诗

从鸟翼到鸟
从风到树 从影至形
———颗种子从泥土出生的路径与变化

我们的缪斯有阳光的颜色
水的丰神 花的芬芳以及
钟的无际回响

"伐柯 伐柯 其则不远"
而盛藻如纸花 规条是冷链
倘生命不具　妙蒂不语

若我是翼我就是飞翔　是涟漪就是湖水
是波澜就是海洋
是连续的蹄痕就是路径

从一点引发作永不中止的跋涉
涉千山万水 向您展示
无边的视域与诸多的光影

1968 年

第三章　罗门蓉子研究书目提要

"灯屋"里的诗人

罗门和蓉子因诗相识，因诗相爱，以台湾诗人云集的诗歌盛宴形式走进婚姻的圣殿。1955年4月14日星期四下午四时，在中国台北中山路一座古雅的老教堂，罗门和蓉子举行了别开生面的婚礼，婚宴上台湾诗人们以诗歌朗诵的形式为这对诗人伉俪祝福，著名诗人纪弦朗诵了罗门的诗作《加力布露斯》，另外，彭邦桢、上官予、谢青也朗诵了诗作。覃子豪主编的《公论报·蓝星诗刊》以全版刊登了所有贺诗及他诚挚的贺词，并以"中国诗坛的白（勃）朗宁夫妇"盛赞罗门和蓉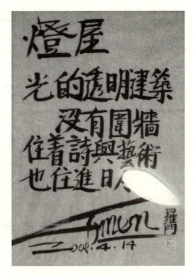子，这是台湾诗坛先辈首次送给罗门、蓉子诗坛"白（勃）朗宁夫妇"的预言，至今时光过了一甲子（60年），罗门和蓉子在诗歌领域的创作，从时间、数量、创作视野上都堪比英国诗人勃朗宁夫妇，他们是诗国的巨人，诗歌天空上的日月双星。

罗门和蓉子这对诗歌王国里的伉俪诗人，家庭生活充满了诗歌和艺术的气息，被世人羡慕，誉为"灯屋"里的神仙眷侣。他们在台北的住处"灯屋"曾是"蓝星诗社"办理社务的地点，罗门又用灯光和废弃物以及艺术构思将其装置成了灯、光与诗的世界——"灯屋"。屋内布置着诗、画及各种富有装置艺术的灯，常有文艺界朋友、诗歌爱好者到"灯屋"造访，与罗门和蓉子谈论诗歌艺术、装置艺术、朗诵诗作。在罗门的家乡海南省，罗门和蓉子也在省会海口市设立了"图像灯屋"，室内悬挂着台北灯屋的巨幅照片、收藏罗门和蓉子的诗集、文集、诗文选集以及他们的手稿、从事诗歌活动的图片，"图像灯屋"成了罗门、蓉子在大陆传播诗歌艺术的驿站。

1995 年，在罗门和蓉子结婚 40 周年之际，台湾文史哲出版社为罗门和蓉子出版了"罗门蓉子系列图书"（12 册），中国社会科学出版社出版了《罗门、蓉子文学创作系列》（8 册），分别在台湾和北京举办发布会，与会的著名学者、诗人对罗门、蓉子夫妇的创作世界给予了高度评价，见证了罗门和蓉子夫妇 40 年诗缘、情缘结下的丰硕成果。

2010 年罗门的终端作品《我的诗国》出版。罗门设想的"诗国"是一件诗与艺术的造型作品，是他诗歌和诗歌理论的实体空间，他设想"灯屋"是"诗国"虚拟的航站，设想"灯屋"与"图像灯屋"是"诗国"的第二层展示空间。2010 年 12 月 20 日，在北京师范大学中国当代新诗研究中心主办的"台湾著名诗人罗门先生新著《我的诗国》发布会暨'诗国与第三自然'专题演讲"会上，学者高度评价了罗门、蓉子的诗歌成就和罗门以装置艺术建设"诗国"的做法，认为罗门诗歌已从文本的诗走向人生的诗，从狭义的诗走向广义的诗。

新诗合集（3001—3007）

3001. 蓝星 1971［海外中文图书］/ 罗门，蓉子主编 . -- 台北：林白出版社，1971. --133 页，21cm. --TWD15.00　海南省图书馆

《蓝星》是罗门和蓉子所在的诗歌创作团体蓝星诗社的社刊，罗门和蓉子也曾主编《蓝星一九六四》。《蓝星 1971》是罗门和蓉子又一次主办的《蓝星》年刊，命名曰"诗的博览会"，汇集了年度诗坛上羊令野、辛郁、张健、彭邦桢、大荒、管管、碧果、罗青、萧萧、苏绍连、彩羽、景昕、施继善、林焕彰、翱翔、蓉子、罗门等诗人独具风格的诗歌作品，并收录了罗门、萧萧、陈慧桦等人的诗论文章，有萧萧的《论罗门的意象世界》，陈慧桦的《论罗门的技

巧》、林绿翻译的《单调的回响——论艾略特的诗》、张默的《无题之秋（赠
罗门、蓉子伉俪）》等。

收录罗门诗论三篇。《从批评过程中看读者批评者与作者》分两部分：一
是《关于我的〈麦坚利堡〉》，二是《关于我从散文与论文中架起的批判世界》，
再次就《麦坚利堡》与批评者进行了探讨。

选取作品：罗门，天空外五首，第 87 页；海边别墅，第 89 页；车祸，第
90 页；斑马线上，第 90 页；过了站的乘客，第 91 页；礼拜堂内外，第 91 页

罗门手书：受击的太阳——献给负伤的诗神

罗门诗话两则：从诗中挥洒出去的意象……，扉页、"现代"两字深一层
的意义……，封底

罗门评论：从批评过程中看读者批评者与作者，第 92 页；诗的预言，第
121 页；诗人与艺术家内在生命定期体检，第 128 页

选取作品：蓉子，众树歌唱、城内城外，第 85 页；四月之镜，第 86 页

3002.［罗门蓉子系列图书］［海外中文图书］/罗门，蓉子著 . -- 台北：
文史哲出版社，1995. --12 册：TWD2980.00

1995 年 5 月为纪念罗门和蓉子结婚 40 周年，由林耀德策划，台湾文史哲
出版社耗资百万为罗门、蓉子出版了系列图书 12 册，含《罗门创作大系》（10
册），蓉子诗作精选 1 册，论蓉子图书 1 册。海南大学文学院唐玲玲教授说："这
12 本书在他们结婚 40 周年之际获得出版，不仅别具意义，更见证他们共同生
活 40 年，在创作中共同努力的鹣鲽之情。"台湾文建会协办、台湾青协举办
了"罗门蓉子系列丛书出版发表会"，会上余光中对罗门和蓉子坚持诗歌创作
给予了高度评价。

著录题名［罗门蓉子系列图书］系编者根据这 12 册图书被文学界评论情
况，结合编目需要自拟。

3002. 1. 罗门创作大系［海外中文图书］/罗门著 . -- 台北：文史哲出版社，
1995. --10 册：TWD2220.00

罗门将诗作、诗论、装置艺术、生活空间分类整理成 10 卷（册）出版，
将著名诗作《麦坚利堡》和相关评论文章编成《〈麦坚利堡〉特辑》，将诗作
按主题编为《战争诗》《都市诗》《自然诗》《自我·时空·死亡诗》《题外诗》
《素描与抒情诗》六卷，将她和蓉子居住的灯屋生活影像以及关于灯屋的评介

汇集成《灯屋·生活影像》。

总序"我的诗观与创作历程",介绍了罗门的诗歌创作心理历程、第三自然理论和语言活动空间,是研究罗门及其诗歌创作的重要论文。罗门在序言中说:"我这十本书,不只是献给我敬爱的妻子——王蓉芷,更是献给我敬爱的女诗人——蓉子"。"罗门创作大系"的出版,彰显了罗门对诗歌宗教般的情怀,展现了罗门在诗歌、哲学、艺术的批评乃至室内造型设计方面的长久经营,为学者从事罗门研究提供了便利。

3002.1.1. 战争诗 [海外中文图书] / 罗门著 . --183 页;21cm. --ISBN 957–547–941–6:TWD180.00　国家图书馆　海南省图书馆　海南大学图书馆　台湾交通大学图书馆

3002.1.2. 都市诗 [海外中文图书] / 罗门著 . --276 页;21cm. --ISBN 957–547–942–4:TWD240.00　国家图书馆　海南省图书馆　海南大学图书馆　台湾交通大学图书馆

3002.1.3. 自然诗 [海外中文图书] / 罗门著 . --192 页;21cm. --ISBN 957–547–943–2:TWD180.00　国家图书馆　海南省图书馆　海南大学图书馆　台湾交通大学图书馆

3002.1.4. 自我 . 时空 . 死亡诗 [海外中文图书] / 罗门著 . --178 页;21cm. --ISBN 957–547–944–0:TWD180.00　海南省图书馆

3002.1.5. 素描与抒情诗 [海外中文图书] / 罗门著 . --180 页;21cm. --ISBN 957–547–945–9:TWD180.00　国家图书馆　海南省图书馆　海南大学图书馆　台湾交通大学图书馆

3002.1.6. 题外诗 [海外中文图书] / 罗门著 . --166 页;21cm. --ISBN 957–547–946–7:TWD180.00　国家图书馆　海南省图书馆　海南大学图书馆　台湾交通大学图书馆

3002.1.7.《麦坚利堡》特辑 [海外中文图书] / 罗门著 . --183 页:照片;21cm. --ISBN 957–547–947–5:TWD200.00　国家图书馆　海南省图书馆　海南大学图书馆　台湾交通大学图书馆

著名诗歌评论家谢冕说:"在没有认识罗门之前,我认识了他的《麦坚利堡》,那时可以读到的作品不多,但我被他这首诗所震撼。语言的突兀自由,现代的节奏,特别是意象的苍茫所传达的悲凉的氛围。我认定这是一位重要的诗人。"诗歌《麦坚利堡》发表于 1962 年(《我的诗国》里出现 1961 和 1965 年的字样,应为笔误),是罗门的代表作之一,是他创作历程上从浪漫情绪走向知性思索的分水岭,诗人将"生命"和"艺术"投影在"真实"的惊视过程,以凝练的诗思,描述了战争所引发的悲剧性与人道精神对视的困境,表达了人类面对由战争构成的"血"与"伟大"心灵上引起的肃穆与窒息。1966 年诗人余光中将其翻译成英文。1967 年(《罗门精品》第 211 页误写作"1966")该诗被国际诗人协会(UPLI)誉为世界伟大之作,获得菲律宾总统金牌奖。

该书收录了诗歌《麦坚利堡》及其英、德、日、韩译文,汇集了评论家对《麦坚利堡》的欣赏,和罗门创作的思考,附录《〈麦坚利堡〉诗重要记事》,反映了该诗的创作背景及其产生的文学影响,对研究现代文学史、新诗史以及罗门研究都有重要参考价值。1990 年 8 月宝像文化公司公共电视拍摄小组由罗门陪同,专程飞往菲律宾马尼拉"麦坚利堡"现场,制作罗门诗歌《麦坚利堡》电视专辑,后在公共电视节目中播出。

3002.1.8. 罗门论文集 [海外中文图书] / 罗门著 . --295 页; 21cm. --ISBN 957-547-948-3: TWD280.00 国家图书馆 海南省图书馆 海南大学图书馆 福建省图书馆

3002.1.9. 论视觉艺术 [海外中文图书] / 罗门著 . --232 页; 21cm. --ISBN 957-547-949-1: TWD240.00 国家图书馆 海南省图书馆 海南大学图书馆 福建师范大学图书馆

3002.1.10. 灯屋·生活影像 [海外中文图书] / 罗门编著 . --167 页: 图,像; 21cm. --ISBN 957-547-950-5: TWD360.00 国家图书馆 海南省图书馆 海南大学图书馆

灯屋,是诗人罗门和蓉子在台湾的住所,是罗门利用废弃物,以"第三自然螺旋型架构"艺术理念创造的诗化艺文生活造型空间。1955 年开始建造,1973 年在台北市泰顺街新址进一步拓展成为小型的"装置艺术博物馆"。罗门透过"装置艺术""环境艺术""贫穷艺术"等艺术观念建构了具有人文精神与后现代风格的光、影、灯的造型艺术,具有原创、独创、前卫、尖端、终极、多向度与总体性的思维倾向,具体呈现了"第三自然螺旋型架构世界"的艺术美学理念,灯屋是最早在台湾出现的后现代装置艺术空间作品,较西方装置

艺术流入台湾早 30 年，罗门因此被视为台湾装置艺术第一人。有"台湾阿波里奈尔"之称。

灯屋，也是地球上以废弃物所造的最美的住家之一，是国内外文学人士、著名诗人及诗歌爱好者到台湾必须造访的诗、光、艺术交融的艺文活动场所。据不完全统计，截止到 2010 年，有 30 多种著名艺文杂志，10 多种报纸、3 家电视台进行过专题报道。2008 年 4 月 14 日，罗门和蓉子在海南省海口市建立了"图像灯屋"。

3002.2.［蓉子创作大系］［海外中文图书］/ 蓉子著 . -- 台北：文史哲出版社，1995. --2 册：TWD760.00

蓉子是台湾光复（抗战胜利）后现代诗坛第一位女诗人，蓝星诗社的发起人之一，现代诗的代表性人物，也是著名诗人罗门之妻，罗门诗歌创作的引路人。蓉子创作世界的文学体裁有诗歌、散文、儿童诗、影视插曲和翻译作品等。"我是一棵独立的树而不是藤萝"，蓉子的诗句，道出了她诗歌中蕴含的独立意识。余光中形容说："中国古典女子的娴静含蓄，职业妇女的繁忙，家庭主妇的责任感，加上日趋尖锐的现代诗的敏感，此四者加起来，形成了女诗人蓉子。"

蓉子的多数诗歌，从情韵，气质，语言，节奏，都富有中国古典、宁静、温和、恬淡之美，她把现代生活的色彩、音响、节奏和现代人的思想感情融入诗的意象和境界，向读者呈现一个意境悠远、温馨宁静，充满正义与人性的诗歌世界，即使是那些坚强女性自我写照诗作，也似静水深流，坚定稳健。

女诗人蓉子有众多称号："永远的青鸟""不凋的青莲""开得最久的菊花""一座华美的永恒"等，她写青春，写城市，写自然，写生命，写时间，写乡愁，并以这六部分题材组成了她诗歌世界的美的奏鸣曲。

因蓉子文献与《罗门创作大系》同时由台湾文史哲出版社出版，且是两位诗人结婚 40 周年的纪念性图书，故自拟题名为［蓉子创作大系］，与《罗门创作大系》对应。

［蓉子创作］大系，精选蓉子长短诗 115 首，成《千曲之声》；汇集海峡两岸著名评论家对蓉子及其诗歌、诗集的评价，成《永远的青鸟》，和罗门的 10 册专题诗文集同时出版。

3002.2.1. 千曲之声［海外中文图书］：蓉子诗作精选 / 蓉子著 . -- 台北：

文史哲出版社，1995. --300 页；21cm. --（文学丛刊；52）. --ISBN 957-547-939-4：TWD280.00　国家图书馆　海南省图书馆　海南大学图书馆　台湾交通大学图书馆

3002.2.2. 永远的青鸟［海外中文图书］：蓉子诗作评论集 / 萧萧主编. -- 台北：文史哲出版社，1995. --577 页；21cm. --ISBN 957-547-940-8：TWD480.00　国家图书馆　海南省图书馆　海南大学图书馆

3003. 罗门、蓉子文学创作系列 / 罗门，蓉子著. -- 北京：中国社会科学出版社，1995. --8 册；20cm. --CNY93.00　国家图书馆　海南省图书馆　海南大学图书馆　福建省图书馆　台湾交通大学图书馆

中国社会科学出版社是出版社会科学高端学术专著的出版社，1995 年首次破例为罗门和蓉子出版了文学作品——"罗门、蓉子文学创作系列"图书，共八册，罗门系列有罗门的长诗选、短诗选和论文集三种，蓉子系列有蓉子的诗选和散文选两种，每人的系列又分别附海内外著名评论家对他们评论的汇编——《罗门论》和《蓉子论》，反映了文学界对罗门和蓉子的诗品、文品、人品的高度赞誉，可视作罗门和蓉子各自系列的跋语。丛书中另有一册是海南大学文学院教授周伟民、唐玲玲夫妇撰写的《日月的双轨》，像是为罗门和蓉子两人的系列图书撰写的总序，书中对罗门和蓉子创作世界进行了全方位的研读，通过对诗人的创作历程、艺术成就、艺术观念、风格特点、文坛评价以及创作成果的全方位评介，阐述了罗门和蓉子在现代文学中的价值和地位。

1995 年 12 月北京大学中文系文学研究所、清华大学中文系、海南大学、中国艺术研究院文化研究所、中国社会科学出版社、《诗探索》编辑部与《海南日报》社等单位共同在北京大学召开"罗门、蓉子文学创作系列"发表会，这是北京大学首次召开个别作家创作讨论会，会后罗门、蓉子在北京大学中文系公开演讲并接受专访。

3003. 1. 罗门短诗选 / 罗门著. --249 页；20cm. --ISBN 7-5004-1656-3：CNY11.00

3003. 2. 罗门长诗选 / 罗门著. --227 页；20cm. --ISBN 7-5004-1655-5：CNY10.00

3003. 3. 罗门论文集 / 罗门著. --401 页；20cm. --ISBN 7-5004-1658-X：

CNY14.OO

　　3003. 4. 罗门论 / 蔡源煌［等］著 . --430 页；20cm. --ISBN 7-5004-1657-1：CNY14.00

　　3003. 5. 蓉子诗选 / 蓉子著 . --13，246 页；20cm. --ISBN 7-5004-1660-1：CNY11.00

　　3003. 6. 蓉子散文选 / 蓉子著 . --224 页；20cm. --ISBN 7-5004-1661-X：CNY10.00

　　3003. 7. 蓉子论 / 余光中［等］著 . --239 页；20cm. --ISBN 7-5004-1662-8：CNY10.00

　　3003. 8. 日月的双轨：罗门、蓉子创作世界评介 / 周伟民，唐玲玲著 . --394 页；20cm. --ISBN7-5004-1659-8：CNY13.00

　　3004. 罗门蓉子短诗精选［海外中文图书］/ 罗门，蓉子著 . -- 台北：殿堂出版社，1988. --189 页：像；21cm. --TWD120.00　海南师范大学图书馆　台湾成功大学图书馆

　　这本诗歌集分"罗门短诗精选"和"蓉子短诗精选"两个部分，收录了罗门和蓉子从 50 年代到 70 年代所写的 73 首短诗，其中有"罗门短诗精选"42 首，"蓉子短诗精选"31 首。书前附有"罗门、蓉子诗生活中的部分影响"共 36 张照片和 6 首诗，《前言》由罗门撰写，书后附有罗门和蓉子的简介。

　　《蓉子短诗精选》选取了蓉子的《为什么向我索取形象》《梦里的四月》《古典留我》等诗作，从中可以感知蓉子诗作的宁静典雅及其对真善美的追求。

　　3005. 罗门蓉子短诗精选［海外中文图书］/ 罗门，蓉子著 . -- 台北：殿堂出版社，1990. --189 页；［不详］. --TWD90.00　台湾交通大学图书馆

　　3006. 太阳与月亮：罗门蓉子诗精选 / 罗门，蓉子编著 . -- 广州：花城出版社，1992. --241 页；19cm. --ISBN 7-5360-1089-3：CNY3.35　国家图书馆　广东省立中山图书馆　深圳图书馆　四川省图书馆　南京大学图书馆

　　罗门和蓉子是享誉世界诗坛的杰出文学伉俪，罗门的诗歌世界丰富诡异、浩瀚神奇、富有奇思和幻想，着重于人的心灵世界的探索，富有现代性。蓉子的诗歌纯真、诚挚、柔美、淡雅，具有古典美。罗门和蓉子都具有穿越"古代"与"现代"的文化功力，他们的诗歌宛如诗歌天空中的太阳与月亮。罗

门的诗风宛如太阳之光，富有阳刚之气，大气磅礴，联想丰富，具有力的震撼。蓉子的诗风，宛如月亮之光，温润柔和，宁静自然，洋溢着柔和恬淡的气息。人们用"日月"来形容他们的诗歌风格，也用"日月"来形容他们的诗歌成就。

3007. Sun and Moon Collection/Selected Poems of Lomen and Yungtze；Translated by Angela Jung Palandri. --Taipei: Mei Ya Publications，c1968. --xvi，85 p.；23 cm. --[不详]　海南省图书馆

该书是罗门第四部诗集，与蓉子合著。是一本中英文对照诗集，中文题名是《日月集》。

评论合集（3008—3022）

专论（3008—3015）

3008. 从诗想走过来［海外中文图书］：论罗门蓉子 / 张肇祺著 . -- 台北：文史哲出版社，1997. --107 页；21cm. --ISBN 957-549-097-5：TWD160.00
国家图书馆　台湾交通大学图书馆　清华大学图书馆　海南省图书馆　海南大学图书馆

该书是台湾中国文化大学哲学系与哲学研究所兼任教授张肇祺对罗门和蓉子诗作的哲学与美学思考。全书分四部分，第一部分海峡两岸举行——罗门蓉子系列著作研讨会，引用了 1996 年 1 月 25 日暨南大学《华夏诗报》对两岸诗人、评论家、艺术家、美学家参加罗门、蓉子系列著作研讨会的报道，汇集了与会人士对罗门和蓉子的评价。第二部分海内外"诗——文学——艺术——哲学——科学"中的人物看：罗门蓉子——的诗，主要介绍了林耀德、周伯乃、蔡源煌、张汉良、萧萧、陈瑞山、季红、陈宁贵、张默、杨牧、林绿、王一桃、钟玲等人对罗门和蓉子诗歌的评论。第三部分我看——罗门蓉子的：诗，第四部分一束——深深的："心语"——走着的诗，从美学、艺术哲学、哲学、诗、文学、艺术、科学、宗教、道德诸方面，用哲学、科学、艺术、宗教的语言，对罗门和蓉子的诗作进行了审美评析。书后附录文史哲出版社

社长彭正雄在 1997 年 9 月 5 日回顾了该社为罗门和蓉子出版 20 本书后的感想：每次我伏案编阅的时候，我心中总有一份欣悦的感觉，因为我心里想到读者也将和我一样，可以分享罗门、蓉子的成就，诗坛也将呈现一片美丽的天空。其实，中国现代诗坛出现不过百年，今天能够产生像罗门伉俪这样高的文化成就，真是很值得中国人骄傲。对于张肇祺教授身患癌症，依然能坚持为罗门和蓉子完成此书，罗门和蓉子撰写了《我们的感言——此书是张肇祺教授他在癌症末期写的》附后，表达了他们对张肇祺教授的感谢和敬重。

3009. 从诗中走过来［海外中文图书］：论罗门蓉子／谢冕［等］著；文史哲出版社编辑部编 . -- 台北：文史哲出版社，1997. --462 页：图，彩图版；21cm. --ISBN 957-549-095-9：TWD480.00　国家图书馆　海南省图书馆　海南大学图书馆　台湾交通大学图书馆

该书收录谢冕、潘丽珠、邵燕祥、周伟民、唐玲玲等学者评论罗门和蓉子的文学评论，其中论罗门 20 篇，论蓉子 10 篇，合评 6 篇，其他重要论文 12 篇，并附有罗门和蓉子重要艺文活动资料图片。

3010. 灯屋：罗门和蓉子的家［海外影音资料］／王璞拍摄 . --［不详］：2000. --1 张数位激光视盘：有声，彩色；$4\frac{3}{4}$ 吋 . --［不详］

3011. 罗门蓉子文学世界学术研讨会论文集［海外中文图书］／周伟民，唐玲玲主编 . -- 台北：文史哲出版社，1994. --477 页：图，照片；21cm. --ISBN 957-547-861-4：TWD400.00　国家图书馆　海南省图书馆　交通大学图书馆

周伟民、唐玲玲，海南大学教授，海南文史界著名学者。1993 年 8 月海南大学、海南日报社联袂主办的"罗门、蓉子的文学世界"学术研讨会，来自美国、台湾、香港、新加坡、马来西亚、北京、上海、南京、厦门、广州、武汉、四川、安徽、河南等地的 50 多位学者和诗人参加了研讨。该书汇集了参会作者的研究论文 30 多篇，收录了周伟民的《罗门、蓉子的文学世界对世界文学的启示》及罗门和蓉子发表的诗观，附录了会议材料和部分照片，1995 年四川文艺出版社以《诗坛双星座：罗门、蓉子"文学世界"学术研讨会论文集》为题名出版大陆版。

3012. 日月的双轨［海外中文图书］：罗门蓉子创作世界评介／周伟民，唐玲玲著 . -- 台北：文史哲出版社，1991. --471 页：图；21cm. --（文学丛刊；36）. --ISBN 957-547-032-X：TWD300.00　国家图书馆　北京大学图书

馆　台湾交通大学图书馆

　　周伟民、唐玲玲，海南大学文学院教授夫妻，海南文史界知名学者。该书是作者迁居海南的第一部专著，作者以太阳和月亮比喻台湾著名诗人罗门和蓉子夫妇，书中以日部评价罗门，月部评价蓉子，从人品、诗品和艺术观等角度全面展现罗门和蓉子的不同诗风，是全面研究罗门和蓉子的重要参考书。

　　3013. 日月的双轨：罗门、蓉子创作世界评介 / 周伟民，唐玲玲著 . -- 北京：中国社会科学出版社，1995. --394 页；20cm. --（罗门、蓉子文学创作系列）. --ISBN 7-5004-1659-8：CNY13.00　国家图书馆　北京大学图书馆　海南省图书馆　海南大学图书馆　深圳图书馆　台湾交通大学图书馆

　　该书是周伟民、唐玲玲学者夫妇研究罗门和蓉子诗人夫妇的专著，是罗门、蓉子文学创作系列重要组成部分。作者以系统的、比较的、新批评的、阐释的方法，将诗学理论与作品研读结合起来，并将罗门和蓉子置身于古今文明、中西文明的背景下，从诗人的创作历程、艺术成就、艺术观点、风格特点及文坛评论等方面，对罗门和蓉子进行了全面而准确的评价。该版本是1991 年台湾文史哲出版社的修订本。

　　3014. 诗坛双星座：罗门蓉子"文学世界"学术研讨会论文集 / 周伟民，唐玲玲主编 . -- 成都：四川文艺出版社，1995. --426 页：彩图；21cm. --ISBN 7-5411-1270-4：CNY15.00　国家图书馆　海南省图书馆　海南大学图书馆　台湾交通大学图书馆

　　该书汇集了 1993 年 8 月海南大学、海南日报社联袂主办的"罗门、蓉子的文学世界"学术研讨会的 30 多篇，收录了周伟民的《罗门、蓉子的文学世界对世界文学的启示》及罗门和蓉子发表的诗观，附录了会议材料和会议照片。1994 年台湾文史哲出版社以《罗门蓉子文学世界学术研讨会论文集》为题名出版。1995 年四川文艺出版社出版时周伟民和唐玲玲教授做了进一步增订。

　　3015. 燕园诗旅：罗门 蓉子诗歌艺术论 / 谢冕，白桦，周伟民主编 . -- 武汉：长江文艺出版社，2000. --398 页：彩图；21cm. --ISBN 7-5354-1853-8：CNY19.00　台湾交通大学图书馆　广东省立中山图书馆　海南省图书馆　海南大学图书馆　海南师范大学图书馆

　　1995 年 12 月"罗门、蓉子文学创作座谈会暨《罗门、蓉子文学创作系列》推介礼"学术活动是海峡两岸一次高层次的文学对话，由谢冕教授主持，

由北京大学中国语言文学研究所、海南大学、海南日报社、中国社会科学出版社、清华大学中文系、中国文化艺术研究院中国文化研究所、《诗探所》编辑部联合举办，与会的有费振刚、古继堂、任洪渊、周伟民、沈奇、潘丽珠、杜十三、邵燕祥、刘湛秋、谭五昌、潘亚暾等 50 多位诗人、批评家以及诗歌爱好者。该书收录了 1995 年 12 月 6 日北京大学举办的"罗门、蓉子文学创作座谈会暨《罗门、蓉子文学创作系列》推介礼"学术活动上发表的论文 50 多篇，分罗门论、蓉子论、合论和有关重要言谈四部分，分别评论了他们的人品、诗品，诗歌艺术及对诗坛的贡献。附录《罗门蓉子出版二十本系列书》《罗门蓉子论书目（十五种）》。

兼论（3016—3022）

3016. 蓉子论 / 余光中［等］著 . -- 北京：中国社会科学出版社，1995. --239 页；20cm. --（罗门、蓉子文学创作系列）. --ISBN 7-5004-1662-8：CNY10.00　国家图书馆　北京大学图书馆　海南省图书馆　海南大学图书馆

该书是关于诗人蓉子和蓉子作品的评论集，收录了余光中的《女诗人——蓉子》以及其他海峡两岸文学家和诗人对蓉子及其作品的评价，其中有评论家对罗门和蓉子的诗歌进行了比较。

评论：罗门蓉子诗歌之比较，作者杜丽秋、陈贤茂，第 212 页

3017. 诗探索 . 1996 年 . 第 1 辑（总第 21 辑）/ 谢冕等主编 . -- 北京：中国社会科学出版社，1996. --188 页；19cm. --ISBN 7-5004-1878-7：CNY5.50　广东省立中山图书馆　淮阴师范学院图书馆　兰州大学图书馆

新闻：罗门、蓉子创作世界学术研讨会在京举行，第 156 页

3018. 文化与文学 / 黄伟宗著 . -- 广州：花城出版社，1995. --418 页；21cm. --ISBN 7-5360-2232-8：CNY16.80　广东省立中山图书馆　深圳大学图书馆　东莞图书馆　华南农业大学图书馆

1993 年 8 月 6 日至 11 日，海南大学、《海南日报》社等单位主持，在海口召开"罗门、蓉子的文学世界"学术研讨会，向海南人民、中外学者、诗人介绍罗门和蓉子诗歌呈现的"广阔、深邃、多彩、丰富"的文学世界，罗门和蓉子来到海南，中外学者、诗人 60 多人共同研讨罗门和蓉子的文学世界。

1993 年 8 月 9 日《新华每日电讯》, 8 月 10 日《人民日报》及《人民日报》海外版都刊登了海内外学者汇聚海南大学研讨台湾诗人罗门和蓉子夫妇创作的消息。黄伟宗与会, 所做的学术报告收入此书。黄伟宗（1935— ）, 男, 汉族, 中山大学中文系教授、广东省人民政府参事, 享受国务院特殊津贴专家。

学术报告: 穿越传统与现代的文化与艺术——在"罗门、蓉子的文学世界"学术研讨会上的学术报告, 第 66 页

3019. 文学薪火的传承与变异: 台湾文学论集 / 刘登翰编著 . -- 福州: 海峡文艺出版社, 1994. --342 页; 21cm. --（台湾文化研究丛书）. --ISBN 7-80534-746-8: CNY9.40　广东省立中山图书馆　海南省图书馆

本书分 3 辑, 收录台湾研究论文 20 余篇, 有《现实制约和审美超越的统一——关于台湾文学史的编写》《台湾文学短论三题》《台湾的儿童诗创作》等。刘登翰（1937— ）, 福建社科院文学所研究员、博士生导师, 福建台湾文化研究中心主任, 中国世界华文文学学会副会长, 福建省作协顾问, 享受政府特殊津贴, 1997 年被评为福建省优秀专家。主编《台湾文学史》《香港文学史》《澳门文学概观》《双重经验的跨域书写——二十世纪美华文学史论》等著, 并与洪子诚合著《中国当代新诗史》。

评论: 日月的行踪——罗门、蓉子论札, 第 284 页

3020. 现代作家亲缘录: 震撼百年文坛的夫妇作家 . 下 / 郭可慈, 郭谦编著 . -- 潞西: 德宏民族出版社, 2004. --283 页: 照片; 21cm. --ISBN 7-80525-817-1: CNY25.00　国家图书馆　上海图书馆　海南省图书馆　四川师范大学图书馆　海南经贸职业技术学院图书馆

该书是传记文学读物, 采用合传的方式, 描写了中国百年文坛上知名作家奇特亲缘关系, 体现亲情爱情在文学创作中的纽带作用, 书中记录现代文学百年来著名的夫妇作家 46 对, 包括其生平、奇缘和文学事迹。有鲁迅和许广平、沈从文和张兆和、程千帆和沈祖芬、罗门和蓉子、舒婷和陈仲义等。

传记: 台湾诗坛的杰出文学伉俪（罗门蓉子）, 第 164 页

3021. 雪隆海南会馆史料汇编［海外中文图书］/ 符家荣主编 . --修订本 . --马来西亚: 雪隆海南会馆, 2009. --426 页;［不详］. --ISBN 978-893-42882-4-2:［不详］　海南省图书馆

该书是 2009 年马来西亚雪隆海南会馆成立 120 周年的纪念图书。全书分

章程与组织、史实钩沉与大事记、认识天后宫、海南人与妈祖、人文活动、文化薪传视角、筚路蓝缕与峥嵘岁月、世纪风潮、海南风土人物与掌故九个栏目，是马来西亚琼籍华侨的活动实录。

报道：海南诗人罗门与蓉子谈诗的世界，第 271 页

3022. 永远的校园 / 谢冕著 . —— 北京：北京大学出版社，1997. ——229 页；20cm. ——（北大未名文丛 . 第一辑）. ——ISBN 7–301–03423–7：CNY12.00　国家图书馆　北京大学图书馆　广东省立中山图书馆　海南师范大学图书馆　海南省图书馆

《北大未名文丛》是一套学术散文随笔丛书，丛书作者有德高望重的学术大师，也有学术上颇有建树的中青年学者，文体既有严格意义的学术随笔，也有札记、讲演、书评、短论等。《永远的校园》是谢冕先生的学术散文集。收录了燕园情结、求学琐话、文学十论三个板块 30 多篇文章。罗门和蓉子的诗作，受到谢冕先生的敬重，他和夫人分别为罗门和蓉子编选诗集，《诗人的职业》一文，是谢冕先生在北京大学"罗门蓉子文学创作座谈会"上的发言，多次编入谢冕先生的学术文集。

评论：诗人的职业—在北京大学"罗门蓉子文学创作座谈会"上的发言，第 144 页

参考文献

一、编目文献类

1.国家图书馆《中国文献编目规则》修订组.中国文献编目规则（第二版）[M].北京：北京图书馆出版社（今国家图书馆出版社），2005

2.胡广翔.普通图书著录指南[M].北京：中国标准出版社，2007

3.黄俊贵.文献编目工作[M].北京：北京图书馆出版社（今国家图书馆出版社），2000

4.富平.港澳台地区及其他国家中文图书书目数据制作特点[J].从传统图书馆到数字图书馆[M].北京：北京图书馆出版社（今国家图书馆出版社），2007

二、书目数据库类

5.国家图书馆书目数据库.http://opac.nlc.gov.cn/F/B2LYQVUJH7V1LX1Q8 79MVTBI6FSA3XR8QTFMLLTCE1I6DSNA8G-84640?func=file&file_name=login-session

6.台湾"国家图书馆"书目数据库.http://aleweb.ncl.edu.tw/F?RN=482522722

7.上海图书馆书目数据库.http://www.library.sh.cn/skjs/index.htm

8.北京大学图书馆书目数据库.http://lib.pku.edu.cn/portal/

9.广东省立中山图书馆书目数据库.http://www.zslib.com.cn/

10.海南省图书馆书目数据库.http://opac.hilib.com/opac/websearch/bookSearch?cmdACT=simpleSearch&columnID=1

11.海南大学图书馆书目数据库.http://210.37.32.7/opac/index

12. 海南师范大学图书馆书目数据库 . http：//210.37.2.161/IlaswebBib.html

三、网络搜索引擎类

13. 百度 . http：//www.baidu.com/
14. 谷歌 . http：//www.google.com.hk/
15. Wwordcat. http：//wordcat.com/

四、数字资源数据库类

16. 海南省图书馆读秀学术搜索 . http．//www.duxiu.com/login.jsp
17. 台湾暨南国际大学图书馆台湾作家作品检索系统 . http：//hermes. library.ncnu.edu.tw/ncnu/index.htm
18. 台湾交通大学图书馆浩然艺文数位典藏博物馆 . http：//yungtze.e-lib. nctu.edu.tw/

五、罗门蓉子文献类

19. 罗门 . 我的诗国 [M]. 台北：文史哲出版社，2010
20. 罗门 . 罗门长诗选 [M]. 北京：中国社会科学出版社，1995
21. 罗门 . 罗门短诗选 [M]. 北京：中国社会科学出版社，1995
22. 罗门 . 罗门论文集 [M]. 北京：中国社会科学出版社，1995
23. 罗门 .《麦坚利堡》特辑 [M]. 台北：文史哲出版社，1995
24. 罗门 . 灯屋·生活影像 [M]. 台北：文史哲出版社，1995
25. 罗门 . 死亡之塔 [M]. 台北：蓝星诗社，1969
26. 罗门 . 长期受着审判的人 [M]. 台北：环宇出版社，1998
27. 罗门 . 创作心灵的探索与透视 [M]. 台北：文史哲出版社，2002
28. 罗门，蓉子 . 蓝星 [M]. 台北：林白出版社，1971
29. 谢冕 . 罗门诗选 [M]. 北京：中国友谊出版公司，1993
30. 朱徽 . 罗门诗精选百首赏析 [M]. 成都：四川文艺出版社，1994
31. 蔡源煌等 . 罗门论 [M]. 北京：中国社会科学出版社，1995
32. 张艾弓 . 罗门论 [M]. 台北：文史哲出版社，1998
33. 陈大为 . 罗门 [M]. 台北：台湾文学馆，2013

34. 蓉子.蓉子诗选［M］.北京：中国社会科学出版社，1995

35. 蓉子.蓉子散文选［M］.北京：中国社会科学出版社，1995

36. 蓉子.千曲之声：蓉子诗作精选［M］.台北：文史哲出版社，1995

37. 蓉子.蓉子自选集［M］.台北：黎明文化事业公司，1978

38. 陈素琰.蓉子诗选［M］.北京：中国友谊出版公司，1993

39. 古远清.看你名字的繁卉：蓉子诗赏析［M］.台北：文史哲出版社，1998

40. 朱徽.青鸟的踪迹：蓉子诗歌精选赏析［M］.台北：尔雅出版社有限公司，1999

41. 余光中等.蓉子论［M］.北京：中国社会科学出版社，1995

42. 萧萧.永远的青鸟：蓉子诗作评论集［M］.台北：文史哲出版社，1995

43. 周伟民，唐玲玲.日月的双轨：罗门、蓉子创作世界评介［M］.北京：中国社会科学出版社，1995

44. 周伟民，唐玲玲.诗坛双星座：罗门蓉子"文学世界"学术研讨会论文集［M］.成都：四川文艺出版社，1995

45. 谢冕等.燕园诗旅——罗门蓉子诗歌艺术论［M］.武汉：长江文艺出版社，2000

46. 谢冕等.从诗中走过来：论罗门蓉子［M］，台北：文史哲出版社，1997

六、新诗文献类

47. 谢冕.中国百年诗歌选［M］.济南：山东文艺出版社，1997

48. 张默，萧萧.新诗三百首：1917–1995［M］.台北：九歌出版社，1995

49. 古远清.海峡两岸朦胧诗品赏［M］.武汉：长江文艺出版社，1991

50. 谭五昌.中国新诗300首［M］.北京：北京出版社，1999

51. 沈奇.九十年代台湾诗选［M］.沈阳：春风文艺出版社，1998

52. 谢冕，钱理群.百年中国文学经典：1958–1978［M］.北京：北京大学出版社，1996

53. 谢冕.中国新诗总系［M］.北京：人民文学出版社，2010

54. 江曾培，谢冕［等］.中国新文学大系：1949–1976.第十四集，诗卷［M］.

上海：上海文艺出版社，1997

55. 王蒙，谢冕［等］. 中国新文学大系：1976—2000. 第二十二集，诗卷［M］. 上海：上海文艺出版社，2009

56. 余光中［等］. 中华现代文学大系［M］. 台北：九歌出版社，1989

57. 古继堂. 台湾新诗发展史［M］. 台北：文史哲出版社，1989

58. 洪子诚，刘登翰. 中国当代新诗史［M］. 北京：北京大学出版社，2010.

59. 陈思和，李平. 当代文学 100 篇［M］. 上海：学林出版社，2006（2010重印）

书名拼音索引

英文

跋

罗门　蓉子

　　罗门出生在目前较"人间天堂"的夏威夷岛还要具有自然美的海南岛。我们一甲子的创作，于海南师大、文联与作协三学术艺文机构在2010年联合举行的"罗门蓉子六十年诗歌创作研讨会"上被两岸学术界知名的评论家在论文中认定：1. 我们被称誉为东方中国"勃朗宁夫妇"，我们的创作时间近一甲子，时间远超他们；2. 我们也近乎是海南现代的苏东坡。看到以上对我们创作一甲子努力的成果给予高度的肯定与激励，确感相当的荣幸与庆慰。

　　也因而使我们不能不说，继海南大学图书馆2008年举办我们结婚53周年与创作成果特展，海南省图书馆于2009年我们结婚54周年之际举办了"诗光·艺光·灯光——台湾著名诗人罗门蓉子诗歌讲座和创作成果展"，这两次展览由于海南大学图书馆和海南省图书馆的全力支持，确得到相当理想的成效与回响，留下了历史文化的记忆，也令我们内心充满了感念。

　　说到此，我们除对海南省图书馆乔红霞策划与推动举办相当成功的"诗光·艺光·灯光——台湾著名诗人罗门蓉子诗歌讲座和创作成果展"并典藏我们重要著作与艺文资料表示谢意，便是她三年多来以图书馆专业的学术性以及认真执着的态度，花费大量的时间、心力、物力，编写《罗门蓉子研究书目提要》并使其出版。此部内容丰富、资料翔实、考证力求准确的著作，几乎每条款目下都附有多家图书收藏地点，其保存文献之心可见一斑。该书目收录有关我们图书的数量之多，由过往记载的书目比较，我们原来都各有一百多种，而经过乔红霞主任的四处细心搜寻，蓉子专集及有关蓉子的图书逾四百种，罗门专集及有关罗门的图书也逾四百种。如此高效的编目成果，大大提高了我们创作被重视的分量与能见度，确使我们由衷地感佩。

诚然该书在目前应是较详实较周全的一本有关我们创作的书目学专著。书中除著录了我们的诗歌创作专集、文学家对我们佳作的选集、评论家对我们的评价以及我们所在的文学史册和页码，还著录了罗门的诗话、诗歌理论、装置艺术理论图书，著录了蓉子的散文集和儿童诗，基本反映了我们的创作特征和在文学史上的地位，该书是献给爱好我们诗作的文学爱好者的宝贵礼物，也为有兴趣致力于研究罗门和蓉子的学者提供了治学门径。

为了表达欣慰之情，我们手书代表诗作数首，置于卷首，祝该书出版成功，并祝乔红霞在图书馆学领域造诣日益精湛，成果日益丰富。

2012 年 11 月 18 日于台北灯屋